澳大利亚
AUSTRALIA

《中国公民出游宝典》编委会　编著

中国公民
出游宝典

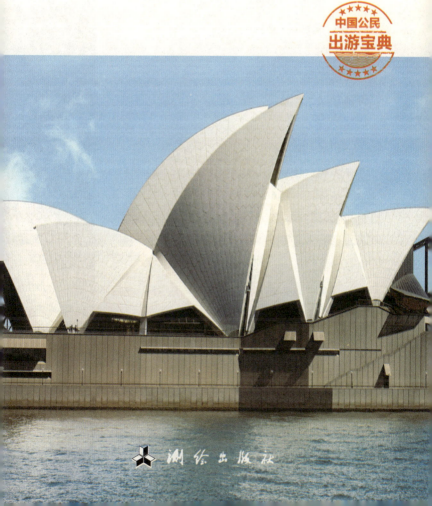

测绘出版社

《中国公民出游宝典》编委会

顾　　　问：刘振堂　刘一斌　杨伟国
编委会主任：高锡瑞

编委会成员（排名按姓氏笔画）：

万经章　王雁芬　卢永华　石　武　刘一斌

刘志杰　刘振堂　许昌财　江承宗　李玉成

吴克明　杨伟国　时延春　胡中乐　赵　强

高锡瑞　黄培昭　甄建国　潘正秀　穆　文

人文地理作者：吴克明
资讯整理：刘淑英　段　凌

总 策 划：赵　强
责任编辑：赵　强
执行编辑：刘淑英
地图编辑：刘淑英
责任印制：陈　超
装帧设计：锋尚设计
图片提供：澳大利亚旅游局图片库　微图网
　　　　　游多多旅行网　李宗顺　陈浩如
　　　　　吴克明　高秀静

总　序

　　当今的中国已成为世界上顶级旅游大国之一，迄今我国已批准了140多个国家和地区为中国公民自费出境旅游的目的地，出境旅游的人数急剧上升，2012年全年已超过8300万人次。这就意味着我国的境外游已达到"升级换代"的阶段。至少对那部分有更高要求的游客，必须有新的旅游产品来满足他们新的需求。

　　中国地图出版集团旗下，测绘出版社文化生活出版分社组织编写的《中国公民出游宝典》系列丛书生逢其时，丛书由"人文地理"、"旅游资讯"、"地图导览"三部分组成，具有权威、代表、专业和针对性四大特点。这恰恰是面向中高档次的出境游客的一套货真价实的高端旅游丛书。

　　一、权威性。参与撰写"人文地理"的作者为我国前驻外使节及其他资深外交官。他们长期从事外事工作，不但熟悉驻在国（地）的地理环境、自然风貌，而且深谙当地的文化习俗、风土人情、历史沿革和特质长项。这些作者多为外交笔会成员，有写旅游丛书的经验，行文严谨、准确、细腻，耐人寻味咀嚼。所以，本丛书提的口号是"大使引路、游客追捧、跟着外交官游世界"是恰如其分的。

　　二、代表性。在世界200多个国家和地区中，精选出十几个国家和地区，其前提是旅游资源十分丰厚。我国开放出国旅游以来，中国游客青睐、向往之地，在人文、地理、自然、物产和良风益俗诸多方面具有独到之处，在地区或世界上颇有知名度，适宜较高品味的旅游享受。

　　三、专业性。由权威的旅游专家提供合理的旅游实用资讯，丛书配有执笔者与相关驻华旅游局提供的旅游目的地最新照片，进而图文并茂，游客可未到先知，扩大了选择的余地。抵达后"按图索骥"，更会加深美好的印象。特别值得一提的是，测绘出版社作为本丛书的策划者还提供了详实的旅游地图，方便游客的出行。

四、针对性。在我国经济与社会发展到当今的水平，中高档的出国旅游者，远不满足于浮光掠影、走马观花式的普通游览，提高知识性、趣味性、舒适性成为中高档游客的普遍诉求。故本丛书刻意着墨于"景点背后的故事"，以作者的感悟归纳与凝练，尽量做到简洁明快，易记好懂，令旅行者阅后观实景有如穿越时空的隧道，尽享上品的快意与雅趣。

旅游是一部永远读不完的百科全书。洞悉目的地国或地区的方方面面，本身就是对别人的一种尊重与欣赏。而当地人自然也会通过我们这些来自中国的游客，哪怕只是一颦一笑、举手投足，都可窥见中国人及其国家的品位、风貌和素养。坦而言之，出版这套丛书有着双重初衷，既为中高档游客提供更多便利，也为我国游客在国门之外的言行举止称得上"中高档次"而提供帮助。让旅游目的地国在分享"旅游红利"的同时，也通过我们的游客分享我国的成长、进步与文明的果实。

刘振堂*

2013.6

---

*中国资深外交官，中东问题专家，前驻伊朗、黎巴嫩大使

序

　　1997年，我由任中国驻土耳其大使奉调到澳大利亚，出任中国驻悉尼总领事（大使衔）。

　　悉尼是我驻外外交生涯的最后一站。在悉尼工作三年多，我有幸接待了我国高级领导人，以及许多代表团和名人的访澳，走访了领区新南威尔士州的许多城镇乡村，还有机会去过昆士兰、维多利亚、南澳、北部地区、塔斯马尼亚州等一些地方。

　　广袤的澳洲大地，终年蓝天白云，碧空如洗，到处都是原生态的绿树青草，繁花似锦，令人心旷神怡。澳洲独特的地理位置和自然条件，造就了世所罕见的旖旎风光和被称为活化石的无数珍奇动植物，还有众多驰誉世界的人文景观，吸引着全球各地的游客，游人络绎不绝，流连忘返。

　　澳洲是个多民族、多文化、包容性极强的社会，160多个民族在这个大家庭里和谐共处。澳洲的华人华侨约有一百万，他们是中澳友谊不可或缺的桥梁和纽带，华人集中的中国城、唐人街兴旺发达，各种店铺生意兴隆，街上摩肩接踵的人群讲的都是普通话，不会有身处异国他乡的感觉。

　　感谢测绘出版社约我撰写《澳大利亚》（中国公民出游宝典）一书，这使我有机会以一个退休外交官的眼光和经历，向国人比较全面地介绍美丽的澳大利亚，同读者分享我对澳大利亚的美好印象和难忘回忆。

吴克明

2013年6月18日

目 录
CONTENTS

人文地理

主要城市   046

著名景点   095

作者建议   **133**

饮食   146

住宿   147

新南威尔士州   157

澳大利亚首都直辖区   177

维多利亚州   189

昆士兰州   211

PART 1
人文地理

基本概况

1. 国名

澳大利亚，全称澳大利亚联邦。

2. 国家政体

澳大利亚是英联邦成员国之一，名义上的国家元首是英国国王或女王，英王与澳大利亚总理协商后任命总督并为其代表，总督依据行政委员会的意见处理政务。

澳大利亚政治体制是联邦制度，设立联邦议会，也称其为国会，是立法机构，由女王（澳总督为其代表）、众议院和参议院组成，众议院有150名议员，参议院有70名议员。议会实行普选，其中占多数席位的党团出任领袖，组成内阁，每届政府任期三年。内阁是政府的最高决策机构，国家最高行政领导人是总理。

3. 地理位置

澳大利亚地处南半球，位于太平洋和印度洋之间，四面环海，位于东经113°9′与153°39′之间，北自南纬10°41′，南至南纬39°8′，塔斯马尼亚岛南到南纬43°39′，是独占一大块陆地的国家。

4. 首都

首都堪培拉，位于新南威尔士州，悉尼和墨尔本之间，1908年被定为首都。"堪培拉"，在澳大利亚土著语中意为"开会的地方"。

这里原是一片牧场，当年中标的美国著名建筑师格里芬的城市设计图画在一块棉布上，这块棉布至今仍保留在澳大利亚国家档案馆。

5. 面积

总面积769.2万平方公里，居世界第六位。其主体是澳大利亚大陆，这块大陆是地球上最小的一块大陆，仅占全球陆地面积的5%。澳大利亚是大洋洲最大的国家，本书简称为澳洲。

6. 人口与种族

（1）人口：澳大利亚人口总数为2250万，每平方米仅2人，是世界上人口密度最低的国家。

（2）种族：澳大利亚是个多民族的国家，共有160多个民族。在澳洲的人种中，主要是白色人种，英格兰人后裔占29.65%，爱尔兰人后裔9.08%，苏格兰人后裔7.16%，意大利人后裔占4.29%，德国人后裔占4.09%，华人后裔占3.37%，土著居民占2.30%，希腊人后裔占1.84%，荷兰人后裔占1.58%。

7. 简史

据研究，大约在5～12万年前，大批亚洲人来到澳大利亚；4万多年前，土著居民便生息繁衍于澳洲这块土地上；在13世纪至15世纪，中国人来到澳洲北部沿海采捕海参，有学者说，明朝郑和的船队在澳洲落过脚，16世纪葡萄牙人来过；17世纪西班牙人的船只驶近澳洲；1606年，荷兰人涉足澳洲并在一处登陆，将其命名为"新荷兰"，后匆匆离去；1616年，又一个荷兰人到过西澳大利亚；1642年，荷兰人塔斯曼发现了塔斯马尼亚岛。

1770年，英国航海家库克船长率"奋进号"轮船到达澳洲东海岸，宣布英国占有这片土地，名为"新南威尔士"。

英国人把澳大利亚作为流放囚犯的地方。1788年1月18日，由船长菲利普率领的一支由11艘船组成的船队抵达澳大利亚的植物湾，船上有囚犯、士兵、看守、官员，甚至还有儿童。他们发现此地不适合建立移民点，数日后便迁移到了植物湾以北约20公里的杰克逊湾。当年1月26日，在杰克逊湾建立起第一个英国殖民地，为了纪念当时的英国内政大臣悉尼，将此地命名为悉尼。由此，1月26日被定为澳大利亚的国庆日。

1803年，英国人在霍巴特建立了第二个移民点；1824年在布里斯班建立了第三个移民点；1829年在珀斯建立了第四个移民点；1835年在墨尔本建立了第五个移民点；1836年在阿德莱德建立了第六个移民点。这几个移民点与悉尼共组成为六片殖民区，再后来成为澳大利亚六个州的中心。

直到1868年英国才停止向澳洲遣送犯人，英国共向这片大陆流放囚犯16万人。因此，说澳洲人是英国囚犯的后裔不无道理。

19世纪20年代，更多英国人来到澳大利亚进行农耕、畜牧、伐木、开矿。政府将土地签发给士兵、军官和获得自由的流放犯，让他们去开发农场，甚至任命一些获释囚犯担任公职。每年，定居者们深入土著人的居住区，为他们的牲畜寻找草和水，许多人还持枪占据土地，土著人则在牧场当起了赶羊人或驯养人。

19世纪中期，澳洲不少地方发现金矿，美洲和中国的淘金者蜂拥而至。澳大利亚人口从1850年的40万，激增到1860年的110万。后来这里又发现大量矿藏，使澳大利亚迅速发展和致富。金矿越采越少，条件越来越差，矿工们需支付的开销却越来越高，他们终于不堪忍受，举起反抗大旗，但遭到军队残酷镇压。这就是澳大利亚历史上著名的"尤里卡军营事件"。

到19世纪80年代，金矿和羊毛业使悉尼和墨尔本成为现代化的城市，街道上有了煤气灯，有了铁路、电力、电报，有了许多商店、酒馆、剧院。西澳大利亚的发展则比东部晚了半个世纪。

1900年，全部六个殖民地的居民就是否建立一个联邦国家进行了一人一票的公决，结果人们一致同意建立一个统一的、单一的澳大利亚联邦。1901年1月1日，澳大利亚联邦成立，同时通过第一部宪法，原来六个殖民地遂成为联邦下属的六个州。根据宪法，英国女王仍是其国家元首，王室的地方代表是王室任命的总督。联邦议员在墨尔本开会，研究"作为欧洲人的澳大利亚的身份和价值"，如何免受蜂拥而至的亚洲人和太平洋岛民的影响。这就是臭名昭著的白澳政策。这个充满种族歧视的政策在澳洲横行了70年。

澳大利亚有两个领地，即北部地区和首都领地。六个州各有自己的州政府、州长、州总督，但领地没有这些职位，领地自组政府的权力源于联邦授权，领地最高行政负责人是行政长官。州和领地的立法权有很大区别，州在某些领域可以自行立法，而联邦不能干预。领地也可以自行立法，但领地的立法权来源于联邦政府的授权，领地所立之法，联邦政府如有不满就可以废止。领地实际上归联邦政府直接管辖。

1908年，堪培拉被定为联邦首都。

8. 国旗

国旗的底色为深蓝色，左上角是米字图形，代表英联邦成员；米字图形正下方有一颗七角星，象征澳大利亚联邦的六个州和联邦区；右侧五颗小星，是南十字星座，表明该国处于南半球。

9. 国徽

国徽是1912年英国国王乔治五世授予的，国徽正中由袋鼠和鸸鹋举着一块盾牌构成主体，这两种动物均为澳大利亚所特有，是国家的标志、民族的象征。据说它们只会前进，不会后退。盾牌上的六组图案分别是该国家六个州的州徽，国徽上方是一枚七角星，底部的绶带上用英文书写"澳大利亚"，背景是一束盛开的国花——金合欢。

10. 国歌

国歌的名字是：《前进，美丽的澳大利亚》

国歌系根据19世纪末的一首爱国歌曲《前进，美丽的澳大利亚》改编而成，1984年这首歌曲被正式定为澳大利亚国歌。

歌词是：欢笑吧，澳大利亚人；

我们英俊自由，我们土地金黄，辛勤劳动，家乡与海为邻；

到处是天然富源，山河锦绣美丽；

世世代代，自强不息，前进，美丽的澳大利亚。

南十字星座，照耀在天空，我们艰苦努力，手脑并用；

使联邦名扬全球，无人不晓；

同胞来自天涯四方，困苦欢乐与共；

意气风发，团结一致；

前进，美丽的澳大利亚。

让我们高唱欢乐之歌，前进，美丽的澳大利亚。

11. 国花

金合欢是澳大利亚的国花，又称刺槐，共有660多种。金合欢属豆科灌木或小乔木，盛开时，好像金色的绒球一般。它还是一种经济树种，芳香的花可提炼芳香油作为高级香水等化妆品的原料；果荚、树皮和根内含有单宁，可做黑色染料，茎中流出的树脂含有树胶，可供药用；木材坚硬，可制贵重器具用品，它经得起干燥，有极强的生命力。在澳大利亚，你稍加留意就会发现，居民的庭院不是用墙围起来，而是用金合欢作刺篱，种在房屋周围，非常别致。花开时节，花篱似一金色屏障，耀眼的金黄色带着浓郁的花香，令人沉醉。

12. 国树

桉树是澳大利亚的国树，广袤的森林中90%是桉树，桉树能够在气候十分干旱恶劣的自然环境中茁壮成长。

桉树有500多个品种，高大挺拔，可以长到100多米，为了生存，桉树在长期的进化过程中形成了许多独特的生长特点：为了避开灼热的阳光，减少水分蒸发，桉树的叶子都是下垂并侧面向阳；为了对付频繁的森林火灾，桉树的营养输送管道都深藏在木质层的深部，种子也包在厚厚的木质外壳里；桉树种子不怕火，它可借助大火把木质外壳烤裂，雨季到时便于生根发芽，生机勃勃。

国树—桉树

树叶含芳香油，有杀菌驱蚊作用，可提炼香油，还是疗养区、住宅区、医院和公共绿地的良好绿化树种。嫩枝和树皮中含有单宁，可以提炼栲胶；树皮和木材还可用来造纸浆。

桉树的树干可盖房子、做家具、当电线杆和铁路枕木。

纸皮桉树是一种很"霸道"的树，其树冠下的土里不长草，据说其叶子是酸性的，把别的植物"吓"走了。

13. 国鸟

琴鸟、鸸鹋都是澳大利亚的国鸟。

琴鸟集形态华丽和鸣声优美于一身，舞姿优美，歌声悦耳，让人赞叹不已。琴鸟作为澳大利亚国鸟，象征美丽、机智、真诚和吉祥，深受人们的喜爱。

鸸鹋，是澳洲鸵鸟，是澳大利亚最大的鸟，也是世界上最大的陆地鸟之一，体重可达60公斤，身高2米，嘴短而扁，羽毛灰色、褐色、黑色，长而卷曲，翅膀退化，飞翔功能已经丧失，走起来趾高气扬，跑

国鸟—鸸鹋

起来健步如飞，跑速可达每小时50公里。鹤鸵吃树叶、野果、种子、昆虫和小动物，终生配对，每窝产卵7～10枚，由雄鸟孵卵约60天，期间，"未来的父亲"几乎不吃不喝，靠消耗体内的脂肪来维持生命，直到小鹤鸵脱壳而出，这真是一种伟大的"父爱"！雏鸟出生后，将跟随"父亲"2年。而雌鸟在雄鸟开始孵蛋后，就和别的雄鸟交配、生蛋。野生鹤鸵寿命可达10年，家养的可达20年。

14. 国兽

大袋鼠被澳大利亚人民视为国家的象征，在澳大利亚的国徽上，就有大袋鼠的形象。

袋鼠为食草动物，性情温和，有的人家把袋鼠作为宠物来养。雌性袋鼠产下未成年的胚胎，胚胎在母亲的袋子里生长发育。小袋鼠长大后，可以从袋子爬进爬出，或趴在母亲的背上，有的幼崽甚至可以跳进母亲的袋子里，形态招人喜爱。袋鼠的体型大小不一，小袋鼠娇小可爱，西部的灰袋鼠强悍硕大。

袋鼠后肢长而粗壮，弹跳力特别强。受到敌人伤害或追逐的时候，它们可以一下子跳出七八米远，跳起两米来高，跳跃

时速可达每小时60公里。

据说袋鼠是一种只会前进，不会后退的动物，象征着澳大利亚人上进的精神，所以受到澳洲人的格外喜欢。

15. 地形及河流

澳大利亚大陆可分为三个地形区：

第一，东部山地。大分水岭纵贯南北，海拔约800～1000米，东坡较陡，西坡平缓，约占全国大陆面积的15%，大分水岭南段称为澳大利亚山，坐落着全国最高峰科西阿斯科山。

东南部多丘陵，土地肥沃，适于耕种和居住。这里水源丰富，植被丰厚，到处是热带雨林。整个沿海地带形成了一条环绕大陆的"绿带"，正是这个"绿带"养育了这个国家。第二，西部高原。西部高原是一片广阔的高原。面积约占大陆面积的60%，一般海拔只有200～500米，只有在高原的西部海拔达到1000～1200米。沙漠和半沙漠面积很大。

第三，中部低地。面积约占大陆面积的25%，海拔在200米以下，最低处是埃尔湖（—12米）。地面河流很少，但地下水丰富，形成世界著名的大自流井盆地。

中西部贫瘠干旱，有11个沙漠，约占整个大陆面积的20%。而澳大利亚全境则有三分之一以上的面积被沙漠覆盖。

澳洲海岸线长达36735公里，有许多天然良港。海滩7000多个，沙子又细又软，是旅游、休闲，特别是游泳、冲浪的好去处，如悉尼的曼利海滩、邦迪海滩、棕榈海滩；新南威尔士州北部的纽卡斯尔、南部的伍伦贡、杰维斯湾、巴特曼斯湾；昆士兰州的黄金海岸、阳光海岸、彩虹海滩；南澳的圣文森特海湾，西澳的珊瑚湾等。

澳大利亚河流、湖泊较少。发源于新南威尔士州的墨累河是澳洲最长的河流，是澳洲的母亲河，全长2570公里，灌溉全国七分之三的土地。墨累河和达令河流域形成了大片盆地，面积100多万平方公里，相当于大陆面积的14%。

16. 气候

澳大利亚跨两个气候带，北部属于热带气候，靠近赤道，每年4～11月是雨季，1～2月是台风期。南部属干温带气候，四季分明。内陆干燥少雨，气温高，温差大。沿海地区雨量充沛，气候湿润，呈明显的海洋性。

澳洲距南极洲仅2500公里。只有从南半球的最南端才能看到南十字星，所以澳大利亚将南十字星作为其民族标志定格在国旗上。由于澳洲在南半球，所以太阳从北边照射过来。澳大利亚虽然与中国时差仅两三个小时，但季节与我国相反，春季为9～11月，夏季为12～2月月，秋季为3～5月，冬季为6～8月。

中国的隆冬，正好是澳洲的盛夏，因此，澳大利亚人身着短裤背心欢度圣诞。

主要城市气温如下表

城市	时间	气 温（℃）											
		1月	2月	3月	4月	5月	6月	7月	8月	9月	10月	11月	12月
堪培拉	白天	28	27	24	20	15	12	11	13	16	19	23	26
	夜间	13	13	10	6	3	1	0	1	3	5	9	11
悉尼	白天	26	25	25	22	19	17	16	17	20	22	24	25
	夜间	18	18	17	15	11	9	8	9	11	13	15	17
墨尔本	白天	26	26	24	20	17	14	13	15	17	20	22	24
	夜间	14	14	13	11	9	7	6	6	8	9	11	13
阿德莱德	白天	30	29	27	23	19	15	15	16	19	22	25	28
	夜间	15	17	15	13	10	8	7	8	9	11	13	15
珀斯	白天	30	30	28	24	21	18	17	18	20	21	25	27
	夜间	18	18	17	14	12	10	9	9	10	11	14	16
布里斯班	白天	29	29	28	26	23	21	20	22	24	26	28	29
	夜间	21	20	19	16	13	11	9	10	13	16	18	19
凯恩斯	白天	32	31	30	29	27	26	25	27	28	29	31	31
	夜间	24	24	22	22	20	18	17	18	19	21	22	23
达尔文	白天	32	32	32	33	32	31	30	31	33	34	34	33
	夜间	25	25	25	24	22	20	20	21	23	25	25	25
艾丽斯斯普林斯	白天	37	36	33	29	23	20	19	22	26	31	34	35
	夜间	22	21	18	14	9	6	4	7	10	15	18	20
霍巴特	白天	22	22	20	17	14	12	11	13	15	17	19	20
	夜间	12	12	11	9	7	5	4	5	6	8	9	11

17. 行政区划、著名地标

澳大利亚分六个州，两个地区，其中新南威尔士州就面积而言是澳洲的第四大州，但从人口、经济、历史、国际化程度等方面看，均居全国首位。

澳大利亚行政区划表

州或地区	首府	面积（平方公里）	著名地标	特色
新南威尔士州	悉尼	800 640	三层楼高的大绵羊	走进羊肚，可见一家家商店。登上楼顶，凭窗远眺，蓝天白云，牧场一望无际。原来那窗子是羊的眼睛。
			大香蕉	用钢筋水泥制成，高高耸立在路旁。
			大吉他	二层楼高，这里每年举行乡村音乐节。
			大岩石屋	内有商店、咖啡屋、一只大脚、大生蚝、大鳄梨、大象、大对虾、大鳕鱼。
维多利亚州	墨尔本	227 420	大毡帽、大鹦鹉	
昆士兰州	布里斯班	1 730 650	大剪刀	公路边的一块大石头上，竖着一把巨大的剪刀。这是为了纪念澳洲著名的剪羊毛能手杰克而建的。1892年，他在不到8小时内剪了321头羊的羊毛，创下了手工剪羊毛的记录，一直保持
			大菠萝、大芒果	
南澳大利亚州	阿德莱德	983 480	大摇摆木马	用钢板制成
			大龙虾	
西澳大利亚州	珀斯	2 525 500	巨型公羊雕像	高达15米。
			大鳄鱼	20米长，用混凝土制成
塔斯马尼亚州	霍巴特	68 400	★大企鹅	用混凝土雕成
北部地区	达尔文	1 349 130	★大鳄鱼	内中为一家豪华酒店
首都直辖区	堪培拉	2 430		

三层楼高的大绵羊

大菠萝

大吉他

大香蕉

作者夫人

大龙虾

18. 四通八达的交通

澳大利亚交通十分便捷。飞机、火车、汽车是旅游的主要交通工具。国际海、空运输业发达。悉尼是南太平洋主要交通枢纽。各州均有国际机场和小型机场。全国铁路总长度为44 000多公里，以电气化铁路为主。火车连接各主要城市。长途火车均为设施先进的空调车，大都设有卧铺和餐车。公路网发达，全国公路约80多万公里，其中高速公路2万多公里，各州首府间有高速公路相连，绝大多数高速公路是免费的。

政区 POLITICAL

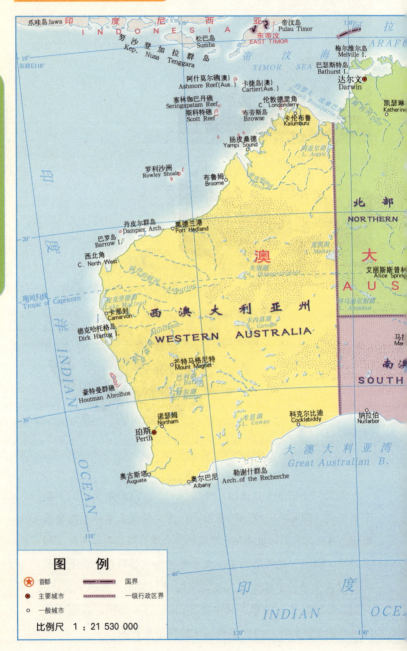

爪哇岛 Jawa　印　度　尼　西　亚
INDONESIA
帝汶岛
Pulau Timor
东帝汶
EAST TIMOR
阿　拉

努沙登加拉群岛
Kep. Nusa Tenggara
松巴岛
Sumba

帝　汶　海
TIMOR SEA

梅尔维尔岛
Melville I.
巴瑟斯特岛
Bathurst I.
达尔文
Darwin

东经E110°
10°

阿什莫尔礁(澳)
Ashmore Reef(Aus.)
卡捷岛(澳)
Cartier(Aus.)
伦敦德里角
C. Londonderry
约瑟夫·波拿巴湾
Joseph Bonaparte G.

凯瑟琳
Katherine

塞林伽伯丹礁
Seringapatam Reef
斯科特礁
Scott Reef
布劳斯角
Browse
卡伦布鲁
Kalumburu

北　部
NORTHERN

扬皮桑德
Yampi Sound
阿盖尔湖
L. Argyle

大
AUS

罗利沙洲
Rowley Shoals
布鲁姆
Broome

澳

艾丽斯斯普林
Alice Spring

丹皮尔群岛
Dampier Arch.
黑德兰港
Port Hedland

失望湖
Disappointment

20°

巴罗岛
Barrow I.
西北角
C. North West

麦凯湖
L. Mackay

南回归线
Tropic of Capricorn

阿什伯顿河
Ashburton

马斯顿

马　
Mar

卡那封
Carnarvon
麦克劳德湖
Lake Macleod

西　澳　大　利　亚　州

卡内基湖
Carnegie

马克唐奈礁
Amadeus

印

度

洋
INDIAN OCEAN

德克哈托格岛
Dirk Hartog I.

默奇森河
Murchison

WESTERN AUSTRALIA

芒特马格尼特
Mount Magnet

巴拉湖
L. Barlee

莫尔河
R. Moore

豪特曼群礁
Houtman Abrolhos

麦恩湖
L. Cowan

科克尔比迪
Cocklebiddy

纳拉伯
Nullarbor

南　澳
SOUTH

诺瑟姆
Northam

30°

珀斯
Perth

大　澳　大　利　亚　湾
Great Australian B.

奥古斯塔
Augusta

奥尔巴尼
Albany

勒谢什群岛
Arch. of the Recherche

110°

印　　　度
INDIAN OCEA

40°

图　　例

⭐ 首都
● 主要城市
○ 一般城市
比例尺　1：21 530 000

━━━ 国界
┈┈┈ 一级行政区界

130°

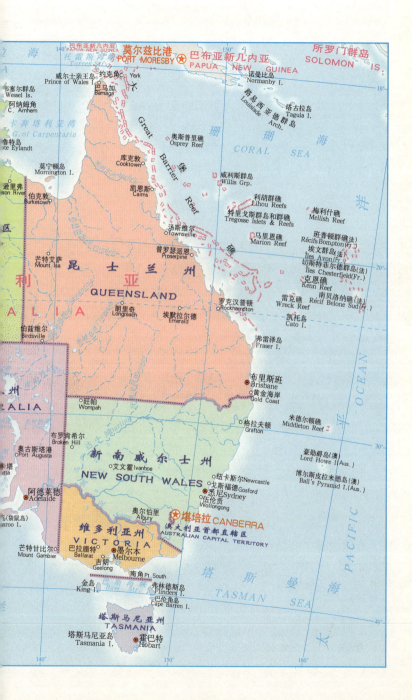

珊 瑚 海

所罗门群岛
SOLOMON IS.

巴布亚新几内亚
PAPUA-NEW GUINEA
托雷斯海峡
Torres Strait

莫尔兹比港
PORT MORESBY ☆ **巴布亚新几内亚**
PAPUA NEW GUINEA

诺曼比岛
Normanby I.

威尔士亲王岛
Prince of Wales I.
韦塞尔群岛
Wessel Is.

约克角 York

阿纳姆角
C. Arnhem

巴马加
Bamaga

路易西亚德群岛
Louisade Arch.

塔古拉岛
Tagula I.

卡奔塔利亚湾
G. of Carpentaria

鲁特岛
ote Eylandt

大

堡

奥斯普里礁
Osprey Reef

珊 瑚 海
CORAL SEA

洋

莫宁顿岛
Mornington I.

库克敦
Cooktown

Great

威利斯群岛
Willis Grp.

逊河
son River

伯克敦
Burketown

凯恩斯
Cairns

Barrier

利胡群礁
Lihou Reefs

梅利什礁
Mellish Reef

区

芒特艾萨
Mount Isa

汤斯维尔
Townsville

Reef

特里戈斯群礁和群礁
Tregosse Islets & Reefs

班普顿群礁(法)
Récifs Bompton(Fr.)

利

昆 士 兰 州

QUEENSLAND

普罗瑟派恩
Proserpine

马里恩礁
Marion Reef

堡

埃文群岛(法)
Iles Avon (Fr.)

切斯特菲尔德群岛(法)
Iles Chesterfield(Fr.)

A L I A

朗里奇
Longreach

埃默拉尔德
Emerald

礁

克恩礁
Kenn Reef

南贝洛纳礁(法)
Récif Belone Sud (Fr.)

伯兹维尔
Birdsville

罗克汉普顿
Rockhampton

雷克礁
Wreck Reef

凯托岛
Cato I.

弗雷泽岛
Fraser I.

ALIA

旺帕
Wompah

布里斯班
Brisbane
黄金海岸
Gold Coast

豪勋爵岛(澳)
Lord Howe I.(Aus.)

布罗肯希尔
Broken Hill

奥古斯塔
Port Augusta

塔

arratta

卡(袋鼠岛)
aroo I.

阿德莱德
Adelaide

格拉夫顿
Grafton

米德尔顿礁
Middleton Reef

太

新 南 威 尔 士 州

NEW SOUTH WALES

艾文霍
Ivanhoe

纽卡斯尔Newcastle
戈斯福德Gosford
悉尼Sydney
伍伦贡
Wollongong

博尔斯皮拉米德岛(澳)
Ball's Pyramid I.(Aus.)

奥尔伯里
Albury

堪培拉 CANBERRA
澳大利亚首都直辖区
AUSTRALIAN CAPITAL TERRITORY

平

芒特甘比尔
Mount Gambier

维 多 利 亚 州
VICTORIA

巴拉腊特
Ballarat

墨尔本
Melbourne

吉朗
Geelong

南角 Pt. South

洋

金岛
King I.

弗林德斯岛
Flinders I.

巴斯海峡
Bass Strait

巴伦角岛
Cape Barren I.

塔 斯 曼 海
TASMAN SEA

塔斯马尼亚州
TASMANIA

塔斯马尼亚岛
Tasmania I.

霍巴特
Hobart

太

人文地理

爪哇岛Jawa　印　　度　尼　西　亚　帝汶岛 Pulau Timor　阿拉
INDONESIA　东帝汶　ARAF
EAST TIMOR

努沙登加拉群岛　松巴岛　帝　汶　海
Kep. Nusa Tenggara　Sumba　TIMOR SEA

梅尔维尔岛
Melville I.
巴瑟斯特岛 Nguiu
Bathurst I.　达尔文　耶比鲁
Darwin　Jabiru

阿什莫尔礁(澳)　卡捷岛(澳)　凯瑟琳
Ashmore Reef(Aus.)　Cartier (Aus.)　Catheri

塞林伽巴丹礁　伦敦德里角
Seringapatam Reef　C. Londonderry
斯科特礁　布劳斯岛
Scott Reef　Browse

温德姆　维多利亚里弗当斯
Wyndham　Victoria River Downs Da
库努纳拉
Kununurra

罗利沙洲　布鲁姆　德比　菲茨罗伊克罗辛　卡尔卡灵伊
Rowley Shoals　Broome　Derby　Fitzroy Crossing　Kalkaringi

霍尔斯克里克
Halls Creek
比利卢纳　塔纳米　滕南特
Billiluna　Tanami　Tennant

丹皮尔群岛　黑德兰港　谢甲加普
Dampier Arch.Port Hedland　Shay Gap

巴罗岛,丹皮尔岛　萨姆森角镇　马布尔巴
Barrow I.Dampier　Point Samson　Marble Bar
昂斯洛　纳拉金
Onslow　Nullagine

埃克斯茅斯　潘纳沃尼卡-威特努姆　澳　大
Exmouth　Pannawonica-Wittenoom　AUSTR

汤姆普赖斯　纽曼　麦凯湖
Tom Price　Newman　L. Mack
帕拉伯杜
Parraburdoo　天里岛
L. Disappointment　艾丽斯斯普林
Alice Spring

南回归线　阿梅塔
Tropic of Capricorn　卡内基湖　芒特
Carnegie　Amato　Mount

卡那封　加斯科因章克申　威卢纳
Carnarvon　Gascoyne Junction　Wiluna

德纳姆
Denham
无忧湾
Useless Loop　米卡萨尼
Meekatharra　桑德斯通
Sandstone

德克哈托格岛　伦斯特
Dirk Hartog I.　Leinster　拉弗顿
卡尔巴里　Laverton
Kalbarri

豪特曼群岛　芒特马格尼特　利奥诺拉
Houtman Abrolhos　Mount Magnet　Leonora
杰拉尔顿
Geraldton

邦尼罗克　卡尔古利　福里斯特　科洛纳
Bonnie Rock　Kalgoorlie　Forrest　Colona

诺瑟姆　南克罗斯　皮农
Northam　Southern Cross　Penong
珀斯　梅里登　诺斯曼
Perth　Merredin　Norseman
海登
Hyden
纽德盖特　大澳大利亚湾
Newdegate　Great Australian B.

奈比宾　埃斯佩兰斯
Nyabing　Esperance
勒谢尔什群岛
Arch. of the Recherche

诺思克利夫　奥尔巴尼　印　度
Northcliffe　Albany　INDIAN OCE

图　例

★	首都	▬▬	国界
●	主要城市	········	一级行政区界
○	一般城市	┈┈┈	铁路
✈	主要机场	✈	次要机场

比例尺　1 : 21 530 000

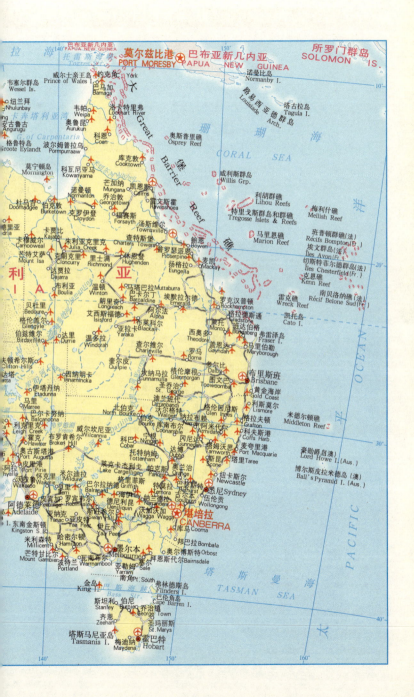

澳
大
利
亚

拉 海
Papua New Guinea
140°
托雷斯海峡
Torres St.

莫尔兹比港
PORT MORESBY
巴布亚新几内亚
150°
PAPUA NEW GUINEA

所罗门群岛
SOLOMON IS.

韦塞尔群岛
Wessel Is.

纽兰拜
Nhulunbuy

古卡鲁古
Angurugu

格鲁特岛
Groote Eylandt

莫宁顿
Mornington

杜马吉
Doomadgee

卡鲁坶普里亚湾
of Carpentaria

威尔士亲王岛
Prince of Wales I.

巴加加
Bamaga

约克角
York

诺曼比岛
Normanby I.

10°

路易西亚德群岛
Louisade Arch.

塔古拉岛
Tagula I.

珊
瑚
海
CORAL SEA

韦帕
Weipa

奥鲁昆
Aurukun

科恩
Coen

洛卡特里弗
Lockhart River

奥斯普雷礁
Osprey Reef

威利斯群岛
Willis Grp.

大
Great

波尔姆普拉乌
Pormpuraaw

库克敦
Cooktown

利胡群礁
Lihou Reefs

梅利什礁
Mellish Reef

洋

卡穆威尔
Camooweal

芒特艾萨
Mount Isa

诺曼顿
Normanton

科万亚马
Kowanyama

伯敦
Burketown

乔治敦
Georgetown

芒加纳
Mungana

凯恩斯
Cairns

堡

屏

礁
Barrier

拉文斯霍
Ravenshoea

福赛思
Forsayth

汤斯维尔
Townsville

特里戈斯群岛和群礁
Tregosse Islets & Reefs

太

利

亚

卡穆威尔
Carnooweal

克朗克里
Cloncurry

朱利亚克里克
Julia Creek

查特斯堡
Charters Towers

鲍恩
Bowen

马里恩礁
Marion Reef

斑普顿群岛(法)
Récifs Bompton(Fr)

达贾拉
Djarra

里士满
Richmond

林墨尔
Hughenden

普罗瑟派恩
Proserpine

埃文群岛(法)
Îles Avon (Fr)

贝杜里
Bedourie

布利亚
Boulia

温顿
Winton

马卡卡布拉
Muttaburra

扬格拉
Eungella

麦凯
Mackay

切斯特菲尔德群岛(法)
Îles Chesterfield (Fr)

格伦盖尔
Glengyle

艾斯斯福德
Isisford

朗奇
Longreach

巴考尔丁
Barcaldine

埃默拉尔德
Emerald

罗克汉普顿
Rockhampton

克恩礁
Kenn Reef

南贝洛纳礁(法)
Récif Belone Sud(Fr)

伯兹维尔
Birdsville

达里
Durrie

温多拉
Windorah

阿尔法
Alpha

布莱克
Blackall

雅拉卡
Yaraka

西奥多
Theodore

蒙托
Monto

格拉德斯通
Gladstone

比洛埃拉
Biloela

雷克礁
Wreck Reef

凯托岛
Cato I.

克利夫顿希尔斯
Clifton Hills

伊塔丹纳
Etadunna

查尔维尔
Charleville

奎尔皮
Quilpie

罗马
Roma

弗雷泽岛
Fraser I.

马里伯勒
Maryborough

盖恩达
Gayndah

马里
Marree

巴尔卡努纳
Balcanoona

因纳明卡
Innamincka

坎纳马拉
Cunnamulla

格伦摩根
Glenmorgan

达尔比
Dalby

古拉比
Kingaroy

南斯坦瑟普
Toowoomba

布里斯班
Brisbane

米德尔顿礁
Middleton Reef

利谢克里
Leigh Creek

威尔坎尼亚
Wilcannia

圣乔治
St. George

迪兰班尼
Dirranbandi

瓦格加
Walgett

格伦因尼斯
Glen Innes

黄金海岸
Gold Coast

霍克
Hawker

布罗肯希尔
Broken Hill

科巴
Cobar

北伯克
North Bourke

尼甘
Nyngan

阿米代尔
Armidale

里斯莫
Lismore

格拉夫顿
Grafton

奥古斯塔港
Port Augusta

皮里港
Port Pirie

怀阿拉
Whyalla

波特兰
Port Pirie

科纳马布尔
Coonamble

阿德莱德
Adelaide

金斯顿
Kingston S.E.

米利森特
Millicent

芒特甘比尔
Mount Gambier

瓦卡里
Waikerie

米尔迪拉
Mildura

巴兰拉尔德
Balranald

格里菲思
Griffith

海伊
Hay

德尼利昆
Deniliquin

罗宾韦尔
Robinvale

杜博
Dubbo

塔姆沃思
Tamworth

斯科恩
Scone

塔里
Taree

麦夸里港
Port Macquarie

纽卡斯尔
Newcastle

悉尼 Sydney

伍伦贡
Wollongong

帕克斯
Parkes

格伦菲尔
Grenfell

考拉
Cowra

亚斯
Yass

瓦格加
Wagga Wagga

堪培拉
CANBERRA

库马
Cooma

豪勋爵岛(澳)
Lord Howe I. (Aus.)

博尔斯皮拉米德岛(澳)
Ball's Pyramid I. (Aus.)

30°

太

平

洋

PACIFIC OCEAN

亚

努拉戈帕
Nhill

霍舍姆
Horsham

阿拉拉特
Ararat

本迪戈
Bendigo

埃丘卡
Echuca

邦巴拉 Bombala

墨尔本 Melbourne

奥尔博斯特 Orbost

瓦南布尔
Warrnambool

吉朗
Geelong

塞尔 Sale

拜恩斯代尔 Bairnsdale

波特兰
Portland

南角Pt. South

弗林德斯岛
Flinders I.

塔

斯

曼

海

TASMAN SEA

金岛
King I.

巴斯海峡
Bass St.

开普巴伦岛
Cape Barren I.

斯坦利
Stanley

伯尼
Burnie

乔治镇
George Town

齐恩
Zeehan

圣玛丽斯
St. Marys

塔斯马尼亚岛
Tasmania I.

梅迪纳
Maydena

霍巴特
Hobart

40°

太

140°   150°   160°

019

人文地理

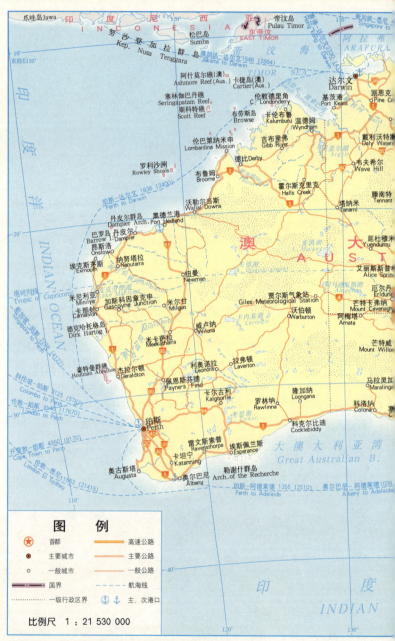

图　例

⊛ 首都	━━━ 高速公路
◉ 主要城市	━━━ 主要公路
○ 一般城市	━━━ 一般公路
━━ 国界	┈┈ 航海线
┈┈ 一级行政区界	⚓ 主、次港口

比例尺　1：21 530 000

莫尔兹比港 巴布亚新几内亚 所罗门群岛
PORT MORESBY PAPUA NEW GUINEA SOLOMON IS.
巴布亚新几内亚 PAPUA·NEW GUINEA

星期四岛 诺曼比岛
Thursday Normanby I.

约克角 露易西亚德群岛 塔古拉岛
York Louisiade Tagula I.
Arch.

韦帕 珊 瑚 海
Weipa CORAL SEA

洛克哈特河
Lockhart River

格鲁特岛 威利斯群岛
Groote Eylandt Willis Grp.

库克敦 利胡群礁
Cooktown Lihou Reefs

邓巴 莫斯曼 特里戈塞群岛和群礁 梅利什礁
Dunbar Mossman Tregosse Islets & Reefs Mellish Reef

凯恩斯 马里恩礁
Karumba Cairns Marion Reef 班普顿群礁(法)
Récifs Bompton

克罗伊登 因尼斯法尔 麦凯 埃文群岛(法)
Croydon Einasleigh Mackay Iles Avon

艾恩斯利 汤斯维尔 切斯特菲尔德群岛(法)
Townsville Iles Chesterfield

查特斯堡 鲍恩 克恩礁
Charters Towers Bowen Kenn Reef

休恩登 南贝洛纳礁(法)
Hughenden Récif Belone Sud

利 克朗克里 克莱蒙特 凯托岛
L Cloncurry Clermont Cato I.
I A
亚 布利亚 温顿 洛克汉普顿
Boulia Winton Rockhampton

朗里奇 弗雷里岛
Longreach Fraser I.

阿尔法 马里伯勒
Alpha Maryborough

布莱克尔 斯普林休尔 班达伯格
Blackall Springsure Bundaberg

温多拉 查维尔 罗马 多尔比
Windorah Charleville Roma Dalby
图文巴
Toowoomba 布里斯班
Brisbane

萨戈明达 坎纳马拉 圣乔治 黄金海岸
Thargomindah Cunnamulla St. George Gold Coast

伯克 沃尔格特 格伦因尼斯 米德尔顿礁
Bourke Walgett Glen Innes Middleton Reef

威尔坎尼亚 阿米代尔 格拉夫顿
Wilcannia Armidale Grafton

科巴 麦夸里港 豪勋爵岛(澳)
Cobar Port Macquarie Lord Howe I.

内弗泰尔 博尔斯皮拉米德岛(澳)
Nevertire Ball's Pyramid I.

奥古斯塔港 伊万霍 巴瑟斯特 纽卡斯尔
Port Augusta Ivanhoe Bathurst Newcastle

巴拉 米尔迪 海伦 悉尼
Burra Mildura Hay Wollongong Sydney

阿德莱德 斯旺希尔 古尔本
Adelaide Swan Hill Goulburn

金斯顿 奥尔伯里 堪培拉
Kingston S.E. Albury CANBERRA

巴拉腊特 库马
Ballarat Cooma

波特兰 吉朗 墨尔本
Portland Geelong Melbourne

莫韦尔 塔 斯 曼 海
Morwell TASMAN SEA

南角
Pt. South

金岛 弗林德斯岛
King I. Flinders I.

马拉瓦 乔治顿
Marrawah George Town

塔斯马尼亚岛 霍巴特
Tasmania I. Hobart

卡塔马兰
Catamaran

自然资源

1. 矿山之国

人们把澳大利亚称之为"坐在矿山上的国家"，的确名不虚传。

（1）品种繁多，矿石储藏品种多达70多种。

（2）存储量大，金、银、铜、铅、锌、铝、锡、镍、铀等均在澳大利亚占有很大的存储量，尤其是铝土矿储量居世界首位。

（3）生产量大，铝土、氧化铝、铁、煤、铅、钽、钻石、蛋白石产量居世界前列。

（4）出口量大，矿产出口量全球第一。

（5）世界之最，在西澳大利亚州存有世界上最大的钻石矿，年产钻石4000万克拉，还有最大的露天金矿。

（6）最长的矿带，1883年在新南威尔士州西部的布罗肯希尔，发现了长达8公里的矿带，富含金、银、铝、锌、铁。从此，此地迅速发展，成为澳洲矿业和工业的先锋，素有"银城"之称；

澳大利亚主要资源分布

- ■ 煤
- ▲ 石油
- ▲ 铁
- ⋈ 锰
- △ 镍
- ⚠ 铝土
- ▬ 铜
- ◉ 铅锌
- ◗ 金
- ▢ 铀
- ● 城市及工业部门

（7）著名特产，澳宝石是澳大利亚的著名特产，是澳洲人的最爱。南澳大利亚州是澳洲的宝石生产中心，其产量占世界总产量的90%；白澳宝，也叫牛奶澳宝，占世界总产量的一半以上。

（8）品种珍贵，如澳洲的黑澳宝，是蛋白石中最珍贵的品种。

（9）煤铁之乡，纽卡斯尔拥有10个露天煤矿，是世界最大的煤出口港，位于新南威尔士州，被人们称为煤铁之城。

2. 丰富的能源储量

储量丰富，原油储量为2400亿公升，天然气储量为13600亿立方米，液化石油气储量1740亿公升。

3. 别具特色的生物

澳大利亚被称为"世界活化石博物馆"，生物资源无比丰富且别具特色，如单孔目动物，以卵生哺乳动物鸭嘴兽和针鼹鼠为代表，只有在澳大利亚才能生存。

澳洲因远离其他大陆，具有独特的生态条件，气候温暖，阳光充足，使许多古老的植物保留至今，因此，有人把澳洲说成是诺亚方舟上的植物园，有植物12000多种，其中9000种是其他地方没有的，如在离悉尼市中心不到160公里的沃勒米国家公园的609米深的峡谷中，有一种曾被人们认为早在1.7亿年前已灭绝的古松树；在塔斯马尼亚里德山有个山坡长满都是雄性的松树，距今已有1万多年历史，它们将树枝扎到土壤中来繁殖后代，万年生生不息，成为世界上最古老生物的活化石之一。

4. 茂盛的植被

澳洲树木繁茂，森林覆盖率占国土的20%，热带雨林和原始森林资源丰富，天然森林面积约1.55亿公顷，用材林面积

122万公顷，真可以称之为绿色的海洋。

澳大利亚共有1300多种桃金娘科植物。典型的有：瓶刷子花树，因花的形状活像刷瓶子用的刷子而得名。花开季节，满树都是鲜红的"瓶刷子花"，就像插满红蜡烛的圣诞树。但瓶刷子花的花粉容易引起过敏。

澳大利亚的茶树，并不产茶叶，叶子很细，介于柏树叶和松树叶之间，具有柠檬香味，从中提炼的香料，可应用于化妆品和医药，经济价值很大，目前正在大面积推广。

黑孩树为澳洲所特有，根系发达，生长缓慢，成年树树干呈黑色，树叶细长，长成一团，像一个围着草裙的黑孩子。

这里还有一种能"吃"昆虫的植物，其叶子或花的表面分泌一种胶质，散发甜味，可诱昆虫并把昆虫粘住，加以消化。还有一种瓶子草，叶片形如小瓶子，昆虫一旦进去就出不来，成了瓶子草的美餐。

5. 品种繁多的水果

澳洲地处温热带，昼夜温差大，水果品种多、质量高，主要有樱桃、柑橘、木瓜、猕猴桃、桃子、杏、梨、苹果、香蕉、芒果、菠萝、西瓜等，还有从各国引进的500多种水果，如我国的荔枝、龙眼、枇杷等。

澳洲的夏威夷果独具特色，这是一种长在树上的坚果，果仁比榛子大，比栗子小，油性大，口感好，入口一嚼即化，可提炼油脂，制成果酱，还是做糕点、糖果的好原料，产品大量出口。

巴罗萨谷

6. 花园式的葡萄酒之乡

澳大利亚葡萄种植业发达，形成了南澳、新南

巴罗萨谷

威尔士州、维多利亚州、西澳四大产区，其中以南澳为首。在阿德莱德市东北55公里处，有一个叫巴罗萨谷地的狭长地带，土地肥沃，冬季温暖多雨，夏季干热，适宜葡萄生长。此地作为澳洲葡萄酒的故乡，也跻身为世界上最好的葡萄酒产地之一。这里出口的葡萄酒占全国葡萄酒出口总量的70%。由于不断采用新技术，使葡萄和葡萄酒品种不断更新换代，澳大利亚已成为世界上第十一大葡萄酒生产国，总共1000家酒厂，每年产酒6亿升。

澳大利亚就像一个美丽的大花园，全年到处绿树繁花，美不胜收，我们中国人视为名贵花卉的君子兰、仙鹤来，在澳洲，无论是房前屋后还是大街小巷到处都是。澳洲的野花有15000多种，不但个头大、开得持久，花干后色彩也依然鲜艳如初。

7. 发达的农业

澳大利亚农业发达，谷类有小麦、燕麦、稻米等。经济作物有油菜、棉花、甘蔗等，是世界上主要的蔗糖生产国和出口国之一，年产蔗糖500多万吨，居世界第五位，90%供出口，出口量名列世界第三位。昆士兰州是澳大利亚蔗糖生产大户，其产量占全国95%。

8. 独具特色的动物

澳大利亚的动物独具特色，其中约有200种动物、750种鸟类为澳洲所特有。

大袋鼠（国兽）和鸸鹋（国鸟），这两种动物的形象已定格在澳大利亚的国徽上。

在澳洲还生活着150多种有袋动物，全球的有袋动物，除南美洲有少部分外，大部分都分布在澳大利亚。澳大利亚的袋鼠有40多种，5000多万头。除袋鼠外，还有树袋熊、毛鼻袋熊、袋貛等，可惜的是被称为塔斯马亚虎的袋狼在20世纪30年代就已灭绝。

袋狼，是现代最大的有袋食肉动物。长着类似狼的脑袋和狗的身子，体长1.3米左右，呈灰色或黄褐色，身上的黑色条纹很像老虎斑纹，尾巴细而长，有50～65厘米，腹部有向后开口的育儿袋，曾经在塔斯马尼亚广泛分布，因此也叫塔斯马尼亚虎，它可以像鬣狗一样用四条腿奔跑，也可用后腿像袋鼠那样跳跃行走。

树袋熊，也叫考拉，是澳洲国宝级的野生动物，与我国的熊猫齐名。"考拉"在土著语里是"不喝水"的意思，它可以数月滴水不进。成年考拉身长61～91厘米，体重5公斤左右，一身粗硬的短毛，性情温和、行动笨拙。这是一种夜行动物，以吃桉树叶为生，而桉树叶营养成分不高，必须大量食用，它每天能吃11公斤。桉树叶中有一种带有柠檬或薄荷油味儿的树脂香味，有一定麻醉作用，所以考拉吃得终日昏昏欲睡，每天要睡18个小时，长得胖乎乎地，憨态可掬。据说考拉的阑尾长达7厘米，帮其消化桉树叶。考拉数量一度很多，由于其毛皮珍贵，遭到大量捕杀，300万只考拉遭厄运，加上城市的扩大，桉树林的减少，考拉的数量锐减。1927年考拉被加以保护。目前，全澳考拉仅剩4～5万头。

考拉

大袋鼠

鸭嘴兽是澳大利亚的单孔类哺乳动物，分布在澳洲东部的约克角与南澳之间及塔斯马尼亚。鸭嘴兽的历史有2500万年，提供了哺乳动物由爬行动物进化而来的许多证据。其体型不大，体长30～48厘米，体重0.5公斤到2公斤。它属哺乳类动物会下蛋，孵出的小鸭嘴兽需哺乳喂养，故称"卵生哺乳动物"。

鸟的天堂。澳洲也是鸟类的天堂，鸟类品种共750多种，其体型、颜色、叫声各不相同，其中450多种为澳大利亚所特有。除上述鸸鹋外，鹦鹉是澳洲鸟类的最大群体，有50多种，大多色彩艳丽，十分可爱。白鹦鹉也叫美冠鹦鹉或凤头鹦鹉，极其珍贵，它的冠呈金黄色，通体雪白，能活80年，已被作为珍稀动物加以保护，但是这种美冠鹦鹉的叫声却一点也不美，声音沙哑，如刮擦器物那么刺耳。

9. 丰富的海洋生物

澳洲的海洋生物很多，鲸就有诸多种类，如座头鲸、露脊鲸、蓝鲸、抹香鲸等，一头鲸体重可达80吨，身长达18米。

澳洲的海豚有13种，它们成群活动，经人工驯化，可以表演许多节目。

鲨鱼有357种，大白鲨重达1200公斤，鲨鱼的鳍被称为鱼翅。作为海洋杀手，鲨鱼袭击人的事件也时有发生，

澳洲海洋里还生活着海豹、海狮、海马等动物。

海狮身形巨大，颜色较淡，多数生活在南澳大利亚，没有固定的栖息地，每天要为寻找食物而到处漂流。到了繁殖季节，选择一个地方进行争夺配偶的战斗，得胜的雄海狮可以占有许多雌性。海狮聪明、灵活，经训练可学会不少技艺，在动物园、水族馆颇受欢迎。

海豹体形小些，呈纺锤形，头圆，四肢演化为鳍状。颜色较深，品性活泼，为食肉型动物。

鲨鱼

海马属于硬骨鱼，因其头部酷似马头而得名。长约10厘米，游泳能力差。雌性海马将卵产在雄性海马尾部的育儿囊中，由雄海马孵化，一年可繁殖两三代。海马是一种名贵的中药，具有强身健体、补肾壮阳、舒经活络的功能，对治疗神经系统疾病更为有效。目前已能人工养殖。

鲸鱼

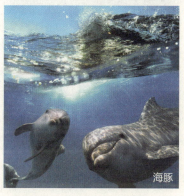
海豚

10. 海鲜美食

澳洲的海洋产品非常丰富，产量多，质量高，为人类提供了无与伦比的美食，如鲍鱼、龙虾、对虾、皇帝蟹、金枪鱼、扇贝、牡蛎、蚝和各种深海鱼。水产品中海水鱼和淡水鱼有3000多种，还有3000多种甲壳和软体类水产品，其中已进行商业捕捞的约600多种，澳洲的捕鱼区面积比国土面积还大16%，是世界上第三大捕鱼区。

海鲜美食

文化资源

1. 宗教

澳大利亚是个宗教信仰自由的国家，形形色色的宗教约100多种。基督教、天主教、印度教、犹太教、伊斯兰教、佛教等在这个国家和谐共存，宗教团体无数。

澳大利亚的宗教可分两大类：一是土著人信仰的原始图腾和法术，另一类是海外移民带来的各种宗教，形成了"原始文明与现代文明并存"、"东方与西方共处"的局面。

海外移民带来的宗教以天主教为最大。在澳大利亚各个城镇，教堂建筑数不胜数。

澳洲的佛教历史可追溯到1848年，大批中国淘金的矿工来到澳洲，也带来了中国儒释道的信仰和文化。随着亚洲移民的增多，亚洲佛教信徒与极少数西方人组成了佛教团体。后来，出现了"维多利亚佛学会"、"新南威尔士佛学会"、"澳洲佛教联合会"等团体以及佛教精舍和禅修中心，佛教团体已遍及各州的主要城镇和乡村。佛教已成为澳洲发展最快的宗教，在五大宗教中排行第二，仅次于基督教。

2. 语言

澳大利亚通用英语，这是各民族的共同语言，是国语。但是，澳大利亚英语与英国的英语或美国的英语有不少区别。首先，澳洲英语有很重的口音。据说，流放到澳大利亚的罪犯和后来的移民，其语言与母语——英国英语完全剥离，形成了一种带有特殊口音的澳大利亚英语。例如，把my（我的）说成moi；把time（时间）说成toime；把today（今天）说成todie（死）。当然，受过良好教育、经常旅游的澳大利亚人，悉尼、墨尔本等大城市的人，位居高位的人，口音就比较轻些。其次，在澳洲英语中还保留了部分英国英语早已不用的字词或成语。

3. 节日

澳大利亚的节日之多堪称世界之最，全国公共节日有九个，其他各州的节日少则几个多则十几个，部分节日内容列表叙述。

民间舞蹈

澳大利亚节日及特色一览表

月	节日名称	特色
1	新年	
	塔斯马尼亚州休恩谷民俗节	
	悉尼狂欢节	为期3周，有美食、音乐、艺术、歌舞表演
	悉尼国际网球锦标赛	世界网球高手云集，也是澳网的前奏
	新南威尔士州塔姆沃思乡村音乐节	有800多种表演，2000多场次，颁发金吉他奖，持续1周
	维多利亚州爵士音乐节	
	新南威尔士州野花节	
	澳大利亚国庆节	在悉尼海港有焰火、烧烤、野餐
	墨尔本澳大利亚网球公开赛	4个大满贯网球赛之一
	西澳大利亚州杯赛马	
	昆士兰蟑螂赛跑	澳大利亚国庆日举行
	南澳大利亚环澳洲自行车赛	为期1周，赛手穿越南澳全境55个城镇，观众可驻足阿德莱德和部分南澳地区街道观看世界一流的自行车比赛

月	节日名称	特色
2	悉尼同性恋狂欢节	化装游行
	塔斯马尼亚州皇家霍巴特帆船赛	海上帆船赛事，历时4天
	西澳珀斯节	为期3周的文化活动
	墨尔本音乐节	演出40多种摇滚乐
	堪培拉重金属音乐节	不分年龄，全澳最大
	堪培拉国家多元文化节	庆祝10天
	霍巴特赛舟会、澳大利亚木船节	水上嘉年华活动，为时3天
	新南威尔士州猎人谷葡萄收获和美酒节	
3	阿德莱德艺术节	来自国际和澳大利亚本土的艺术团体演出舞蹈、戏剧、歌剧等节目
	墨尔本穆恩巴节	历时10天的狂欢节，有焰火表演、室外艺术展、滑水、龙舟赛等
	费里港维多利亚民俗节	
	墨尔本国际汽车赛	
	复活节——悉尼皇家复活节演出	农业表演活动，为期12天
	墨尔本贝尔海滩冲浪精英赛	
	新南威尔士州澳大利亚国际摩托车赛	
4	墨尔本国际喜剧节	来自世界各国的艺术盛宴
	澳新军团日	
	悉尼海港的歌剧节	3月22日—4月12日，在悉尼海港水中闪闪发光的舞台上上演歌剧，观众可尽情释放对歌剧的满腔热爱
	堪培拉国家民歌节	
	南澳巴罗萨酒节	持续1周，有铜管乐演出、舞蹈表演、酿酒工人拔河赛
5	昆士兰努萨国际美食美酒节	持续4天，200多位国际和澳洲烹饪名人大显身手，献上美味佳肴
	昆士兰州内地集会	买卖牲口的节日

人文地理

月	节日名称	特色
6	悉尼电影节	为期14天的电影狂欢节
	悉尼食品和葡萄酒节	展现各种厨艺和葡萄酒酿造技术
	阿德莱德歌舞节	
	墨尔本国际电影节	放映世界各国和澳大利亚的最新最好的电影作品
	昆士兰劳拉土著舞蹈节	持续3天，全国性土著人活动
	英国和爱尔兰狮队巡回赛	6月5日—7月6日，在全国各个城市精彩巡回表演
7	北部地区皇家展和农业展览	农业展示表演，骑马竞赛等
	阿德莱德创意节	全世界优秀创意者的聚会
	昆士兰音乐节	为期15天
	布里斯班国际电影节	为期10天，佳片云集
8	达尔文马术竞技会	赛马
	达尔文节	展示多元文化
	达尔文啤酒罐赛舟会	参赛的所有船都用啤酒罐制造
	达尔文牛仔大会	国际牛仔赛马活动
	悉尼趣味赛跑	14公里的长跑比赛，4万人参加
	阿德莱德美食家节	参观巴罗萨谷葡萄酒厂，品尝葡萄酒和美味佳肴
	西澳布鲁姆珍珠节	
	墨尔本作家节	为期10天，世界各地作家的盛会
9	悉尼风筝节	在邦迪海滩放风筝、出售风筝
	墨尔本澳式橄榄球联赛总决赛	
	墨尔本皇家展	农产品展销会
	珀斯皇家展	展出牲畜
	阿德莱德皇家展	农业、园艺展览、娱乐活动
	昆士兰州伯德斯维尔赛马	
	昆士兰全国啤酒节	为期3天

月	节日名称	特色
10	堪培拉花卉节	展示堪培拉春天的郁金香等花卉
	保罗尔郁金香节	展出郁金香
	曼利国际爵士乐节	很多爵士乐演出，大多数免费
	墨尔本国际艺术节	戏剧、歌剧、舞蹈、音乐表演
	阿德莱德老爷车冠军赛	老爷车竞技
	南澳弗林奇节	表演杂耍、滑稽、戏剧、电影
	北部地区亨利托德赛舟会，也叫陆上行舟赛	选手套着无底船，在干涸的河床上赛跑
	新南威尔士州巴瑟斯特图海1000旅游车赛	
	塔斯马尼亚皇家展	展出该州重要产业成果
	西澳女皇华诞	
	新南威尔士州猎人谷葡萄园歌剧节和爵士乐节	欣赏歌剧音乐，品尝美食美酒
	堪培拉国际电影节	为期10天
	南澳巴罗萨音乐节	为期2周，戏剧、古典乐、室内乐、爵士乐表演
11	蓝山春季花圃节	展出各种奇花异草
	墨尔本杯赛马	障碍赛马狂欢节
	阿德莱德本土艺术节	
	帕斯国际艺术节	音乐、舞台戏、电影展
	塔斯马尼亚马克·韦伯挑战赛	11月28日——12月2日，赛车穿越塔斯马尼亚的高山和荒野，挑战自我，舒展身心
12	悉尼——霍巴特快艇赛	
	圣诞节	

人文地理

4. 多元文化

作为移民国家，这里的文化是多元的，澳政府鼓励不同种族或民族的居民，在各种场合使用他们的母语，保留他们自己的文化。澳大利亚各级政府甚至会无偿提供各种援助和津贴，发展多元文化。澳大利亚主流文化为西方文化，其生活方式与西欧、北美相似。

澳洲的文化生活丰富多彩，别具一格。一是澳洲各民族的传统、风俗和习惯，对澳洲文化有着深远和广泛的影响；二是从西方吸收来的文化艺术，使澳洲人酷爱欣赏音乐，观看戏剧演出，参观美术展览；三是土著人的绘画、音乐、舞蹈、文学，使澳大利亚的文化独具特色。

澳大利亚的中小学及职业学院由各州和领地的教育部门负责管理，联邦政府拨款资助；大学由联邦政府统一管理。凡是澳大利亚公民和永久居民，均享受免费的中小学教育。全国有42所大学，230多所专科技术学院。

5. 土著文化与艺术

在英国人来到澳洲之前，这里的原住民为土著人。据说土著人是6万年前从东南亚来到澳洲的，也有说来自中国南部。总之他们有亚洲人血统。土著人一般长得卷发、宽鼻、厚嘴唇、棕色皮肤，一度达到50万人。土著人讲土著语，而土著语又有250多种。

土著人习惯居无定所的游牧生活，家庭不稳定，很多人居住在用树枝和泥土搭成的窝棚里，即使有房子，也可能在院子里搭一个帐篷

土著手工艺品

居住，甚至将木质家具拆毁用于生火做饭。20世纪30年代，澳洲政府为了改变土著人的状态，把土著儿童，特别是土著和白人的混血儿集中起来，进行同化教育，力图从小改造他们，使他们融入白人社会，但遭到了土著人的强烈反抗，这项举措无果而夭折。

1967年，土著人获得了选举权。1972年，澳洲政府终止了歧视有色人种的白澳政策。

土著人寿命比白人短，一般寿命为56～62岁（白人为80岁），人口增长慢，目前约有30万人。

土著人喜欢纹身或在身上涂抹各种颜色，平时在面颊、肩部和胸部涂一些黄白颜色，节日跳舞时彩绘全身，一般都是粗线条，像雨点，似波纹。

土著人过去习惯吃树籽、野果、野生植物，还吃野牛、鳄鱼、袋鼠、骆驼、巨蟒、蜥蜴等野生动物的肉，吃蚂蚁等昆虫。这些被现代人称之为"丛林食品"的种类多达3000多种。据说，这类食品低脂肪、低胆固醇、高维生素，对健康大为有益，澳洲正在大力开发。

土著木雕

澳大利亚土著表演

土著文化

　　土著人的艺术独具特色。舞蹈富有原始色彩，一色由男子表演。他们上身赤裸，下身只穿裤衩。全身用白粉画了许多线条、圆点。舞者手持木棍，或敲地，或相击，做出各种动作，节奏感强，铿锵有力，表现了他们狩猎、耕种等劳动及与大自然搏斗的情景，有欢迎之舞、驱蚊之舞、警告之舞、沉默之舞、食火鸡之舞、袋鼠之舞，等等。

　　土著人的乐器叫迪吉里杜管，长1～1.5米，用白蚁蛀空或人工掏空的一段树枝做成。据说，土著人把黑槐树枝插到白蚁窝，等着白蚁慢慢蛀咬树枝的中心。白蚁怕光，不会咬穿树枝外皮。过后将另一头插进白蚁窝让白蚁蛀咬，最后取回树枝，穿透中间，即成乐器。演奏时一头顶在地上，一头塞在嘴里，吹奏出"比呜比呜"的声音。迪吉里杜管不但是吹奏的乐器，还是土著人的精神寄托。在跳舞时吹奏乐器，可以使灵魂听到召唤，可以向万物发号施令。

　　土著人的武器有飞去来（也叫回力刀）和标枪。飞去来用木片削成人字形，攥住一头向目标扔出去，飞去来还会飞回原地。这是他们的狩猎工具，原是用作打鸟，现在用为玩具。

　　土著人的绘画也由圆点、线条组成，色彩有白、红、黄、咖啡色等，粗犷、朴素、神秘、夸张，富有原始气息，表达了他们对信念、崇敬、哀思、幸福的理解。

　　土著人的艺术成了吸引世界各地游客的重要项目。土著文化艺术的传播，不仅给土著人带来了可观的收入，而且有助于土著人重建他们对自己和土著文化的信心与自豪感。

趣闻轶事

1. 与众不同的澳洲人

澳洲人，一般是指从英国、爱尔兰来的移民和他们的后裔，他们的特点是：

（1）健康强壮。天地造化的澳洲人享尽大自然的赐予，长得普遍高大粗壮，力气很大，略显粗糙的皮肤白里透红，多具深灰色眼睛和淡黄色眉毛，性格开朗、谈吐直率、容易相处、热爱生活、寿命较长。澳洲人普遍喜欢晒太阳。在家里的阳台上、院子里，在海滩上和公园的草地上，到处可见晒太阳的人。据说还有"天体浴场"，人们在那里可以将整个身体裸露在阳光下，尽情享受。过度的光照使澳大利亚皮肤癌的发病率高居世界之首，是美国的三倍，英国的六倍。

（2）穿着随便。休闲服装、休闲皮靴、牛仔衣裤、紧身内衣、运动服装、鲜艳格子衣服、毛料帽子，等等，这些都是他们的最爱。但是在正式场合，他们穿着讲究，男人穿深色西装或礼服，女人穿袒胸露背的长裙或套装。在歌剧院观看演出时，人们也穿得特别庄重，短裤和超短裙是见不到的，这就是西方文化所特有的方式吧。

穿着随意的澳洲人

（3）崇尚休闲。澳大利亚人追求安逸，讲究享受，一周工作五天，周末和假日神圣不可侵犯，商店也会关门大吉。人们天经地义地去海滩游泳、冲浪、钓鱼，到公园野餐、晒太阳、游览。有的人约请亲朋好友，到酒吧饮酒聊天，欣赏音乐或者到公园一起烧烤，其乐融融。

（4）爱喝啤酒。澳大利亚每年啤酒消费量人均90升，名列世界第三。澳洲实行周薪制，一般周四发工资。发薪水当天，人们忙于上街采购，买够七天的食品。许多人到酒吧喝酒，不需酒菜，干喝酒，侃大山，往往一醉方休。这一天，街上的"醉鬼"特别多，平时见不着的警察这时满布大街，是为应急处理醉酒引发的事件。

（5）重视环保。各家院子都精心收拾，有70%的澳大利亚人拥有自己的房子，大多数是欧式的，带有花园或院子，门前的篱笆或围栏特别低，房前屋后喜欢种花栽树。哪一家院子不加修整、杂草丛生、有碍观瞻，肯定会遭到邻居的举报。

一到假日，许多人在院子里修树剪枝，收拾草坪，松土灌溉，浇水施肥，给栅栏刷漆，每家院子都树绿花红，十分可爱。

分类垃圾箱很大，其中有生活垃圾箱，厨余垃圾箱和花园里的"绿色垃圾"箱；居民可以将旧家电、旧家具等大件东西放在路边。当地政府会回收废旧物品。

游人可以在公园里随意玩乐，但绝不乱丢废弃物。宠物方便时，主人随时清除，因此游人可以在公园放心娱乐。

为了环境的安全，澳洲海关严禁动植物产品和食品私自入境，违者重罚。

（6）法律意识强。对于普通居民来说，修改房舍建筑图，或想修改现有建筑结构，以至于想在院内搭建一小屋或在平房顶上加盖一层，必须征求四邻意见，否则是不允许的。这种做法，减少了许多邻里矛盾。另外，如果违规钓鱼，打捞海产，马上会有人出来加以制止，不管你是本地人，还是外来者，一视同仁。

（7）为人豪爽。为人豪爽、乐于助人是澳大利亚人特有的本质，一次，笔者和同事在一个码头等船，同事掏兜时不慎把钱掉到海里，于是我们向在岸边钓鱼的少年求助，想借他的鱼竿去捞纸币。可不曾料想那少年却毫不犹豫地跳到水里去捞钱，在游艇工作人员的帮助下，钱很快捞了上来。我们对这位"洋雷锋"不由得十分钦佩。还有一次，笔者夫妇在新南威尔士州的西部断山访问领区，参观一个由废矿改建成的农场，发现我夫人外衣上的一个漂亮纽扣丢了，虽然不是什么珍贵的东西，但总不无遗憾。当我们返回下榻的旅馆时，服务员交给我夫人一个信封，打开一看，里面正是她刚丢的漂亮的纽扣，这真是令我们喜出望外。

（8）办事认真。澳洲人办事循规蹈矩，不紧不慢，甚至"认死理"，得理不让人，有时似乎比较"死板"，不愿绕弯子，不爱变通。一位东欧外交官酒后驾车，被媒体曝光，舆论对他不依不饶。最后，这位外交官被提前调回国，事情才算了结。前任总理霍克在他的车后座上接受采访，忘了系安全带，观众从电视上看到了，纷纷质询，他当场被罚款100澳元。

（9）文明有礼。澳洲人在社会生活中文明谦和，乘公交时人们自动排队上车。在公共环境中谁也没有特权，习惯已成自然。

（10）别样亲情。与东方人不同，在澳洲朋友聚会，多实行ＡＡ制。女儿出嫁后回娘家吃饭要付钱；儿子给父亲干活，父亲要付给儿子工钱；孩子到了18岁，就要独立谋生，家长即使是富翁，儿子也得去打工。澳洲没有"啃老族"，父母也不讲"望子成龙"。

澳洲人的家庭关系颇显民主，长辈和小辈之间可相互直呼名字，也不要期望小孩在大人面前保持顺从。澳洲人轻易不愿欠别人的情，因而不要见到人就请人吃饭、喝酒。如果常在一起喝酒，朋友之间一般都是"轮流做东"，即大家轮流付酒钱，这已成为习惯。

2. 冤情大使

"冤情大使"是调解和平息纠纷的专职法务人员，他是服务于独立仲裁调查部门的专门机构，该机构成立于20世纪70年代，其职责是专门接受市民投诉，处理有关公共机构的不公正行为和有关纠纷。任何人只要认为有人侵犯了自己的权利或受到不公正的待遇，均可以用书面形式向冤情大使申诉，冤情大使受政府授权和委托，与有关部门进行联系，充当中间联络人的角色，解决出现的问题。这项服务是免费的，但作为投诉一方，必须以事实为依据，不得隐瞒、歪曲和夸大，否则会受到法律的惩治。

3. 太平绅士

"太平绅士"由政府任命，其职责是免费为他人在向政府提交的表格上签名盖章，各大银行、各大社团、邮局、地方财政部门中都有太平绅士，这是一种公证制度，太平绅士多为德高望重的人士。

4. 二月狂欢

每年二月底，悉尼都要举行一届同性恋者的狂欢和游行，至今已有34届。每届约有1万同性恋者参加活动，70多万人观看，已成为澳洲非常赚钱的民间活动，每次收入数亿澳元。

游行这一天，悉尼市中

悉尼同性恋狂欢节

心、牛津大街早早实行戒严，看热闹的人们提着各种能使自己增高的用具到这里等候观看，观众层层叠叠。同性恋者奇装异服，涂脂抹粉，有的坐彩车，有的步行，有的打扮成当时的政客，有的化妆成莫名其妙的"女王"；男人有的穿着裙子，有的只穿带有窟窿的小裤衩，无奇不有，招摇过市。

5. 独特的"浮饼"

"浮饼"就是改良的馅儿饼，阿德莱德城制作的馅儿饼漂浮在一碗浓浓的肉炖豆汤里，还要加上西红柿酱，因而叫做"浮饼"。

澳大利亚人喜欢吃馅饼，每年要吃掉2.6亿个馅饼，平均每人13个。在新南威尔士州北部海岸，有许多馅饼店，每家都声称自己制作的是"澳大利亚最正宗的馅饼"，这里堪称"馅饼王国"了。

水果馅饼

肉馅饼

6. 树顶漫步

在西澳西南部，有一片最美的森林，长着直冲云霄的考里木和赤桉树。其中有一棵巨树，树龄400多年，树高68米，底部周长16米。围着树的主干，建起了153级钢质螺旋形阶梯，人们可以顺梯而上，攀爬到树顶部的平台上，获得"一览众树小"的享受。在大风中，钢阶梯、平台在摇动，据说摆幅达1.5米，站在窄窄的踏板上，一种莫名的恐惧感袭来，真有种在树顶行走的感觉！

7. 猴面包树

巨大的猴面包树生长在西澳的金伯利地区，果实成熟时，猴子成群结队爬到树上摘果子吃，因此叫"猴面包树"。树高约20米，树干粗壮，周长

猴面包树

可达15米，树冠直径超过50米，要40个人手拉手才能围它一圈。

猴面包树从形状上看，像一个粗壮的树枝插在一个敦实的大桶里，因此又叫"瓶树"、"大胖子树"。

猴面包树因巨大、空心，曾被作为收押土著人的监狱。土著人也曾经用它做房子、食物和草药。

猴面包树盛开白色的大花朵，其果实大如足球，甘甜多汁，但特别坚硬，土著人在其果皮上进行雕刻，用作装饰品。

猴面包树又被叫做"颠倒树"，传说由于高傲，猴面包树惹怒了众神，神灵将它连根拔起，又将它倒插进土里，因此而得名。

8. 食火鸡——树苗的播种者

食火鸡

食火鸡，又名鹤鸵，是昆士兰北部热带雨林中一种个头很大的鸟。

食火鸡能够传播70多种树木的种子，这些树木的果实很大，别的动物无法吞食，唯有食火鸡能将整

个果实吞下，随后又将果核完整地排出体外，而鸟粪就成了树种发芽、生长的天然肥料。因此，食火鸡对许多树木的繁衍是功不可没的。

食火鸡腿强而有力，脚爪长12厘米，长有3个脚趾，脑袋呈蓝紫色，头顶上有角质的黄冠，从颈部挂下来的肉垂呈赤红色，羽毛色黑，下垂，翅膀很小，不会飞，但善走，奔走时速达50公里／小时。食火鸡性情凶猛，主动攻击人群。历史上，曾有一名16岁的少年被食火鸡攻击致死。2007年，食火鸡被纳入吉尼斯"世界上最危险的动物"行列，也有"杀人鸟"之称。

9. 雄性袋鼯之死

袋鼯分布在澳大利亚东南部沿海地区，生活在森林里，偶尔到地面活动，其个头如老鼠。

这种小动物的一大特点是雄性袋鼯只能存活11个月，头10个月几乎都在吃喝成长。之后，雄性袋鼯进入"成熟期"，一心一意地向雌性袋鼯求爱，完全忘记了进食和睡眠。它们发出吱吱的叫声，在树洞里"寻欢作乐"。两周后，所有雄性袋鼯因交配过度，导致睾丸肿大而死去。

袋鼯

10. 国中之"国"

在西澳北安普顿西北75公里处,有一个所谓"公国"。多年以前,这里的农场主兰纳德对政府关于小麦配额政策不满,于1970年4月24日宣布退出西澳州,成立"赫特河省公国",占地75平方公里,自称"亲王",发行货币、护照、邮票,接待游客。西澳政府力图推翻这个"国家",但一直未能如愿。

在西澳的芒基米亚还有一个"马尔加纳国",元首是一名土著人。在悉尼,有一个叫乔治·克瑞山科的人自称为"亚特兰提乌姆皇帝",有1300个"臣民"。在昆士兰州有一个"珊瑚海同性恋王国",自称政体为君主立宪制,国家货币为欧元,从事旅游、捕鱼和出售明信片。

11. 化干戈为玉帛

第一次世界大战期间的1915年,2万澳大利亚部队与英、法、新西兰、印度的部队一起,组成多国部队,于4月25日从海上向土耳其的达达尼尔海峡附近的盖里博卢发动进攻,遭到土耳其军队的顽强抵抗,战争延续8个月,多国部队以惨败告终。澳大利亚和新西兰部队的8587名士兵阵亡。从此,4月25日被定为澳新军团日,也是两国的公众假日。在这一天,澳大利亚在全国举行集会和游行以示纪念。

土耳其政府为在此次战役中阵亡的澳大利亚士兵进行了妥善的掩埋,并在土耳其的盖里博卢修建了纪念碑,以此让人们记住要和平不要战争。土耳其政府每年都接待了澳大利亚来凭吊阵亡士兵的代表团。战争已是历史,凭吊成了澳大利亚和土耳其两国之间的一项重要的友好活动。

澳大利亚军队

主要城市

1. 繁华的悉尼

（1）新南威尔士州的首府

悉尼是新南威尔士州的首府，是澳洲最大、最古老的城市，是经济、金融、贸易、交通、文化、艺术、旅游、新闻传播的中心，是大洋洲最大、最繁华的都市，也是全球最多姿多彩的城市之一。

（2）流放者兴建之都

1770年前，悉尼地区居住着很少的土著人，他们过着原始的渔猎生活。

1770年英国航海家库克船长率"奋进号"考察船考察时发现了澳大利亚东海岸的一处海湾，上岸考察后，惊喜地发现这里气候宜人、植被茂盛、繁花似锦，于是把这里命名为"植物湾"，宣布这块土地归属英国人并将这一发现报告给了当时的英国政府。时隔18年，1788年英国人想起用这块土地流放囚犯，随即派菲利普率领第一支由11艘船只组成的船队押送犯人到达

"植物湾"，到达后发现此地不适宜建立流放囚犯点，8天后便来到了植物湾以北的杰克逊湾，在这里建立了英国第一个流放囚犯点，并用当时英国内务大臣悉尼子爵的名字命名，悉尼即由此而得名。

1840年英国才停止向悉尼运送犯人。从1788年到1840年这52年的时间里英国向这个地方运送的犯人不计其数，流放者在这里劳作，做苦役，生息繁衍，建设着这个美丽海湾，可以说流放者是悉尼这座都市的奠基人。

第二次世界大战后，大批欧洲移民来到这里，特别是20世纪50年代，悉尼人口迅速增长。70年代中期，越南战争结束带来了第三次移民潮，多数移民选择悉尼，也可以说悉尼是在移民者们的手中发展成长起来的。

悉尼由40个小市（相当于中国大城市的区）组成，悉尼市中心只有2万多人。悉尼没有总管全市的行政机构，40个小市互相独立，市政府权力较小，只管交通、卫生等市政建设。

悉尼周围的一些城镇也成了悉尼的一部分。西边19公里以外的帕拉马塔已成为悉尼的近郊；北边160公里以外的纽卡斯尔和南边80公里以外的伍伦贡成为城乡结合部。

值得人们记住的是悉尼礁石区。18世纪首批殖民者的船只抵达澳洲时，是从悉尼的礁石区上岸的，所以有"先有礁石区，后有悉尼市"一说。当年礁石区被狄更斯描述为"污垢不堪，声名狼藉"。现在则是一个旅游胜地，曲折的小巷、英式的建筑、古色古香的酒吧、风味独特的餐馆、琳琅满目的商店、比比皆是的画廊、内容各异的博物馆，吸引了络绎不绝的游客。

（3）经济之都

悉尼的工业有化工、石油、煤炭、食品、烟草、机械、造纸、出版、印刷、纺织、服装、制鞋等。澳洲前500强企业47%在悉尼设有总部。

（4）金融之都

澳大利亚65%的金融业、70%的金融服务业集团在悉尼，四分之三的银行将总部设在悉尼，在澳洲的36家外国银行中，有33家在悉尼开业，悉尼是外国投资者的首选。

（5）艺术之都

悉尼是一个充满了艺术魅力的都市，是澳洲五光十色美景的门廊。土著岩画上的独特图像美轮美奂，造型奇特的悉尼歌剧院，金黄色沙滩上升起的太平洋巨轮，桉树林里百鸟鸣唱，满目青翠、万紫千红的公园——悉尼正是以这些为世人带来了最美的艺术享受。

悉尼的娱乐生活丰富多彩。这里集中了全国最优秀的歌剧、芭蕾、音乐演出。各种艺术节几乎每个月都有，其中有悉尼节、电影节、国际艺术节、食品葡萄酒节、同性恋狂欢节、风筝节、花卉节、郁金香节、国际爵士音乐节、蓝山春季花圃节等。各种博物馆、展览会、画廊比比皆是。在欣赏世界著名建筑艺术奇葩的同时，还可以观赏各种精彩的演出，享受不可多得的精神大餐。

（6）文化之都

悉尼是一个多元文化社会的典型，是全国的文化中心。

160多个民族在这里和谐相处，各种宗教在这里相安无事，各民族在这里都可以自由使用自己的语言。全国最大报刊、电台、电视台等新闻媒体都集中在悉尼。这里有11所大学，数量居全国之首，每年的毕业生有1万多人，悉尼是精英荟萃、人才辈出之地。

（7）交通之都

悉尼是澳大利亚的交通枢纽，空中交通十分便利，航线密集，共计国际航线37条，国内航线13条。悉尼机场是世界上最繁忙的40个机场之一，每年有28.1万架次飞机抵达悉尼；到澳洲的65%旅客经过悉尼机场，客流量为2100万人。其中悉尼到美国洛杉矶的航线是世界上中途不停歇的最长固定航班线，全长12049公里。

悉尼市的地面交通有电气火车、长途巴士、出租车、地铁、空中独轨铁路、轮渡等，四通八达，便利快捷。

（8）世间美景之都

悉尼位于澳洲大陆的东南岸，濒临杰克逊湾，以约80公里长的海岸线，傲视着湛蓝深邃的南太平洋。其腹地深入内陆山区50公里。在澳洲各城市中，面积大约有12000多平方公里的悉尼独占鳌头，属最大都市，并被世人赞为全球三大美丽港埠之一。

高耸的悉尼塔、被列为世界文化遗产的悉尼歌剧院、号称世界第一单孔拱桥的悉尼海港大桥并列成为悉尼三大地标性建筑。

悉尼有70多个漂亮的海滩，长30公里呈新月形的曼利海滩是游泳、冲浪、日光浴、漫步、购物、休闲的好去处。

邦代海滩离市区仅8公里，三面被高大的建筑包围，因此被誉为"井中威尼斯"，最适合于游泳、冲浪、潜水。海中有一个"婚礼蛋糕岛"，因鸟粪覆盖全岛，形似一个硕大的蛋糕而闻名遐迩。

位于悉尼市中心西北部的达令港又叫情人港，是悉尼旧貌

悉尼 邦代海滩

悉尼情人港

换新颜的一个缩影。昔日破旧的码头成了崭新的综合社区，繁忙的港口码头、绿树成荫的街边花园、潺潺的流水、各具特色的建筑就是今天的达令港，它已成为悉尼市中心的一颗璀璨明珠，成为了各种展览、文艺表演、庆典活动、国际会议举办最集中的地方。这里的发电站博物馆、海洋博物馆、水族馆更是吸引着四面八方来的游客。

悉尼港内还有许多小岛，如散落在碧海上的颗颗明珠，都有着各自美丽的传说和故事。鲨鱼岛形似一条大鲨鱼，是远观悉尼歌剧院、悉尼海港大桥的最佳位置。丹尼森岛曾用来发配犯人，岛的外围海涛汹涌、鲨鱼出没，犯人插翅难逃，岛上食品极少，犯人难以充饥，因此也被人叫做"断肠岛"；山羊岛是囚犯们养山羊之处，据传，曾有一个名叫安德森的囚犯被用镣铐铐在一块砂岩礁石上长达两年。

悉尼背山面海得尽世间美景，拥有金光闪烁的天然海港、迷人的海滩和阳光充沛的地中海气候，整个城市像一座巨大的花园。在这优越的环境下，悉尼自然成为世界上最炫目的城市之一。除了优良的天赋环境之外，这个城市还有许多人工添加的特色。除享誉全球的三大地标性建筑外，欧式风情美丽的建筑、葱茏的树木、如茵的绿草、锦簇的鲜花、悠闲的生活和多元的文化都为悉尼带来了特有的蓬勃生机。在南半球的所有城市里，悉尼得天独厚，独享世间的一切美誉，素有"南半球的纽约"之称。

（9）商品荟萃之都

悉尼荟萃了全世界的名牌商品，是商家们展示商品的乐园，更是购物者的天堂。在悉尼，宽阔的街道上车水马龙，街道两旁的商店鳞次栉比，商店里商品琳琅满目，各种品牌的东西应有尽有，年消费额在200亿澳元以上。维多利亚女王大厦是悉尼最美丽、最豪华的购物中心，也是世界上最著名的商场之一，建于1898年，是为纪念维多利亚女王执政50周年而建的，是悉尼19世纪末期伟大建筑之一。法国时装设计师皮尔·卡丹称其为"全世界最漂亮的购物中心"。20世纪80年代，商厦进行了全面装修，成为一处规模宏大的精品购物商城，也是来悉尼的游客必到的景点。这里有全澳洲，甚至全世界享有盛誉的名牌商品专卖店，有现代时尚的服装店，还有高档的咖啡店、古董店、礼品店、首饰店，有画廊、餐馆、洗衣店、食品店等，可说是应有尽有。

维多利亚女王大厦

（10）天然良港之都

悉尼是世界上屈指可数的一流天然良港。港区在杰克逊湾内，离海口8公里，出海口仅1.5公里，肚子大，出口小，南北有两个海岬作为天然屏障，挡住了太平洋上的狂风巨浪。

悉尼港水深港阔，10万吨位的巨轮可自由出入，有120个泊位和长达18公里的装卸区，拥有现代化的港口设施，宛如悉尼的心脏。作为世界最繁忙的港口之一，每年处理货物贸易30亿澳元，其中集装箱88万个。悉尼港又是悉尼景点最集中的地区，乘船游览悉尼港，悉尼歌剧院、悉尼海港大桥、悉尼塔、情人港等名胜古迹一览无遗。1998年，中国海军三艘军舰组成的舰队访问了悉尼港。

2. 秀丽的堪培拉

堪培拉是澳大利亚的首都，位于澳大利亚山脉区的开阔谷地上，海拔760米，四季分明，全年降雨量平均，四季都有阳光普照的日子。

堪培拉全貌

格里芬湖

　　堪培拉原为牧羊地，1927年建成，现在人口达40万，为全国政治中心。主要居民是政客、公务员和外国驻澳大利亚使馆的外交人员，这里除了旅游业、赌博业以及满足联邦机构、科研单位、大专院校、文化娱乐等部门需要的服务行业外，没有其他经济部门。全市绿地面积占60%以上，是世界著名的花园城市。

　　1908年，澳大利亚联邦议会决定在这里建都的时候，这里还是一处608米高的山丘和草地，是山羊和袋鼠的家园。中标的是美国著名建筑师格里芬，他的规划是建立一个以议会大厦为中心，向四周辐射开来的新首都，市中心建一个人工湖泊，即格里芬湖。

（1）仙境般的格里芬湖

　　1963年，莫朗格洛河被截流，又引墨累河之水形成人工湖，这就是仙境般的格里芬湖。格里芬湖湖区辽阔，周长35公里，长11公里，面积704公顷，湖水碧波荡漾，景色十分美丽，看上去竟像天然湖一样，毫无人工雕琢之痕。为了纪念这位天才的设计师，湖泊以他的名字命名，故名"格里芬湖"。

格里芬湖喷泉

　　格里芬湖最醒目的标志性建筑物是湖心的库克船长喷泉，是为纪念他登陆澳洲200周年而建。喷泉喷出的水柱高达140米，直冲蓝天白云，颇为壮观，在首都任何地方都可以看到。在阳光照耀下，水雾化成美丽的七色彩虹，宛若仙境。湖中的阿斯彭岛上建有3座钟塔，塔内有53座钟，定期演奏，钟声悦耳。这些钟是英国为纪念堪培拉奠基50周年而赠给澳大利亚的礼品。格里芬湖边有一座铁制的空心地球仪，上面标着英国人首次抵达澳大利亚的航海路线。横跨格里芬湖的英联邦桥和国王桥将市区南北两部分连接起来，湖的南侧为政府机关、外国驻澳使馆，是政治中心；北侧为商业区、住宅区。春、夏、秋三季，堪培拉的许多重大活动都在湖边举行。

　　（2）议会大厦

　　格里芬湖南侧山上是澳大利亚议会大厦，1980年动工，1988年建成，建筑面积24万平方米，内有房间4500间，1988年5月9日英女王伊丽莎白二世亲自为它主持揭幕启用仪式。大厦耗资11亿澳元，是澳大利亚历史上建造费最昂贵的建筑物。议会大厦顶端一个巨型的四脚架撑起81米高的旗杆。据说这是世界上最大的钢结构之一，也是堪培拉的标志性建筑，游人从很远的地方也能看到议会大厦的雄姿。大厦东侧，是众议院会议厅，西侧是参议院会议厅。两个会议厅内均设有公众席，议会开会时，观众可以观看会议进程。议会大厦的公共场所陈列着议会收藏的艺术珍品，有澳洲的风景画，澳大利亚历届总督、总理、议长及一些著名议员的肖像油画。议会大厅墙上挂着一幅世界最大的挂毯，长21米，上面编织了澳大利亚艺术家阿瑟·博伊德的作品，由500名工人合作完成。议会大厦的商店里出售有关议会的各种书籍、音像带，以及澳洲特色的服饰、珠宝、纪念品、明信片。设在一楼的餐厅供应茶点和便餐。参观完毕议会大厦，游客可以在绿茵茵的草坪上散步或休息，观赏堪培拉全景。

议会大厦

中国驻澳大利亚使馆

（3）建筑艺术博览会的使馆区

80多个国家驻澳大利亚的大使馆坐落在议会大厦的西边，格里芬湖的南边，建筑各具特色，大多反映了各自国家的建筑艺术风格，成了堪培拉一道靓丽的风景，吸引世界各地的游人参观。中国驻澳大使馆具有典型的中国古建筑风格，黄墙蓝琉璃瓦，层楼高起，飞檐巍峨，庄重典雅、与众不同。走进使馆院内，游廊曲栏、小桥流水，楼台亭阁掩映在青松绿柳丛中。馆内的会客厅、宴会厅摆着中式雕花家具，墙上挂着中国名家字画，陈设着玉雕、漆雕、双面绣、软木雕等名贵的工艺品，显得富丽堂皇、高贵典雅，浓浓的中华文化气息令人陶醉。美国使馆具有威廉堡风格；希腊使馆使人想起帕台农神庙；新几内亚使馆像一座神灵的居所；泰国使馆尖尖的橙色屋顶，看上去像曼谷的一座庙宇。

（4）澳大利亚国立美术馆

澳大利亚国立美术馆坐落在格里芬湖的西南岸，共三层，有12个画廊，有长期展厅，也有临时展览。馆内珍藏着十多万件作品，不但反映了澳大利亚最全面的本国艺术和土著艺术，还包含了不少亚洲、非洲、美洲、欧洲名家的美术作品，如莫奈、罗丹、毕加索的作品。

澳大利亚国立美术馆

（5）澳大利亚战争纪念馆

在堪培拉市中心格里芬湖北边，有一条非常出名的街道叫澳新军团大街。街的尽头有一座澳大利亚战争纪念馆，这是为了缅怀在历次战争中阵亡的澳洲战士而建的。澳大利亚派兵参加过19世纪末以来英国所卷入的每一次重大战争，如苏丹战争、波尔战争、第二次世界大战、朝鲜战争、马来和婆罗战争、越南战争、伊拉克战争等，为此付出了惨重代价，共有十多万名军人在这些战争中捐躯。

澳大利亚战争纪念馆

堪培拉太空中心

（6）堪培拉太空中心

堪培拉太空中心在市区西南方向，距离市区40公里。这是澳大利亚与美国航空航天局合作建立的世界上最机密的窃听哨所之一，展出太空飞船和深层空间跟踪技术，其中有阿波罗11号1969年从月球上带回来的一块玄武岩。太空站的卫星接收天线由美国制造，足有两个篮球场大，可以说是世界上最大的"锅盖"，现在作为景点接待游客，也用作科普教育场所。游客可以在展览室内称一下自己在火星上和月球上的体重。笔者在地球上的体重是64公斤，而在月球上仅10.2公斤。

堪培拉还有国家植物园、国家动物园和水族馆、国家博物馆、国家恐龙博物馆、澳大利亚爬行动物中心。

堪培拉每年还举办许多文化活动，如重金属音乐节、国家多元文化节、皇家堪培拉表演、国家民歌节、堪培拉国际电影节等。

3. 花园之州及其首府——"电车之城"墨尔本

墨尔本是维多利亚州的首府，是澳大利亚的第二大城市，是澳洲的文化、体育、购物、餐饮中心，面积8831平方公里，人口约350万。维多利亚州位于澳洲的东南部，是澳洲大陆上面积最小的州，却是最绿的州。悠久的耕种传统和19世纪的淘金热潮给该州带来了巨大财富。今天。维多利亚州作为一个传统的产粮区和工业中心，其产值占整个澳大利亚生产总值的三分之一。无边无际的葡萄园、果园和花圃，使维多利亚州享有"花园之州"的美誉。

在1835年之前，墨尔本地区是一处荒无人烟的地方。当年，两个塔斯马尼亚商人用毛毯、面粉、斧头、项链换取了本地土著人202500公顷土地。1840年，这里才有1万名欧洲殖民者。1851年，在巴拉腊特、本迪戈、卡斯尔梅恩周围发现金

墨尔本街景一角

矿，引发了淘金热。十年之后，墨尔本成为澳大利亚最大的城市。1901—1927年，墨尔本曾是澳大利亚的临时首都。

（1）秀丽的母亲河

墨尔本市区规划整齐，如棋盘式。亚拉河意为"永远流淌的河"，穿市区而过，这是墨尔本的母亲河，蜿蜒流淌，全长242公里，河上架有25座桥，河两岸是繁华的商业区，高楼林立，葱绿的树木掩映着画栋雕梁的维多利亚时期的古色古香的建筑，林荫大道清洁宁静。北部和西部是工薪阶层的聚居区，南部和东部则是高收入者的聚居区，古老和现代、豪华和简朴、城市和乡村融为一体，那么自然、和谐。亚拉河两岸一派秀丽的田园风光，令人陶醉。现代的人很难设想，在淘金热潮的时期，亚拉河曾是生活污水和工业废料的处理场所，河水浑浊肮脏，臭气熏天。几十年来，墨尔本人为治理母亲河而进行的不懈努力收获了丰硕的成果，母亲河恢复了原来的美丽面容和无穷魅力。

墨尔本弗林德斯大街

墨尔本的有轨电车

（2）电车之城

　　墨尔本是澳洲唯一拥有有轨电车的城市，素有"电车之城"的美称。这里电车轨道纵横交错，电车网络四通八达，沿途有许多观光点。环城电车每10分钟一趟，车身是暗红色和金黄色。墨尔本的电车集运输、观光、餐饮于一身，车内陈设豪华，餐桌上烛光摇曳，食品飘香；车铃叮当，悠扬悦耳。乘客可以一边用餐，一边欣赏市容和街景。墨尔本的电车成了当地一道靓丽的风景，也成了墨尔本的标志之一。

（3）古建筑之城

墨尔本拥有19世纪华丽的维多利亚式的建筑，到处可见绿地和林荫大道，绿化率达40%，公园400多个，是澳洲最有欧洲风味的大城市。1991年以来，墨尔本十次被评为世界最适宜居住的城市。联邦广场是墨尔本的新市中心，也是人们休闲、用餐的好去处。维多利亚国立美术馆收藏了两万多件上等的澳大利亚艺术品。而澳大利亚动态图像中心则是一家专门介绍电影、电视、数码技术的博物馆。广场旁边的公园里矗立着的联邦大钟，可以演奏多种曲目。圣保罗大教堂建于1891年，是墨尔本最早的英国式教堂，也是墨尔本英国国教教堂的总部。

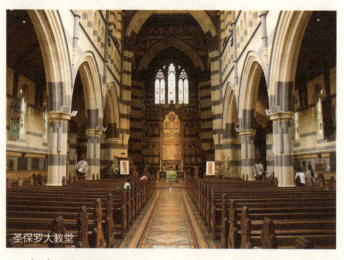

圣保罗大教堂

（4）工商重镇

墨尔本是一个金融商业中心，是澳大利亚的工业重镇，又是一个海港城市，拥有重型机械、纺织、造纸、化工、金属加工、汽车、服装、食品等工业门类。科林斯大街有澳大利亚第一街的美称，这是一条金融街，澳洲很多银行的总行、股票交易所、保险公司、金融投资公司的办事处设在这条街上。这里有墨尔本最高的建筑物——63层高的里亚尔托大厦，在第55层的瞭望台上，可以鸟瞰全市。维多利亚女王市场是一个购买野餐美食的大型建筑，新鲜的农产品、诱人的奶酪、香肠、面包、干果、糕点、鱼、肉等随顾客挑选。著名的皇冠赌场是一个综合性的娱乐设施，1997年开张，内有餐馆、酒吧、精品店、夜总会和1000间客房的宾馆，曾是世界最大赌场，现在仍是南半球最大赌场。

（5）戏剧之都

墨尔本是澳大利亚的戏剧之都，文化气息十分浓厚。维多利亚艺术中心包括墨尔本音乐厅和剧场，是表演艺术的主要场所，其顶部是颇具独特艺术风格的埃菲尔铁塔式的尖塔。音乐厅是墨尔本交响乐团的大本营，表演艺术博物馆是通俗文艺、歌剧、电视和摇滚乐的圣殿，既上演莎士比亚等的经典之作，也有充满现代气息的新作品登场。澳大利亚

墨尔本表演艺术中心

芭蕾舞团总部设在墨尔本，拥有最优秀的舞蹈家和许多世界一流的保留节目。

（6）时尚之都

墨尔本也是时尚之都。每年3月，这里举行为期八天的时尚节，有时装表演、研讨会、艺术展览、时尚宴会，吸引30万人参加，一展墨尔本走在时代前沿的风采。全澳有八成的纺织品和制鞋厂在墨尔本，这里的服装、鞋子、箱包品位高、物超所值。

（7）体育之都

墨尔本是个体育盛事之都。每年2月，令全球瞩目的澳大

利亚网球公开赛在这里的墨尔本公园网球中心举行。9月，举行澳式橄榄球联盟总决赛，11月春季赛马狂欢节，圣诞节后是国际板球锦标赛。墨尔本举办过夏季奥运会、英联邦运动会、世界游泳锦标赛等。墨尔本人爱好体育，徒步、驾独木舟、骑自行车、冲浪、滑雪、游泳、溜冰、打高尔夫等是这里常见的运动项目。

（8）皇家植物园及其著名景点

亚拉河南岸的皇家植物园和附近的国王领地公园、维多利亚女王花园、亚历山大花园，组成了一个园林区。皇家植物园是澳大利亚、也是世界上最好的植物园，种植了世界各地的奇花异草。内有不少小型的人工生态圈，有仙人掌区、水生植物区、草本植物区、澳洲雨林区等。

夏秋季节，墨尔本成为薰衣草的海洋。在沁人心脾的花园里，游人还可以品尝薰衣草面包、果酱和茶水。

皇家植物园

墨尔本皇家动物园是澳洲历史最长的动物园，也是世界第三古老的动物园，有珍禽馆、狮子园，蝴蝶在热带雨林温室中飞舞，猴子在热带雨林欢跳。

墨尔本西南部海滨的大洋路景色绝佳，长达240公里，是澳大利亚沿海岸线驾车观光最美的地方，特别是在天使海和阿波罗湾之间，是世界上最为壮观的沿海公路，有令人销魂的沙滩，森严的悬崖峭壁，漂亮的野花，繁忙的渔港，丛林密布的山脉，每年吸引700万游客来此观光。从普林斯顿到仙女港有一段沉船海岸，有神秘莫测的"十二使徒"景点，流传着悲壮的海难故事，还有失事船只上的神鬼造访此地的离奇传说。

（9）金矿悲歌

墨尔本西北约150公里处，有一个本迪戈金矿旧址，现为博物馆。1851年，本迪戈发现金矿，虽然储量低、规模小、矿井深，工作条件非常艰苦，但淘金的人仍然蜂拥而至，这里很快成为重要的矿业镇。金矿使少数人暴富，对矿工来说，却是一场噩梦。在淘金热潮中，大批华人来到这里，他们称这里为"新金山"，以有别于美国加利福尼亚的旧金山。华人来到荒山野岭，人地生疏，水土不服，语言不通，风餐露宿，有的贫病交加，还要受当地人的袭击和白人的欺负，真的是尝尽艰辛。有些人苦干若干年后，带着血汗钱返回祖国故乡；有些人留在澳洲，继续披荆斩棘，开荒种地，引水灌溉，种植粮食、蔬菜、水果等，使不毛之地变为良田。后来，金矿挖完了，有的人开起了餐馆、洗衣店、杂货铺。本迪戈露天博物馆再现了当年的情景。在"中国村"里，可以看到衣衫褴褛的华人矿工蜡像，令人不忍目睹，看到的中国公墓则是澳大利亚同类公墓中最老、最重要的一个。伴随着艰苦开拓，华人矿工也带去了中国传统文化，1860年建的佛庙至今保存完好，香火不断。博物馆藏有两条舞龙时用的金色巨龙，一条为世界最老，另一条为世界最长，至今仍在节庆典礼中大显身手。在露天博物馆里，游客可以模仿矿工体验沙里淘金，戴上安全帽，在安全帽边沿插上头灯，到61米深的地下，观看现场作业和采矿示范。本迪戈镇的建筑一如19世纪中叶，工作人员也穿着那时的服装，身临其境，使人觉得时光倒流，恍如隔世。

4. 昆士兰州和布里斯班

昆士兰州位于澳洲东北部，布里斯班是昆士兰州的首府。

（1）阳光之州

昆士兰州17世纪被荷兰人发现，1842年这里成为英国罪犯的流放地，19世纪50年代曾是新南威尔士州的一部分，1901年被改为澳大利亚联邦的一个州，即昆士兰州。

昆士兰州是澳大利亚面积第二、人口第三的州，面积约173万平方公里，人口约400多万，有长达5400公里的海岸线，举世闻名的大堡礁绵延2300公里，沿岸大小岛屿700多个。昆士兰州沿海盛产甘蔗、棉花、烟草、热带水果，其南部为大麦、小麦的主要产区。矿藏有煤、铝、铜、铅、锌、银、铀、宝石。工业有制糖、肉类加工、木材、印刷、汽车修理等。

昆士兰州一角

昆士兰州夏季长，冬季温暖而短暂，全年有300多天阳光灿烂，因此有"阳光之州"的美誉，景色优美，拥有大堡礁、黄金海岸、阳光海岸等众多景点，是世界各国游人至爱的地方。

（2）桥都秀色

作为澳大利亚第三大城市的布里斯班位于热带山水之间，布里斯班河蜿蜒曲折地穿过市中心，河上有七座桥，是该市的一道风景线，故有"桥都"之称。城市规划别具特色，分割区域的街道，南北方向以女性名字命名，东西方向则以男性名字命名。意大利风格的市政府钟塔高90米，建于1930年。站在高塔内的观光台上，可以纵览全市。大厦对面的广场上有喷泉和各种雕塑。市区附近有许多历史建筑非常出色，雄伟的前财政部大楼有意大利文艺复兴时期的遗风，建于1890年，现在是康拉德24小时赌场，是一棵摇钱树。建于1868年的昆士兰议会大厦具有法国文艺复兴风格，有热带特色的百叶窗和铜质圆屋顶。还有一些用铁条装饰的雅致的维多利亚风格的大楼。布里斯班人口150万，次于悉尼和墨尔本，位居全国第三。

19世纪20年代，布里斯班也是犯人流放地。1842年，莫顿

布里斯班河

湾对自由移民开放，标志着布里斯班当地土著时代的结束。随着开采金矿、养牛养羊业和甘蔗种植业的发展，布里斯班迅速繁荣，成为澳洲北方一大重镇。1982年的英联邦运动会和1988年世博会使布里斯班大放光彩，1800万游客的到访使这座热带城市锦上添花，从此热闹起来。一座装饰华丽的尼泊尔塔仍在丛林中耸立，追述着当年的盛况。

20世纪90年代初，澳洲其他地方经济普遍萧条，布里斯班却一枝独秀，以其得天独厚的自然资源吸引成千上万人从悉尼和墨尔本北上，成为澳大利亚著名的观光游览胜地和新兴经济城市。

布里斯班的中国城占据整整一条街，大街一端耸立着仿唐代大牌楼，两旁是一对石狮。街上有中餐馆、中医诊所、针灸中心和理疗店。

布里斯班灿烂的阳光，茂密的热带雨林，壮观的玻璃屋山，数不清的公园，世博会旧址以及各种博物馆、影剧院、音乐厅、美术馆、画廊，世界各地风味的餐馆，会使你充分享受都市的物质和精神生活而流连忘返。野生动物保护区坐落在风景秀丽的河边公园内，该公园在布里斯班西南约11公里处，是世界上最大的考拉保护区，在保护区内生活着130多只考拉，还有袋鼠、野狗。游客可以抱着树袋熊考拉拍照，还可以享受喂食袋鼠的惬意。

阿尔玛动物园在市区以北28公里处，可以观赏到澳洲本土的鸟类和哺乳动物，如袋鼠、考拉、鸸鹋、鹦鹉等，还有外来的动物马来熊、美洲豹、猴子等。

布里斯班河东流入海，注入莫顿湾，海湾内有365座海岛，是当地人周末度假的胜地。到莫顿岛可以亲近并喂食海豚，潜水观看水下沉船遗骸。

布里斯班是旅游者的天堂。在这里你可以参加攀岩、游泳、徒步丛林游、乘船海上游、露营、潜水、冲浪、观海；你也可以去牧场观看剪羊毛、牧犬赶羊表演，游览乡村集市，购买土特产品，品尝农牧民自制的食品。

（3）林中之城凯恩斯

昆士兰州北部的凯恩斯市是该州的一个旅游集散中心，是进入大堡礁的重要大门，也是观赏热带雨林的首选之处。在此，可以坐观光车或缆车游阿瑟顿高原的热带雨林，到莫斯曼峡谷探险和观赏林间瀑布，到绿岛、菲茨罗伊国家公园、棕榈湾观赏蝴蝶王国、鸟的世界、海底生物，进行泛舟、悬挂式滑翔、蹦极跳、浪花漂流、跳伞、热气球飞行、丛林骑马等冒险、刺激的活动。

凯恩斯一角

（4）玩不够的黄金海岸

在布里斯班市以南70公里处，是冲浪者的天堂黄金海岸。这里海浪险急，金沙滩数十个，绵延42公里。每年有287天阳光明媚，冬天平均气温在22℃，适合进行冲浪和划水活动，旅游者络绎不绝，每年游客400多万，被称为澳洲的拉斯维加斯。

黄金海岸的主题公园举世闻名，其中的海洋世界不但是澳大利亚，而且是南半球最大的海洋公园，占地25公顷，是一个巨大的综合性的游乐场，在这里可以观赏滑水的绝技，还有鲸鱼、海豚、海狮及鲨鱼的精彩表演，可以乘直升机观光，体验

黄金海岸

过山车海盗船的惊险刺激，使游客尽情娱乐，欲罢不能。主题公园内的华纳兄弟电影世界建于1991年，被称为"昆士兰州的好莱坞"，可放映著名影片供游客观赏。游客也可以了解电影的制作过程，而幽默逗趣的演出，精彩的特技效果，更让你大开眼界。这里以好莱坞电影布景为基础，展示各种电影绝技，有时枪林弹雨，有时警车追匪，有时洪水猛兽，使观众如置身于电影场面中。在这里还可以与一些卡通明星、电影角色如超人、唐老鸭、米老鼠、蝙蝠侠等合影留念。梦幻世界位于冲浪者乐园以北18公里处，园内充满了美丽的梦幻色彩，是个老少皆宜的主题乐园。这里有各种游乐设施，如"黄金城"、世界最大的"轨道滑车"、"旋转木马"、"蛇形滑水车"、"云霄飞车"、"海浪摇滚"等。

（5）奇妙的阳光海岸

阳光海岸在布里斯班北部。这个旅游景点有海底世界、菠萝园、努萨海滩等。有一座山叫"玻璃屋山"，由16座高达500米左右的火山岩构成，山峰的四面都是陡峭的石壁，土著人认为这些都是山神。1770年，库克船长沿澳洲东北海岸航行时，发现远处的山在阳光下闪闪发光，如一所巨大的玻璃宫，于是将该山取名为"玻璃屋山"。游客在这个国家公园可以徒步旅行，移步换景，将瀑布、雨林、山脉尽收眼底。

努萨国家公园有一条绵延32公里的彩色砂岩崖，约4万年历史，呈现出包括红、黄、褐、青等70多种颜色，这一奇景是由岩石中的氧化物还是由变质的植物形成，尚待科学家们研究。当地土著人传说是一条试图营救一位妇女的彩虹蛇被飞镖击中，流出的鲜血把悬崖染成彩虹一般的颜色。这是澳大利亚版的英雄救美的神话故事。

阳光海岸

阳光海岸

阳光海岸

5. 南澳大利亚州及其首府阿德莱德

南澳大利亚州面积983480平方公里，占全澳洲总面积的八分之一，是澳大利亚第四大州。人口约160万，德国的移民占了很大比重。

南澳首府阿德莱德建于1836年，第一任州总督以当时英国国王威廉四世的王后阿德莱德的名字命名此地。当年这里海难频发，但开拓者的脚步没有被阻挡住，1878年，在阿德莱德和墨累河口岸之间建起了一条铁路，使该市免受许多海难的困扰，逐渐发展繁荣起来。

南澳是澳大利亚最贫瘠干旱的一个州，80%是沙漠，气候为地中海型，冬天温暖，夏季干热，适合于水果，特别是葡萄的生长，葡萄酒业发达，居全澳领先地位，促使南澳富足起来。盛产杏子，大多用来制成杏干。牧业发达，一半以上土地为牧场，绵羊占全澳总数的11%。拥有丰富的原油和天然气，还出产钻石和澳宝石。

南澳22%的土地为国家公园和野生动物保护区，是观赏鸟类和鲸的好去处。举世闻名的坎加鲁岛（袋鼠岛）是原始的野生动物的天堂，也是澳大利亚其他地方30年前生活方式的缩影。

1836年，南澳成为英国殖民地。当时澳洲东部各州的居民都是囚犯，问题很多，而南澳的居民都是自由公民。英国政府将土地定价出售，帮助有手艺的人建立起自己的产业。19世纪40年代，殖民地在经济上获得独立，1856年开始自治。南澳的发展经历了漫长的岁月，很多"第一"说明该州不同凡响：成立了全澳第一家商会；开办了第一家有社区经营的旅馆；各州中第一个允许妇女出席议会；是世界上第一个给予妇女投票权的地区之一；全澳第一个发放驾驶执照；是第一个禁止种族歧视和性别歧视的州；是第一个允许合法堕胎，第一个认为同性恋合法的州。

（1）节日之州

南澳的节日之多，令人难以想象，共400多个，无怪该州被称为"节日之州"。

阿德莱德是南澳大利亚的首府又是澳大利亚的节日庆典中心，20世纪50年代，南澳州政府就提出要通过文化艺术交流，活跃人民生活，促进南澳经济，树立南澳形象。

从每年的1月到12月节日几乎连绵不断。1月的自行车赛为期一周，世界各国参赛选手云集南澳，激烈竞争，选手要穿越南澳全境55个城镇，而终点就在阿德莱德。

3月有阿德莱德艺术节，两年举办一次，为期3周，艺术节期间，邀请世界各国艺术家来南澳与澳洲艺术家共同献艺，每届艺术节都有戏剧、音乐会、舞蹈、电影共300多场演出，是文艺爱好者的一道文化盛宴。

4月到7月，有歌舞节、创意节、还有进行马上枪术比赛的中世纪节、巴罗萨酒节，巴罗萨酒节在复活节后举行，历时一星期。节日期间，人们身穿节日盛装，载歌载舞，享受美酒佳肴，尽情欢乐，一醉方休。

8月有南澳艺术家节和美食家节。美食家节期间可以参观葡萄酒厂，品尝葡萄美酒，享受当地食品。

10月有爵士音乐节、宴饮节和老爷车冠军赛。

澳大利亚艺术节

11月有彩车游行和赛马节。

12月有海湾体育节。

南澳的节日还有澳大利亚骆驼杯赛、复活节、赛马狂欢节、表演杂耍滑稽的弗林奇节、国内外作家齐聚一堂的作家周等等。接连不断的节日使阿德莱德人几乎天天沉浸在欢乐的节日气氛中。

（2）艺术之城

阿德莱德是一个名副其实的"艺术之城"，城市的装潢、设施充满艺术的情调。市民普遍酷爱艺术，艺术节、画廊、艺术中心充满着当代艺术和文化活动，你可以观看丰富多彩的表演，欣赏绚丽多彩的艺术珍品，在手工艺作坊你可以亲自动手制作工艺品，购买有南澳特色的手工艺纪念品。

（3）教堂之城

阿德莱德也被称为"教堂之城"。许多石砌的教堂非常壮观。建于1838年的圣三一教堂是全州第一所英国国教教堂。建于1869—1876年的圣彼得大教堂有两个尖顶，其彩色玻璃窗上绘有栩栩如生的圣经故事，是澳大利亚最好的哥特式建筑之一。教堂有一组在宗教节日时才敲响的八铃排钟，声音洪亮圆润。建于1856年的圣方西哈威尔大教堂更是气势不凡。

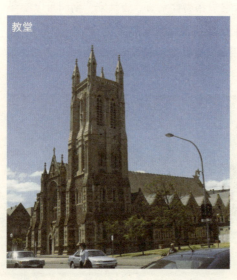
教堂

（4）特色街道消费天堂

阿德莱德的街道如棋盘，街

道上几乎都是由一平方英里的方格组成，市中心是芳草萋萋的维多利亚广场。北特勒斯是个文化中心，拥有众

阿德莱德街景

多博物馆和精美的古建筑，街道两侧树木成行，房舍质地坚固。宏伟的议会大厦始建于1883年，历时50多年才完工，据说是对一个圆屋顶设计争论不休，致使工程久拖。漂亮的旧议会大厦经改建成了宪法博物馆。1929年建的老火车站的上层在20世纪80年代精装修后变为赌场。议会大厦后面是建于1977年的阿德莱德节日中心，内有一个2000个座位的剧场，一个800个座位的表演大厅，两个小戏院。这个现代化的综合性场馆还是南澳剧团、太空实验剧场和一个画廊的所在地。艾尔斯大厦建于1855年至1878年，有40个房间，曾经是7次当选为南澳总理的亨利·艾尔斯的住所，著名的艾尔斯大独岩就是以他的名字命名的。购物区在伦德尔商业街，到处是卖鲜花的货摊，街头音乐家和杂耍演员在这里大显身手。中央市场是出售水果、蔬菜、海鲜、奶酪、肉类的天堂。各色餐馆则集中在古杰街、奥康内尔街、墨尔本街。伦德尔街也是个餐饮区，酒吧和小酒馆一个挨着一个。据说，该市人均拥有的酒馆数比澳大利亚其他任何地方都多，阿德莱德人生活得比澳大利亚其他地方的人更快活。

（5）田园风光

阿德莱德山离市区仅20分钟车程。山上长满树木，郁郁葱葱，山谷种满庄稼。在盛夏，山上的温度比市里低8℃，非常凉快，是阿德莱德上流社会的休养之处。阿德莱德山最引人的

景点之一是哈恩多夫，这是南澳最古老的德国移民定居地，离市区28公里。1839年，普鲁士和西里西亚移民为了逃避本国的宗教迫害来到这里定居。这个充满德国风情的小镇有德国风格的面包店、茶室、美术馆、手工艺品商店。在这里小贩推着手推车叫卖新鲜的水果，农村里放养着绵羊和羊驼，一派田园风光。20世纪早期的著名风景画家汉斯·海森曾在这里居住和工作，他的300多幅绘画作品仍在这里的哈恩多夫学院的美术馆展出。该学院还有一个德国移民博物馆，展现了德国移民早期在阿德莱德山的生活风貌，收藏有许多精美的雕花烟斗。在哈恩多夫的餐馆，要一桌由奶酪、维也纳香肠、德国泡菜和苹果馅儿饼组成的德国大餐，大家围坐在酒桶边，喝着德国啤酒，惬意的氛围油然而生。阿德莱德山有着悠久的酿酒史，澳大利亚最早的葡萄酒出口就从这里开始，一批1845年产的霍克酒在

田园风光

当时被送往英国进贡给维多利亚女王。现在，这里仍有许多家酿酒厂在经营。

阿德莱德南边的弗勒里半岛是阿德莱德人度假的胜地。这一带的居民以务农为主，因此这里仍保持着田园的风光。当年，岛上的居民曾以走私为生，后改为捕鲸。如今，鲸成了被保护动物，游人在南部海滩可以有幸看见它们活跃的身影。

（6）葡萄酒乡

距离阿德莱德37公里的麦克拉伦谷是一个葡萄酒产区，有48个酒庄，出产高档的设拉子葡萄酒。这里还生产设拉子葡萄酒心巧克力。

在阿德莱德市东北55公里处，有一个长30公里、宽8公里的狭长地带，这就是巴罗萨山谷，土地肥沃，冬季温暖多雨，夏季干热，适于葡萄生长。山谷青山环抱，葡萄园一望无际，

已有160年历史，这里有酒庄60多个，年产葡萄酒65000多吨，占全澳20%，成了澳大利亚葡萄酒的故乡，也是世界上最好的葡萄酒产地之一。这里出口的葡萄酒占全国葡萄酒出口总量的70%。这里还是澳大利亚独特的烹饪地区，有德国风味的熏肉、酥皮糕点、腌菜等。游客可以参观漫山遍野的葡萄园，观看山林中的家家酒庄，品尝世界级的名酒和德国风味的美食。

（7）维克托港——曾经的捕鲸站

弗勒里半岛南端的维克托港是1837年建的捕鲸站。如今那血腥的历史已经过去，1864年停止捕鲸，濒临灭绝的露脊鲸受到保护，它们于6月至10月间成群结队进入海港，经此地迁徙。从港口悬崖上观看鲸鱼的活动是一种难得的享受。

（8）澳宝之乡

到了南澳，不去澳宝之都库伯佩迪参观矿区，不买一块澳宝石，就谈不上"不虚此行"。1915年，一个14岁的男孩在库伯佩迪旅行寻找水源时偶然发现了澳宝石。很快，世界各地的淘金者、冒险家、流浪者来到这片遥远、荒芜的土地。这里离阿德莱德850公里，天气很热，夏季温度超过50℃，所以人们居住在地下的洞穴里以躲避酷热。库伯佩迪，在土著语里就是"白人住在洞里"的意思。就是现在，好多旅馆、酒吧仍建在半地下。一百年来，这里始终是世界上规模和产量最大的澳宝开采地。参观矿区，可以在废矿石中筛选寻宝；可以在迷宫一样的坑道里闲逛。南澳出产的是白澳宝，也叫牛奶澳宝。世界上半数以上的白澳宝产于库伯佩迪。

6. 西澳大利亚州及其首府——"世外桃源"珀斯

（1）澳洲面积最大的州

西澳大利亚州面积占全澳洲的三分之一，是澳大利亚面积最大的一个州，人口仅占全澳总人口的十分之一，约180万人。

据考证，四万年前土著人就生活在现在珀斯南部的地区。

现在，西澳的土著人近6万，占全国土著人口的16%，而这里仍然是澳大利亚最强势的土著人群落的家园。

西澳地处偏远、幅员辽阔、荒漠遍布、人烟稀少，曾经发展缓慢。西澳也是一个罪犯流放地，19世纪30年代，一万多名犯人被流放到西澳。但19世纪后期的淘金热，使西澳面貌大为改观。

（2）依山傍水的珀斯

作为西澳首府的珀斯东依达令山，西临印度洋，为澳大利亚第五大城市，风景秀美如画。珀斯坐落在蔚蓝宽阔的天鹅河北岸，其东边是天鹅谷，到处是绿色的葡萄园；西侧是占地1013公顷的国王公园，公园内有16公顷的植物园，种植了2500多种西澳大利亚植物，园内野花齐放，百鸟争鸣；公园中间有一块像绿色皇冠的高地，可俯瞰珀斯全景；北侧是商业区；西北方向是印度洋和海滨住宅区；再远位于天鹅河口的弗里曼特尔，是一个举世闻名的赛艇小城，也是一个古意盎然的港口和造船业中心。

珀斯街景

（3）珀斯名称的由来

1829年8月12日，英国船长斯特灵发现并缔造了珀斯城，以一位苏格兰高官故乡的名字来命名。1856年，珀斯市宣告成立。

（4）珀斯的美称

珀斯有"黑天鹅之城"的美称。1697年，荷兰探险家马拉明到珀斯后发现了一条河，河上有好多黑天鹅，就把该河叫做"天鹅河"。珀斯就在天鹅河畔，黑天鹅成了珀斯市的标志。

现在的珀斯还有"灯光城"的美誉。1961年5月，为了给美国宇航员导航，珀斯全城曾彻夜亮灯，由此而得名。

（5）沧桑巨变的珀斯

历史上珀斯曾因谣传沼泽满地、淤泥成滩、蚊虫肆虐而让人望而却步，移民速度放慢，长期缺乏劳力以致发展停顿。1850年，殖民者开始引入犯人作为劳力。至今可见的市政厅、最高法院大厦、政府大厦等许多城市建筑都是当年囚犯们修建的。

19世纪90年代西澳发现金矿，使珀斯的人口剧增7倍。20世纪60年代后，随着西澳采矿业的发展，珀斯迅速繁荣起来，成了一个高楼林立的现代化城市。

如今，珀斯已成为西澳经济、文化、贸易中心，也是天然资源产业的一个重要服务中心，矿石和石油出口大楼鳞次栉比、高耸入云。农业和旅游业在珀斯经济中也起着重要作用。

（6）古迹建筑众多的城市

珀斯市里的大部分建筑物被列为政府保护的古迹。这里的圆屋建于1831年，是这里最古老的公共建筑，12面都是石头，曾经是当地土著人举行庆典的地方，后来被用作监狱，关押并刑罚土著犯人。唐人街所在的北桥区是华人集居之处，有不少中国餐馆和商店，也是当地人的文化娱乐的场所，仅餐馆就有100多家。珀斯造币厂建于1899年，坚实的建筑富有维多利亚特色，建筑内展出各种各样的硬币。在这里游人可以触摸重达12.54公斤的金条，铸造自己的硬币，观看黄金喷泻表演。

（7）天壤之别的珀斯南北海岸线

珀斯南部海岸线的沙滩沙质细白、面积大，海面风平浪静，形成了良好的天然浴场。珀斯北部的海岸线却是大风肆虐的不毛之地，风大浪急，但却是帆板和冲浪者们的天堂，让人不禁联想到"鹰击长空，鱼翔浅底，万类霜天竞自由"的景象。不同的是，这里的帆板和冲浪爱好者们大可不必等到霜天，只要喜欢，随时可以来体验。在珀斯海边还可以观赏到鲸，每年9–12月，座头鲸在澳大利亚西北部水域过冬后，经过珀斯近海返回南极水域。游人可通过水中听音器听到鲸在大海里边游边唱的奇妙声音。

（8）珀斯的闻名小镇

在珀斯以南184公里处，有一个以观看海豚而闻名的小镇，叫班伯里。从20世纪60年代起，海豚每天成群来到这里，游客可以给它们喂食，与它们在水中嬉戏。1989年，班伯里建立了海豚探索中心。有上百头宽吻海豚生活在内港，游客可以在那里亲手给他们喂食，海豚会凑过尖尖的吻来取食，而后用尾巴

班伯里观海豚

拍击水面，似乎在表示满意和感谢，引得游客发出惊呼和欢笑。在罗金厄姆海洋公园，不但能观赏宽吻海豚，还可以观看海狮、企鹅、海鸥、燕鸥。

距离珀斯130多公里的塞万提斯小镇仅几百人，但却名声远播，因为这里有奇异的尖峰石阵，这些石阵是由成千上万奇形怪状的石灰石柱组成，石柱高低错落，有的竟高达5米，散布在金色的沙漠里。黎明和黄昏时，阳光照在石柱上，发出紫色和橙色的光芒，令人产生梦幻之感。

（9）野花之州

西澳素有野花之州的美称，野花品种7000多种，兰花80多种，占全澳兰花种类的一半。全年野花盛开的西澳是花的海洋，花的世界。更令人惊奇的是西澳的野花干后颜色不变，可长期保存。种植野花成了西澳一大产业，每年出口的野花可为澳大利亚赚回数千万美元。

（10）矿石之州

西澳矿产丰富，有金、镍、铁、煤、钻石、天然气、珍珠等。其中：铁矿年产1.2亿吨矿石，为世界最大。金矿占全澳的90%，主要是西澳南部的卡尔古利和维卢纳等地。卡尔古利拥有世界上最大的露天金矿，年产黄金22676公斤。游客可以乘电梯到36米深的地下，参观矿井的运作，还可体验与大量黄金零距离接触的感受。

钻石矿占世界钻石总产量的三分之一。位于普尔努卢卢国家公园以北的阿盖尔是世界最大的露天钻石矿，自1979年开采以来，已产出矿石5万亿吨，年产钻石4000万克拉。天然气储量几万亿立方米。珍珠产量占全世界珍珠总产量的80%，年产值1.64亿澳元。布鲁姆是一个古老的采珠港，20世纪初采珠业达到巅峰，西澳有世界珍珠之都的美称。

（11）神秘而又美丽的西澳

西澳的西南角有茂密的卡果树和赤桉树森林，有着澳大利亚最佳的冲浪沙滩，玛格丽特河周围是声名远扬的酿酒区，美丽的奥尔巴尼港由捕鲸港变为游客络绎不绝的观鲸港。在奥尔巴尼东北方向的菲茨杰拉德河国家公园占地3300平方公里，宁静的海岸、崎岖的山岭、深邃的河谷组成了世外桃源的美景。

西澳的普尔努卢卢国家公园靠近北部地区，建于1987年，2003年被列入世界遗产名录，占地3000平方公里，山脉的岩顶浑圆，呈现虎皮般赭色和黑色相间的条纹。条纹的形成与土和岩石的多孔性有关，经过百万年的雨水冲刷，渗透性较强的岩层长满藻类，形成深色条纹，浅色岩层是因为氧化铁的作用所致。

阿盖尔湖在阿盖尔钻石矿以北，是在奥德河上筑坝拦水而成的人工湖，其蓄水量约为悉尼港的18倍，为澳大利亚第二大水库。红色的山脉从湖面拔地而起，十分壮观。

波浪岩

西澳的波浪岩是一个深受人们喜爱的观光点，位于珀斯以西350公里处。这是一块历经亿万年风雨洗礼的巨型花岗岩墙，高达15米，酷似冲浪者梦寐以求的翻滚着的波浪。

普尔努卢卢国家公园

西澳有19种哺乳动物，其中有蜜负鼠、宽足袋　、塔马尔沙袋鼠等珍稀动物；鸟类200多种；41种爬行动物；12种青蛙。为防兔害，1901—1907年建了1号防兔围栏，长达1833公里；1904—1960年，又建了2号防兔围栏，长达1164公里，为世界之最。1908年建了3号围栏，总长3256公里。遗憾的是围栏没有产生应有的效力，兔子还是横行无忌。

7. 北部地区及其首府——"闪电之城"达尔文

（1）闪电之城

达尔文市因其炎热多雨，飓风多、闪电多，所以被称为"闪电之城"。1974年圣诞节，时速高达290公里的特雷西飓风横扫达尔文，几乎将全市夷为平地，66人在风灾中遇难，11200所房屋中60%毁坏严重。灾后在废墟上重建的达尔文市比以前更美丽、更坚固、更现代化、更具国际性。1998年，笔者夫妇有幸应当地华人团体邀请前往访问，见到该市的建筑物新颖整齐，以及颇具艺术色彩的绿化。街道两旁的棕榈树、蝴蝶花树、素馨花树蔽日成荫，海滨碧波金沙，室内植物园面积34公顷，奇花异草遍布各处，整个城市简直就像一个精品大公园。

（2）达尔文名称的由来

北部地区的首府是达尔文市。1839年，英国著名的生物进化论者达尔文来此考察，为了纪念他，该市以他的名字命名。

（3）地广人稀之州

北部地区按其面积而言在澳大利亚位居第三，但人口却是最少的，仅20万，占全澳洲人口的1%不到，而且半数人口生活在首府达尔文，为世界上人口最稀少的地区之一。多数澳大利亚人认为这里才是真正的澳大利亚。

（4）北部地区——最年轻的州

北部地区是澳大利亚进入21世纪后成立的最新的州，也是实行联邦制以来第一个新成立的州。

1871年，达尔文南部200公里处发现黄金，加速了达尔文的发展。

1998年8月，联邦政府同意在2000年之前将北部地区变为澳大利亚第七个州，不但使其拥有了州的地位，而且获得了州的权利，可以选举议员和决定自己的内部事务。

（5）达尔文——通向欧亚门户之城

2004年2月，贯通达尔文和阿德莱德的铁路完工，使达尔文成为澳大利亚通向欧洲和亚洲的重要港口和门户。达尔文出产铜、金、铅、锰、铁、铀等，都是通过达尔文港输出。达尔文又是重要的海空军基地，澳、亚、欧之间的航空站。

（6）达尔文——二次大战的重要基地

第二次世界大战期间，达尔文是盟军在太平洋地区对日本作战的重要基地，遭袭击64次，243人丧生。澳洲人在这里深受日本侵略之害，也有过英勇抗击日寇的光荣历史。

（7）达尔文——三面环绕沙滩之城

达尔文市东、西、北三面环绕着美丽的金色沙滩，适宜进行多种水上活动。但一年中6个月潮汐汹涌，还有鳄鱼和方形水母出没，在此期间严禁下海游泳。

位于达尔文市西北4公里处的明迪尔海滩是一处热闹的露天市场，有几十家亚洲餐馆，出售服装、手工艺品等五花八门的东西。附近的达尔文植物园拥有澳大利亚最丰富的热带植物，共1600多种，仅棕榈树就有400多种。

（8）人鱼同乐

距离达尔文市中心西北2公里处，有一个叫阿奎森的海滨，每天涨潮时，游客们就来到这里喂鱼。这个旅游项目已有40多年历史。下午4点左右，游客来到这里，购买面包片等鱼食，然后在岸边栈桥上等待，只见大群的鱼从海上涌向这里，有鲷鱼、胭脂鱼、扁鲨、鳎鱼、鲶鱼、蝙蝠鱼、大遮目鱼、长牙鱼、蝠鲼鱼，有的长条、有的扁扁、有的拖着长尾巴、有的嘴上一根剑、有的长满花纹、有的浑身大红、有的色彩绚丽。它们游到栈桥边，吞食浮在水面上的面包片，也有的一跃而起，接食游人扔出的食物。它们不争不抢，不为鱼食而互相撕咬，也没有"大鱼吃小鱼，小鱼吃虾米"的现象。吃饱的鱼摇头摆尾离去，似在向人致谢告别，刻画出一幅人鱼同乐的画图。

达尔文往南30公里处，有一个鳄鱼农场，养着8000多只咸水鳄和淡水鳄，它们大部分是从北部地区的河流中转移过来的。达尔文市西南100公里的玛丽河是世界上咸水鳄最集中的地方。鳄鱼的皮和肉价值很高，每年都有很多鳄鱼被杀。现在，在北部地区的鳄鱼受到保护，政府允许每年挑出咸水鳄和淡水鳄各1000只用于食品和制造业。市场也提供人工繁殖的鳄鱼用以食用和制造产品。为了吸引游客，这里的鳄鱼农场和鳄鱼公园都有喂食鳄鱼的项目。

（9）达尔文的肺叶

卡卡杜国家公园位于达尔文西南153公里处，面积19804平方公里，是澳大利亚最大的国家公园，它所释放出的负氧离子足以使达尔文每天都沐浴在清新的环境中，真可称得上是达尔文的肺叶，已被列为世界遗产名录。卡卡杜国家公园超过80%以上的地方属于热带稀树林区，阿利盖特河穿公园的雨林而

卡卡杜国家公园

过。在这片沼泽地里，到处是桉树林和红树林，还有柠檬桉、大叶樱、南洋杉等澳洲特有树木。植物种类超过1600种，58种植物具有重要保护价值，许多植物至今仍被土著人用作食物和药材。卡卡杜地区的野生动物丰富多样，土生土长的哺乳动物就有64种，有本地特有的小型袋狸、沙袋鼠、蜜袋鼯和黑色毛袋鼠，还有野狗、野牛出没。水牛多达30万头，是19世纪20-30年代从印度尼西亚引进的。水牛的角和皮有重要经济价值，但它们践踏植物，破坏农业，因此被人大量捕杀。这里的蝙蝠有26种，爬行动物有120种，青蛙25种，除咸水鳄和淡水鳄外，还有斗篷蜥蜴、皱褶鬣蜥、淡水海龟、蛇以及巨蟒。鸟类多达280种，其中三分之一是澳大利亚特有的，如鹊鹅、绿棉凫、白腹麻鸭、澳洲鹤、苍鹭、白鹭、鸬鹚、黑鸢、翠鸟、大鸨、白胸海鹰、红尾黑冠鹦鹉等，禽鸣鸟啼、鹰飞鹊舞，显示出一派勃勃生机。这里生长的银色的澳大利亚肺鱼，其长度超过1米，在其五六岁时可以变性，由雄变雌。这里的昆虫至少有10000多种。卡卡杜草地上，散布着大小不一、高低不同、形状各异的蚁山，有的高达3米，每座都有200万只蚂蚁居住其中。蚁山硬如水泥，内有迷宫一样的通道。

卡卡杜有储量丰富的铀矿、黄金矿、白金矿和钯矿。为开发铀矿而建的一座旅馆形状像一条大鳄鱼，房间开在鳄鱼弯曲的躯体上，其腹部是个游泳池，嘴部却是接待处。在卡卡杜国家公园的悬崖上和岩洞里，多达7000多处的土著岩画成为人们了解澳洲独特文明的窗口。

（10）北部地区的浪漫小镇

北部地区的浪漫小镇艾丽斯斯普林斯，这里曾是一个电报站，阿德莱德电报局长发现了这个沙漠中的海市蜃楼，以其爱妻艾丽斯的名字命名，并把该处变为"像艾丽斯一样美的城市"，使这个依偎在群山和沙漠怀抱中的小城充满了浪漫情调，成为澳洲最受情侣青睐的蜜月旅游胜地。人口22000人的这个美丽小城是澳大利亚北部地区的交通枢纽和畜牧、采矿、通讯、旅游中心。

（11）北部地区的传奇色彩

北部地区的传奇色彩，应归功于举世闻名的景点艾尔斯大独岩和石洞迷宫卡塔楚塔。关于艾尔斯大独岩，在"著名景点"一节里还要专门讲述。卡塔楚塔是由沉积砂岩组成的巨石群，像一个个巨大的圆屋顶，位于艾尔斯大独岩以西32公里处。卡塔楚塔在土著语中意为"许多头"。这里有36个"头"，像连绵起伏的群山，最高的山头相对高度549米，海拔1066米。地质学家认为，卡塔楚塔山曾经是相当于艾尔斯大独岩十倍大的一块巨石的一部分。这些巨石在风雨的长期侵蚀下，表面成了圆屋顶状。土著人视此为圣地，其东部禁止参观，更绝对禁止攀登圆形山头。日落时，余晖下的卡塔楚塔呈绚丽的血红色，最为壮观。

（12）独特的气候

虽然北部地区的80%处在热带地区，但事实是只有北部才有典型的热带气候，10月起，天气炎热、潮湿，风雨雷电不断，连平时干涸的河道都奔流不息，这里生长着热带草原和雨林，长达半年的旱季从4月开始，其间阳光强烈，白天的温度可达30℃以上。南部75%的地区是沙漠或半干旱平原，是澳大利亚最荒蛮的地方。

（13）北部地区的土著人

18世纪以前土著人一直生活在北部地区北部地区，但内陆地区在24000年前一直无人居住。18世纪后印度尼西亚渔民来过北部地区。19世纪20年代，英国对北部地区北部海岸提出领土要求。1869年，欧洲移民开始在这里定居。白人移民在这里遭到土著人的强烈反抗。到20世纪初，土著人仍被限制在政府规定地区生活和工作，只有少数土著人能按传统的方式生活。

20世纪60年代，土著人要求享有更多的权利，反对在当地开采矾土矿；有的举行罢工，抗议比白人过低的工薪和工作条件，迫使联邦法院同意给予土著人与白人一样的工薪待遇。

1976年，土著人北部地区法案在堪培拉通过，法案规定把北部地区所有的保留地和传道区全部归还土著人。

今天，土著人拥有北部地区大约一半的土地。北部地区人口的30%是土著人。

8. 塔斯马尼亚州及其首府霍巴特

（1）荷兰航海家的发现

在澳洲南端，有一个三角形的大岛，叫塔斯马尼亚岛。1642年，荷兰著名航海家塔斯曼以小舟两艘环航澳洲大陆一周，发现了该岛。1856年该岛正式命名为塔斯马尼亚。1901年，塔斯马尼亚岛成为一个独立的州。

（2）澳洲最大的岛

塔斯马尼亚是澳洲面积最小的一个州，仅占澳洲总面积的0.9%。但却是澳大利亚340个岛屿中面积最大的岛，其面积68400平方公里，堪称老大哥。

这里距澳洲大陆320公里，人口50万，约有三分之一住在首府霍巴特。畜牧业、渔业、酿酒业、旅游业是该岛的支柱产业。渔业的产值占全澳洲的四分之一。

（3）地形、气候与风光

塔斯马尼亚北部沿海和东南沿海一带为丘陵地貌。岛上气候四季分明，但随时降临的暴风雨会带来寒意。夏季温暖而不炎热，秋季凉爽而阳光明媚，冬季潮湿寒冷，春季多风，从南极洲北上的暴风雨往往突然袭来。

这里土地肥沃、风光宜人、交通便利，一派景色优雅的英式乡村景色，岛上居民主要集中生活在这里。西南和西部沿海是森林覆盖的山脉，那里气候独特，保持着原始的生态环境，几乎所有地区均被列为世界遗产保护区。

（4）丰富的矿产与植被

塔斯马尼亚岛矿藏丰富，已探明的有银、铜、锌、铅、铁、钨等。这里植被极好，到处是森林，40%地区被划为国家公园和自然保护区，国家公园19个，覆盖面积超过140万公顷。茂密的森林里生长着山毛榉、香桃木、桉树等。广阔的草原、盛开的鲜花、富饶的海岸、肥沃的乡村，使塔斯马尼亚风景如画。

（5）旅游度假的胜地

塔斯马尼亚是一个适宜旅游度假的美丽大岛。在这里游览，可丛林徒步，可洞穴探险，可攀岩绳降，也可漂流泛舟、航海潜水、临湖垂钓、滑雪冲浪。在岛上，游客可以品尝当地的特色食品、新鲜的海产品、水果、奶制品、葡萄酒，欣赏演出。由于远离大陆，塔斯马尼亚地理环境独特，拥有一些珍贵的野生动物，如吸蜜鸟、沙袋鼠、帚尾袋貂、环尾袋貂、袋鼬、袋 、毛鼻袋熊、鸭嘴兽、针鼹等。

（6）宜居之市

塔斯马尼亚州的首府霍巴特是塔斯马尼亚经济、文化、交通的中心，是澳大利亚历史上第二个古老的城市，是澳洲的南部重镇，面积77.9平方公里，约为悉尼的六分之一，人口13万。市区跨越德文特河，背靠惠灵顿山，拥有许多保存完好的19世纪的建筑，90幢被国民托管组织列为保护建筑，其中60幢是具有乔治王时期建筑风格的经典建筑，大多是木结构的，色彩柔和，古朴典雅，都是因犯的劳动成果。古老的建筑，宁静的街道，悠闲的市民，使霍巴特成为澳大利亚最宜居的地方。

霍巴特市西的惠灵顿山海拔1270米，从山上可以俯瞰霍巴特全市。英国生物学家达尔文于1836年曾测量过此山。山脚下有一座喀斯喀特酿酒厂，像一个巨大的法国城堡，这是澳大利亚最古老的酿酒厂，建于1832年，采用山上流下的瀑布水以传统方法做啤酒和软饮料，产品行销澳大利亚全国各地。

位于霍巴特东北27公里处的里士满小镇，有50多处19世纪的建筑，曾是一个战略性的军事要塞和囚犯拘留站。1823—1825年由犯人修建的四墩石桥是澳洲最为古老的桥梁。石桥附近，有一座建于19世纪50年代的磨坊，经精心装修，已成豪华旅馆。这里还有许多葡萄酒庄。

位于霍巴特西北80公里处的菲尔特山国家公园，1916年建成，是澳大利亚最早的国家公园之一，内有群山环抱的原始森林、神秘的湖泊、高达40米的瀑布、大量的野生动物。这里的野生动物保护站专门救助被遗弃或受伤的野生动物，是不能在自然环境中生存的动物的一个庇护所。游客在这里观赏野生动物的同时还可以参观动物育婴室。

离霍巴特32公里的地方，是塔斯马尼亚风景如画的休恩谷苹果园区。果园有12150公顷，品种500多种，苹果出口新西兰和印度。这里还种植葡萄、樱桃，酿制苹果酒，养殖鲑鱼，开发旅游。为塔斯马尼亚所独有的休恩松高大挺拔，是一种生长缓慢的软木，上千年方能成材，不易腐烂，常用于造船，经济价值很高，但由于过度砍伐，如今几乎绝迹。

在霍巴特市西北48公里处，有一个叫普伦蒂的小镇。1864年，一个名叫尤尔的人用"冰箱"将一批鳟鱼卵带出英国，经过91天海上颠簸和马驮，成功地将鳟鱼卵放进普伦蒂附近的池塘里。鳟鱼在营养丰富的水域里，在清澈的凉水和硬沙砾河床里茁壮成长。它们不像别的外来动物破坏本地生态，损害自己生存的河流湖泊，而是给塔斯马尼亚带来了巨大的经济效益，塔斯马尼亚许多湖泊和优美的景致，成了饲养和垂钓鳟鱼最佳的场所。成千上万的钓鱼爱好者从世界各地涌到这里。塔斯马尼亚举办过世界钓鱼冠军赛。

（7）大自然馈赠的无价之宝——塔斯马尼亚秀丽的风光

塔斯马尼亚西北部的克雷德尔山——圣克莱尔湖国家公园，是塔斯马尼亚最著名的公园，占地127575公顷，是世界遗产保护区塔斯马尼亚荒野的组成部分。公园内的奥萨山海拔

1617米，是塔斯马尼亚的最高峰，深200米的圣克莱尔湖是澳大利亚最深的天然淡水湖。公园中心有一道高达1475米的山岩群，好像上帝用无数长方形的白色硅岩砌成，有的森严壁垒如天然屏障，有的如待发的火箭，有的像擎天砥柱，有的如恋人互诉衷

圣克莱尔湖国家公园

肠，还有的像猕猴在偷食水果，有的若天门紧闭。刀削般的悬崖绝壁，平整光滑，鬼斧神工。湖映着山，山衬着湖，湖光山色，美不胜收。克雷德尔山上气候变化无常，一会儿艳阳高照，天高云淡；一会儿黑云压城，大雨倾盆。也许暴风雨突然而至，也许夏日里飘起雪花。风雨来时，山岩时隐时现，神秘莫测；云雾飘浮，却似乎是峭壁在移动。当你徒步在山间小径，穿过幽深的密林，无数野花绽开笑脸，你一定以为是到了世外桃源，这就是澳洲的"雅典卫城"。20世纪初，一位名叫古斯塔夫·温道夫的奥地利人发现并爱上了此地。作为一位博物学家，他曾发起运动保护这个地区，甚至在克雷德尔山搭起了一间小屋长期居住。现在，小木屋"森林之家"尚在为这段佳话做着见证。

在克雷德尔山东边，有一个"耶路撒冷墙国家公园"，这是一片中央高原，山顶有许多冰川峡谷和湖泊，也是世界遗产保护区塔斯马尼亚荒野的组成部分，与世隔绝，景色壮丽。

 **著名景点**

澳大利亚是个自然风景无限美好的国家，有500多座国家
公园，还有更多州立公园和州立森林，有的已被载入世界遗产
名录，详见下表。

澳大利亚世界遗产名单（部分）

序列号	名　称	所在地	入遗时间	特　征
1	大堡礁	昆士兰州	1981	珊瑚礁
2	卡卡杜国家公园	北部地区	1981	块状砂岩崖
3	威兰德拉湖区	新南威尔士州	1981	更新世的干涸河床
4	豪勋爵群岛	新南威尔士州	1982	火山岩岛
5	塔斯马尼亚荒原	塔斯马尼亚州	1982	世界仅存温带原始森林
6	中东部雨林保护区	新南威尔士州	1986	热带雨林、湿地
7	乌卢鲁——卡塔楚塔国家公园	北部地区	1987	大独岩
8	热带雨林	昆士兰州	1988	热带雨林和生物
9	沙克湾	西澳大利亚州	1991	叠层石群落
10	弗雷泽岛	昆士兰州	1992	世界最大沙岛
11	哺乳动物化石遗址	昆士兰州	1994	生物化石群
12	麦夸里岛	塔斯马尼亚州	1997	从海洋深处升出海面的岛屿
13	赫德岛和麦克唐纳群岛	西澳大利亚州	1997	处于原始状态的岛屿和生态系统
14	蓝山山脉地区	新南威尔士州	2000	热带雨林和生物
15	普尔努卢卢国家公园	西澳大利亚州	2003	圆形砂岩塔群
16	皇家展览馆和卡尔顿园林	维多利亚州	2004	建筑具有19世纪风格
17	澳大利亚罪犯流放地	塔斯马尼亚州	2010	19世纪的人间地狱
18	宁加卢海岸	西澳大利亚州	2011	世界最大的活珊瑚礁之一

1. 海里的神话世界——大堡礁（P212 C3）

位于昆士兰州东海岸的大堡礁是个珊瑚世界。北起约克角半岛，南至班达伯格，绵延2400多公里，宽65公里，由2900个珊瑚礁，1600多个岛屿组成，礁群水域面积23万平方公里，是世界上最大的自然珊瑚水族馆和海洋公园。这里的珊瑚有400多种，是世界上最大的天然珊瑚礁和珊瑚群岛。大堡礁是地球上唯一能从太空看得到的生物群，被称为世界"第八大奇迹"。

巨大的珊瑚礁是由无数珊瑚虫形成的。珊瑚虫是一种海洋腔肠动物，细长圆软，一端吸附在海底岩石上，另一端有丝状触手，从海中摄取食物。珊瑚不断分泌石灰质形成躯壳，以保护和支撑起柔软的身体。当珊瑚虫死去，留下石灰质的躯壳，新的珊瑚虫在这些躯壳上生长。这样，石灰质躯壳粘在一起，日积月累，不断壮大，成为珊瑚礁。据科学家考证，大堡礁的形成至少有3000多万年。

大堡礁也是世界上最大的活体生物群。珊瑚色彩艳丽，千姿百态，有的如鹿角、有的如蜂巢、有的如枯枝腊梅、有的如孔雀开屏、有的如百花盛开，真是造化自然，美不胜收。当阳光透过清澈的海水，照在珊瑚礁上，折射出梦幻般的光怪陆离的色彩时，这里就如犹如神话的世界。春末夏初晚上，珊瑚开始产卵，无数受精卵在海里涌动，仿佛海中的暴风雪，蔚为壮观。

大堡礁

大堡礁

大堡礁

大堡礁

大堡礁也是数以万计海洋生物的栖息之地，这里生活着15000多种热带鱼类，4000多种蛤类软体动物，800多种海参等棘皮动物，500多种海藻，4000多种海绵，200多种鸟类，6种海龟，还有鲸鱼、海豚、海牛等海洋哺乳动物。

游大堡礁有两种方式：一是乘船观赏，船底是透明的，你可以安坐在船内，观赏色彩斑斓的珊瑚丛和鱼群；另一种方式是潜水，要在导游指导下，稍加训练，然后潜入水中，与海鱼、海龟同游，徜徉于珊瑚丛林中。

大堡礁

大堡礁

2. 神秘的蓝山（P159 C4）

从悉尼市高处往西远眺，可以见到起伏的山峦在朦胧的蓝雾中若隐若现，那里就是澳大利亚新南威尔士州著名的景区蓝山。这里离悉尼100多公里，海拔1000多米。这里大部分地区地势险峻，人迹罕至。

蓝山到处是桉树，桉树挥发出一种桉树油，形成一层薄雾，雾气中的小水珠折射出的阳光呈现淡淡的蓝色，给人以神秘之感，故名蓝山。蓝山的桉树有90多种，已被列入自然类世界遗产。

18世纪晚期，英国殖民者来到新南威尔士州，为开拓新的牧场，曾驱使流放囚犯越过蓝山，但屡试屡败，不少人命丧蓝山。因此他们以为，翻过蓝山，可能就是中国。1813年，探险家们在土著人向导下，找到一条通路，发现山脉另一边的宽广而平坦的牧场。随后造桥铺路，使悉尼与蓝山之间有了通道，蓝山成了人们趋之若鹜的旅游景点。到20世纪，蓝山一带的酒店、商场、宾馆一应俱全。1959年，蓝山辟为国家公园，占地57万公顷。

蓝山

蓝山攀岩

蓝山森林茂密，野花漫山遍野，山涧里瀑布飞流直下。登上300多米高的悬崖峭壁上的观景台，山下无限风光尽收眼底。这里的野生动物，更使游客情趣无穷。

到了蓝山，都要一睹三姐妹峰的玉姿。这是高耸于峡谷的三个砂岩山，如三个形影不离的姐妹在那里私语。相传很久以前，有三个貌美无比的姐妹，同时爱上了山下另一族的兄弟三人，这有违族规，本有宿怨的两族因此发生战争。为保护三姐妹免受战争之害，巫师把三姐妹变成了岩石，后来巫师死了，岩石再也变不回人来。另有一种传说，三姐妹是土著姑娘，其父亲为了保护爱女不受妖魔所害，把她们变成了石头。还有，相传三姐妹与敌人进行搏斗，土著部落酋长为了保护她们，将她们变成石头，又把敌人杀死，但是石头再也不能复原为人。三姐妹峰亭亭玉立，分别高达920米，918米，906米，蓝雾如柔薄的轻纱飘拂在她们的身上。

游客可以从卡通巴沿着陡峭的大阶梯，经过嵌入岩石中的860个台阶走下谷底，也可乘坐早期矿工上下矿井的观光铁路沿悬崖上升，这段铁路坡度为52℃，据说是世界上最陡的观光铁路。游客还可坐观光缆车通过吉米逊谷，虽然缆车运行仅需6分钟，却令你恍若隔世。

蓝山

蓝山三姐妹峰

蓝山一角

1994年，国家公园的工作人员戴维在蓝山发现了侏罗纪树种，命名为"瓦勒迈杉"，约有100棵，能长到40米，成为今天见证恐龙时代的活化石。2亿年前，恐龙以瓦勒迈杉的树叶为食，翼龙在瓦勒迈杉树枝上飞行。瓦勒迈杉树是中国银杏树的同时代"兄弟"。

蓝山往西，在卡通巴西南80公里处，有一个石灰岩钟乳洞群，叫锦瑠兰洞，有300多个洞，现在开放9个洞，最早一个开放于1867年。1838年，一个藏身于丛林中的逃犯发现了这个钟乳洞。这里有一条锦瑠兰河，冲刷着附近的石灰岩山，经过数百万年，形成了千奇百怪的钟乳石洞，有的如巨柱擎天，有的如天使巨翼，有的如神剑插天……洞内道路蜿蜒曲折，有的台阶多达1300级，还有地下河和地下湖。锦瑠兰洞周围有2416公顷的自然保护区，地势陡峭，峡谷幽深，风景奇特。

蓝山又是一个文化气息浓厚的社区，众多的艺术家、音乐家、文学家聚居在这个世外桃源一样的地方。

3. 变幻莫测的艾尔斯大独岩（P254 E1）

　　在北部地区艾丽斯泉城西南320公里处，有一块具有6亿年高寿的大砂岩，这就是世界闻名的艾尔斯大独岩。土著人则称之为乌卢鲁，意为"大地之母"，是他们的圣地。

　　艾尔斯大独岩长3.62公里，宽2公里，高348米，绕着大独岩走一圈，约10公里。岩石光滑，不长任何杂草，也无鸟类栖息。岩石上有无数平行线自上而下，是长期雨水冲刷和风化所致。远远望去，大独岩就像两端略圆的长面包，突兀地站在广袤的沙漠和低矮的灌木丛林之上，雄伟壮观。据科学家考察，大独岩的三分之二在沙地之下，也有的说地上部分仅是这块大独岩的十分之一。数百万年的风化侵蚀逐渐暴露了它部分身躯，形成了独特的红色光泽。

艾尔斯大独岩

1872年，欧洲探险家加尔斯首先发现了这块巨石。翌年，另一名探险家和一位阿富汗骆驼牧人一道登上了巨石顶端，并根据南澳总督艾尔斯爵士的名字将其命名为艾尔斯大独岩。1985年，大独岩被归还给土著居民，被叫做"乌卢鲁"，租给政府作为国家公园。当地土著社区每年可获得门票收入的20%和75000澳元的土地使用费。

大独岩的变幻莫测之处就在于它一天中随着阳光方向的变化，色彩也不断变化。拂晓，大独岩呈旭日的橙黄色；清晨，曙光初照，沙漠刚从沉睡中苏醒，巨石由橙黄变为赭红，又渐渐变为殷红，直至金黄色，令人目眩神迷；中午，艾尔斯巨岩成了琥珀色；下午，却又变为棕赭色；日落时，阳光的余晖照得大独岩发出橙色，然后绯红色，看上去像一座熊熊燃烧的大煤山；夜幕来临时，巨岩变成炭黑色隐没在夜幕中。如果沙漠下起大雨，巨岩就会瞬间变得一片银白色，明净如镜，或见无数瀑布如水银直泻，随后，独岩在雨云之下又成为一块巨大的黑墨。雨过天晴，沙漠中的巨岩就像一块灿烂发光的古铜。巨岩的神秘莫测，引来每年50多万游客前往观光。

据说，艾尔斯大独岩是目前世界上最大的一块巨岩，这种构造在地质学上称为"鸟山"。巨岩东北裂开了一块高150米的薄石块，依附于岩壁之上，被称为"袋鼠的尾巴"。

观看大独岩有三种方式，一般首选绕大独岩徒步行走，从巨岩的东北侧可观日出，西侧可看日落，边走边看，绕行一圈可欣赏到巨岩的整个形态，品味其蕴含的神韵和个性，还可以参观其洞穴、岩画，听导游讲述本地的动植物和各种引人入胜的神话故事。第二种方式是攀登，这富有吸引力，但也挑战体力和胆量，你可能会汗流浃背，心惊肉跳。攀登过程颇有情趣，但无法看到巨岩的全貌。第三种方式是乘坐直升机，从空中鸟瞰，省力省时，但缺乏近距离触摸的亲近感。

4. 野生动物的天堂——坎加鲁岛（袋鼠岛）（P226 D2）

观看本土动物是南澳旅游的重要内容，坎加鲁岛（袋鼠岛）是观看以袋鼠为代表的本土动物的最佳地方。

坎加鲁岛（袋鼠岛）距南澳大利亚大陆仅15公里，该岛长155公里，宽55公里，面积4500平方公里，是澳洲第三大岛。这里全年阳光明媚，气候温暖，是理想的度假胜地。由于地理上的隔离，岛上没有野狗、狐狸等"有害"动物，生态环境得以维持原来的状态，成为野生动物的天堂。

1802年，登上此岛的探险者发现岛上有不少袋鼠，由此称该岛为袋鼠岛。他们还在岛上射杀一只袋鼠烤着吃了，感觉味道很美。其实，岛上除袋鼠外，还有海豹、海狮、神仙企鹅、美冠鹦鹉、树袋熊考拉等，它们和谐相处，其乐融融。全岛有21个国家公园和野生动物保护区，占全岛总面积的30%。

看海狮是游袋鼠岛的重点项目。在袋鼠岛南方的海豹湾有600多头海狮，占全球海狮总数的10%，是全球最大的海狮自然生态保护区。在这里你会看到海狮在沙滩上你追我赶、亲热相拥，或是在懒洋洋地晒太阳，小海狮则会在海里翻滚、嬉

坎加鲁岛（袋鼠岛）

戏。海狮出海觅食以三天为期，吃饱后回海滩休息三天，饿了再出海3天。每年3—4月，是海狮求偶的季节，公海狮会为争夺地盘而相互争斗，以致血溅沙滩。19世纪至20世纪50年代，海狮遭到了大量捕杀。作为幸存者的后代，目前生活在这里的海狮并不记前仇，而是友善待人，游客可以在管理员的陪同下，在它们中间穿行、观看。

袋鼠岛上有考拉3000只，几乎与岛上的人口相等。该岛本来没有考拉，1923年，在澳洲大陆面临困境的考拉被引入该岛，当时仅18只。由于没有天敌，又有大量的食物桉树叶，考拉数量激增，到1996年已达10000多只，桉树叶子吃完了，成了光杆，连树皮也啃光了，只好对考拉实行计划生育，将雄性考拉做绝育手术。另外，将一些考拉搬到澳洲大陆，从而使岛上的考拉控制在3000只左右，既保持了袋鼠岛的生态平衡，又保护了考拉的生存。

在袋鼠岛上，游客可以给鹈鹕喂食，观赏大乌贼、海马和小企鹅；拥抱考拉和袋貂；观看新西兰海狗、鲸鱼、海豚、针鼹、负鼠、巨蜥、大蛇；夜间看岩袋鼠、帚尾袋貂等。

游客可以在波光粼粼的海湾中游泳、冲浪、潜水；也可以在美丽的海湾中骑车或徒步游览风景如画的小镇和乡村；还可以探索神秘的地下洞穴，穿越茂密的丛林，滑沙等。

5. 海边"巨人"——十二使徒（P190 C1）

从墨尔本出发，沿着曲折蜿蜒的公路向西南行，坎贝尔国家公园就位于王子城和坎贝尔港之间。这里公路的一侧是陡峭的海岸，近岸的海中排列着一群巨石，这就是维多利亚州著名的景点"耶稣十二使徒岩"。

这里曾经是伸向大海的海岬，经过几百万年海水的侵蚀冲刷，形成了这些岩石堆和石柱，有的高达60米。看着伫立于滚滚波涛中的这些"巨人"，使人联想起希腊神话世界。不论是在喷薄欲出的朝阳下，还是在红霞满天的日落时，不论是在银光似水的月色中，还是在电闪雷鸣的暴风雨中，"十二使徒"都那么执着、忠实地驻足海边，岿然不动。笔者去"十二使徒"景点"朝拜"时，正值天下中雨，在重重雨帘中，在海上升起的薄雾中，"十二使徒"巨石若隐若现，颇有梦幻之感。

十二使徒

有人说"十二使徒"能看到的只有8位，也有的说那里的使徒在增加，已达14位。笔者很想数个清楚，但大雨使我未能如愿。我想，海浪日复一日地不断冲刷，也许使有的使徒销声匿迹，也许从岸边又冲刷出新的门徒。这里原来有一个奇景，是一座天然的岩石拱桥，双拱桥与陆地相连，名为"伦敦桥"，1990年该桥坍塌，一断为二，所以多了两个使徒。

这里的海域暗礁很多，又时常有浓雾，因而不时有海难发生。据统计，已有700多艘船在这里不幸遇难。这么多海难发生，耶稣的十二使徒怎么无动于衷呢？

6. 神仙企鹅的家园——菲利普企鹅岛（P190 C2）

墨尔本东南128公里处有一个菲利普岛，是个天然的动物保护区，珍禽异兽与怪石奇岩相映成趣。岛上每年10月举行摩托车

菲利普企鹅岛

大奖赛，持续三天。这里也是神仙企鹅的栖息地，约有36000只小企鹅，它们是澳大利亚特有动物，世界各地的游客慕名而来观看它们。岛上的常住人口6700人，每年来岛上的游客50多万人。

当夜幕降临时，数千只出海寻食的企鹅回家了。先是一只、两只被海水冲到岸上，它们东张西望，似乎在等待什么。随后，海滩充满了叽叽喳喳的声响，大批的企鹅尾随而至。它们自动排好队，跌跌撞撞、摇摇摆摆鱼贯而上，而后秩序井然地走向自己的巢穴。岸边斜坡上，灌木草丛中，成千的企鹅巢穴鳞次栉比。据说各洞之间底下是相通的。洞前都有企鹅在寒风中翘

首以待，迎接自己的配偶或父母出海归来，场面十分动人。

神仙企鹅像鸭子那么小巧玲珑，高约30厘米，体重1公斤左右，黑体白肚，好似身穿燕尾服的绅士。它们生活很有规律，日出前下海，在海中游30～50公里，吃150克小鱼。一回到家，就把胃里的小鱼小虾吐出来喂小企鹅或"妻子"。在雌企鹅孵卵期间，雄企鹅出海觅食。一旦小企鹅出世，作为父母的雌雄企鹅一起出海，共同承担养育子女的责任。企鹅坚守一夫一妻制，爱情专一，寿命约为10年。企鹅的天敌在海里是鲨鱼，在陆地上是狐狸。

7. 艺术殿堂——悉尼歌剧院（P166 A4）

澳洲的人文景观不胜枚举，最著名的要数悉尼歌剧院了。

悉尼歌剧院，既是澳洲建筑奇葩，又是艺术杰作，说它是"悉尼的艺术中心、悉尼的灵魂、悉尼的象征"一点也不夸张。这也是20世纪世界上最伟大的建筑之一，有人甚至称其为"世界第八大奇迹"。

悉尼歌剧院始建于1959年，由丹麦建筑师约翰·乌松设计。他说，其创作灵感来自橘子瓣的排列形态。歌剧院的外形像港

湾内待发的艘艘帆船，与悉尼这个帆船之乡融为一体，永远扬起白色的风帆；又像屹立在沙滩上的一个个白色贝壳；还似停泊在悉尼港的巨轮，气势磅礴。而在笔者看来，倒像绽放在碧海上的白色荷花，美不胜收。

歌剧院工程原定3～4年完工，其预算为700万澳元。当时，不论设计方案，还是建筑经费，舆论一片哗然。迫于建筑施工人员和政府的压力，1966年设计师约翰·乌松愤然辞职，返回丹麦，从此他再也没有回到悉尼。1998年，他接受了悉尼城的钥匙，但从没有亲眼见到他的杰作歌剧院。新南威尔士政府任命4位澳大利亚建筑师完成此项工程，他们搞一个折中的方案，又历时7年，即于1973年才完工。伊丽莎白女王二世亲临参加揭幕典礼。整个工程耗资1亿澳元，大大超出了预算。

歌剧院由三栋独立的建筑物组成，共有10个贝壳形顶盖。东面是拥有1547个座位的歌剧院，可以上演歌剧、芭蕾舞等大型剧目；西边是音乐厅，有2679个座位，演奏台上方悬挂着18根直径2米的圆形反应器，内顶耸立着1万多根钢管组成的管风琴。歌剧院内还有2个小剧场、1个电影院、1个展览大厅、1个小餐馆。悉尼最好的餐馆之一的贝朗尼饭店位于歌剧院南边。

歌剧院每年上演3000台文艺节目。世界上所有著名的乐队、剧团、艺术家无不以在悉尼歌剧院舞台上一显身手而自豪。中国的歌唱家、表演艺术家宋祖英、才旦卓玛、廖昌永、戴玉强、李双江、梅葆玖、韦唯、李玉刚等；以及中央和地方的许多文艺团队都在这里演出过。

8. 可以攀爬的悉尼港口大桥（P166 A3）

悉尼港口大桥是悉尼标志性建筑物之一，始建于1923年，竣工于1932年，耗资2千万澳元。桥身长度（包括引桥）1149米，海面距桥面58.5米，海面距桥顶的距离是134米，万吨巨轮可以从桥下通过。桥面宽49米，有8排机动车道，可以通行各种汽车。中间铺设双轨铁路，火车可以对开；两侧人行道各宽3米，可以步行过桥，行人靠东边行走，自行车靠西边行驶。大桥原设计流量为每小时6000辆汽车，如今高峰时的流量达每小时15000辆。

大桥修建之前，悉尼城南北两区之间的交通只能靠轮渡，或是沿悉尼港绕行20公里。大桥的建成，不但便利了城南城北的交通，促进了北悉尼的发展，而且，大桥曾在建成后的30年

间作为悉尼的制高点，其雄伟挺拔的气势是悉尼人的骄傲。

这是世界上少见的单孔拱形桥，也是当时世界上跨度最长的单孔长跨度大桥，其跨度超过502米，巨大的桥体被市民戏称为"大衣架"。大桥耗用钢材5.2万吨，仅铆钉就有600多万个。若由一班工人给桥架涂一层养护漆，需要10年的时间用3万升油漆才能完成这一工作。1400名工人参与了大桥的修建工程，其中6人不幸在事故中丧生。

1932年3月，大桥落成仪式那天，时任的工党总理还未剪断缎带，有人骑马冲过来，用剑割断了缎带，使剪彩仪式一度中断。后来将缎带接上，仪式才得以继续进行。

桥墩高12米，桥墩上各建有一座塔，高95米，全用花岗岩建造，牢固美观。可以登上桥头塔参观，里面陈列着有关建桥的照片和实物。从塔顶放眼远望，悉尼市风光尽收眼底。

攀登大桥拱顶成为旅游者趋之若鹜的时尚。如果你身体健康，有足够的胆量和勇气，可以向攀桥公司预约，公司可以安排导游陪你攀登大桥拱形支架。首先进行酒精检测，接受简单训练，换上为攀桥特制的服装。耳环、手机、手表、相机等易脱落的物品必须收起来统一保存。在听取安全讲解后，先试爬一段又陡又窄的阶梯，熟悉攀登要领。然后游客分组，由一名导游带领，全队成单排，通过耳机听关于大桥两边景观和历史故事的讲解。导游还会为游客拍一张到此一游的照片留念。攀登者要扎安全带，安全带的一头系在大桥支架的安全护栏轨道上。游客沿着轨道慢慢向前滑行，可以登上大桥最高处，极目远眺，悉尼的风光一览无遗。攀登过程需要3个小时，要和强风、陡梯、恐高搏斗，但却是十分刺激。

9. 南半球最高的建筑——悉尼塔（P167 D3）

悉尼塔立于悉尼市中心热闹的商业区。这座凌空而起的金色高塔建于1981年，高293米，是悉尼也是南半球最高的建筑

悉尼塔

悉尼塔远景

物。从远处看去，像一支巨型的注射器直插蓝天。如你想观赏悉尼全貌，好，笔者建议你去登悉尼塔，这是悉尼最著名的观光点之一。

塔基部分有三层，是180家商店组成的大型购物中心。从底部乘高速电梯可直达塔楼。塔楼有4层，一、二层各有一家旋转餐厅，可同时接待330名顾客。一层是西餐厅，以澳洲菜肴为主；二层是自助餐厅，有欧洲和亚洲饭菜。游客可边用餐，边透过落地玻璃窗观赏悉尼风光。塔楼的三层、四层是瞭望层，凭窗眺望，整个悉尼市一览无余。借助高倍望远镜你可以把周围70公里内的景物尽收眼底。向北看，悉尼海港内百舸争流；朝东看，浩瀚的太平洋碧波万顷；向南望去，植物湾绚丽的风光尽收眼底；往西看，悉尼西郊茫茫树海和神秘的蓝山风情万种。清晨，你用着早餐，看太阳伴着朝霞从歌剧院上空冉冉升起；傍晚，你品尝着澳洲葡萄酒，目送落日余晖，迎来万家灯火和满天星斗。360度全方位环视悉尼四面八方，你会感觉到自己就像在梦幻般的童话世界里。

领略了这等视觉的大餐，如果你仍意犹未尽，还可以观看塔上精彩的激光和立体电影。

遇有重大节庆典礼，悉尼塔更是光彩夺目，大显神威。以悉尼塔为背景，色彩缤纷的焰火使悉尼成了童话世界，令人如痴如醉。

10. 银城新貌——布罗肯希尔（P158 B1）

在新南威尔士州内陆，有一个澳大利亚最古老的采矿城叫布罗肯希尔，意为"断山"。这个位于悉尼以西1200公里的小镇，因矿业而迅速发展，持续一个多世纪。

1883年，一个骑马勘察边界的牛仔，在布罗肯希尔的高地上，偶尔发现了长达8公里的矿带，含有世界上储量最丰富的

布罗肯希尔

银、铅、锌。由此，出现了澳大利亚最大的矿业公司，如B.H.P.(BrokenHillProprietaryCompanyLtd)。到1915年，这个新兴小城的人口已达35000人。探矿者、矿工、各色人等纷至沓来，酒馆、商店、旅店、赌场比比皆是。20世纪70年代，这里的矿工多达6000人。所以，布罗肯希尔也有"银城"之称。

早期矿区条件差，又有铅中毒和肺病等职业病，成百上千工人因此而丧生。后来，矿工团结起来并成立工会，举行罢工维权，工作条件逐渐获得改善。

今天，2万人口的布罗肯希尔镇交通便利，汽车、火车、飞机都有。世界上储量最丰富的银、铅、锌矿仍在开采。不过，矿藏已越挖越少，开采业被迫放慢了脚步。

随着一些矿井的陆续关闭，布罗肯希尔人面临着何去何从的现实问题。他们没有弃废矿井而走，而是因地制宜，变废为宝，发展种植业、小型加工业和旅游业，旧矿区焕发了青春。

他们利用废矿井种植棉花、葡萄、鳄梨、柑橘、油柚、蘑菇、鲜花，发展园艺业。笔者参观过一家农场，占地2万多公顷，已垦殖6000多公顷，种有苹果、桃子、杏、葡萄等。

他们发展畜牧业，开辟牧场1600多公顷，养殖美利奴绵羊75万头，还饲养野山羊，向市场提供羊肉、羊皮。

当地的旅游业开发富有特色。游客可以戴上安全帽，穿着矿工服，提上矿灯，下到135米深的废矿井，进行历时2小时的参观，看巨大的卷扬机和矿山车，了解当年开矿作业；可以参观利用废矿井进行种植、绿化等情况，了解布罗肯希尔人的开拓精神和科学态度；可以在过去的矿区呼吸山野特有的清风，欣赏保持着原始状态的内陆树木；还可以参观土著人的生活和文化。

这里有世界上建立最早、在当时规模最大、服务最全面的飞行医疗机构，为当地人提供急救、医疗、保健等服务，服务对象主要是矿工、筑路工、铁路工、运输人员等。这个机构曾一度成为为全澳的飞行医疗服务基地，现在服务已覆盖80%的澳洲大地。这就是著名的"澳洲皇家飞行医生"。

"空中广播学校"也是当地新开发的旅游项目。学校主要为内陆地区单个学生通过广播上课，也已扩展到全国。

布罗肯希尔开创的"皇家飞行医生"和"空中广播学校"已被称为"布罗肯希尔二宝"。

离市区6公里的地方，有一个饱受大风侵袭的小山头，叫利文沙雕山，上面有来自澳洲和世界各地的14位雕塑家所作的巨型石雕作品。

在布罗肯希尔东南有个"蒙果国家公园"。在干涸的蒙果湖发现了46000年以前的人类骨骼和人工制品，这也是澳大利亚最古老的考古发现。长期的大风刮出了一个半圆形的、长25公里的巨大沙丘群，白色的沙丘闪闪发光，被称为"中国墙"，类比中国的长城。

11. 悉尼奥林匹克公园（P164 C2）

2000年，第27届奥运会在悉尼举行。为此，澳大利亚政府斥巨资在悉尼西郊霍姆布什湾建起了一个悉尼奥林匹克公园，

悉尼奥林匹克公园

占地面积760公顷。公园所在原是一片屠宰场和垃圾场，经过地表净化处理，植树400万株，建起了体育场、水上中心、展览中心、千年公园，以及配套的旅馆、住宅、餐馆、商店，甚至修建了火车站、渡轮码头，一座现代化的小城市拔地而起。

奥运会后，悉尼奥林匹克公园成了悉尼居民休闲、运动、娱乐的中心。体育场改建成拥有8万个观众席的大型比赛场所，举办足球、橄榄球等项目的比赛。运动员村成了世界上最大的运用太阳能小区，该小区环境优美、设施齐全，住进该社区成了时尚。水上中心等体育设施既可进行各种比赛，举办文娱活动，也供广大群众来此娱乐。千年公园是悉尼最大的公园，绿树成荫、芳草如茵，有140多种鸟类在此栖息繁殖，是悉尼人钟爱的地方。

12. 繁荣的悉尼唐人街（P167 F2）

悉尼唐人街

悉尼的唐人街也叫中国城，既是悉尼华人华侨聚居、营生和活动的地方，也是来悉尼游客的必到之地。

在19世纪中叶的淘金热潮中，大批中国人来到澳洲，多数定居在悉尼。他们有的当矿工，有的开了商店、杂货店、家具店、洗衣店、餐馆。到20世纪初，处于悉尼中央火车站和情人港之间的唐人街基本形成。这里东接市政厅和维多利亚商厦，西临悉尼娱乐中心和会展中心，南靠中央火车站和长途汽车站，北边是热闹非凡的情人港，地理位置得天独厚。这是澳大利亚，乃至南太平洋最大的中国城，也是悉尼的一个旅游购物中心。

在中国城主体的德信街上，中餐馆、中国货商店和超市林立，到处可见生意红火的中医诊所、中药店、银行、保险公司、旅行社、律师事务所、会计事务所。中文电影院、报社、电台十分活跃。街上摩肩接踵的行人中多有操着普通话的中国人，中国游客来到这里，无不感到宾至如归。假若你离开祖国久了，思念家乡的美食，这里各种风味的餐馆可以使你一饱口福。

中国城弘扬中国文化。每逢中国传统的节日，例如春节、元宵节、端午节、中秋节等，中国城里分外热闹，中国的歌舞、戏曲、武术在这里深受喜爱。

德信街的人气越来越旺，这种氛围正在不断地向悉尼其他地区辐射，许多地方出现的"小上海"、"小香港"、"小台北"等小唐人街，也是一派欣欣向荣。

13. "人间地狱"阿瑟港（P266 C3）

阿瑟港位于塔斯马尼亚州首府霍巴特西南112公里处，这个荒凉的半岛曾是著名的囚犯流放地，被称为"鬼域"。

19世纪初，塔斯马尼亚成了英国流放犯人的殖民地，建起了很多监狱，其中最有名的是阿瑟港监狱。这个监狱在半岛

阿瑟港

人文地理

上，与大陆相连之处十分狭窄，不足100米宽，被称为"鹰脖子"。这里除了重兵把守，还有许多凶猛的警犬虎视眈眈，而且半岛两边的海里有大量的鲨鱼，囚犯插翅难逃。监狱里刑规威严，刑法繁多，牢房坚固窄小，没有窗户，犯人独居一室，不能相互交谈，放风时要带上面具，除此他们还要做繁重的苦役。很多犯人因此而发疯。

这里的很多精美建筑出自当年流放者之手。木材加工、造船、开矿、制鞋、制砖、生产铁钉等由此而兴起。

阿瑟港附近的一个小岛上曾埋葬了2000多个犯人，因此被称为"坟墓岛"、"死亡岛"。19世纪90年代美国小说家马克·吐温曾这样描写阿瑟港："这里的一切是那样的不和谐，天堂和地狱竟结合在一起"。

现在，昔日堪比人间地狱的阿瑟港已开发成旅游景点。这个山清水秀的花园般的地方已成为塔斯马尼亚最大的旅游胜地，每年接待20万游客。游客可以随意参观刑罚场所，看各种令人毛骨悚然的刑具；出入这里所有的建筑，如教堂、少年犯监狱、精神病院等，听导游讲过去那残酷的历史。

1996年4月，阿瑟港发生一起惨案，使这里再度成为"地狱"。一个名叫马丁·布莱恩的28岁歹徒枪杀35人，伤37人，烧毁一家旅馆。马丁为一个富婆打工，女主人车祸身亡后，马丁继承遗产，成了百万富翁，为报复得罪了他的一家旅馆老板，制造了这起惨案，留给人们无穷的反思。

14. 捕鲸港变观鲸港——奥尔巴尼（P240 E2）

现有2万人口的美丽小镇奥尔巴尼依山傍水，是西澳大利亚州最受青睐的度假地之一。

奥尔巴尼的历史比西澳大利亚州首府珀斯还要早31年，曾是个繁忙的捕鲸港，每季约有850头鲸鱼惨遭捕杀。自1963年至1978年，约有15000头鲸鱼在这里蒙难。来自英、美、澳的

奥尔巴尼

捕鲸者用渔叉猎杀鲸，把尸体拖到海边，切碎、熬煮，鲸脂融化时发出冲天的恶臭，海滩的水被鲸血染成了红色。暴利导致了滥捕滥杀，鲸的数量锐减，活着的再也不来这个杀身之地。鲸加工造成了环境污染，引起公众强烈不满，鲸油不断降价，捕鲸业也难以为继。

1978年澳洲全面禁止捕鲸后，鲸又回到了奥尔巴尼水域，并且数量有所增加。每年7—10月，鲸成群结队来到这里，有的是路过，有的是产下小鲸宝宝后来浅滩定居。这是在奥尔巴尼观看鲸最好的季节。捕鲸港变成了观鲸港，奥尔巴尼的经济收入由于旅游业的发展而不断攀升，小镇又迅速繁荣起来。

15. 悉尼的中国友谊花园——谊园（P167 E2）

谊园，全称为中国友谊花园，位于悉尼情人港畔。这是1988年澳大利亚建国200周年之际悉尼的友好城市——广州赠送的礼品，由广州市园林局设计、建造，占地1万平方米。中国专家根据以小见大、闹中取静的思路，凿地为湖、叠石成山，园中曲径通幽、山水相连、小桥流水、游廊回墙，造出了"门庭景区"、"竹石山房"、"山涧瀑布"、"翠峦云阁"、"山林野趣"等诸多景点，把亭台楼阁、山水桥石、树木花草安排得层次多变，引人入胜。这是中国本土之外最大的南方风格中式花园。

谊园大门两侧，一对石狮威武雄壮，蹲守迎客。进得门来，但见画栋雕梁、回廊披檐、透雕窗棂，一处南国庭院映入眼帘。亭间壁上，游龙戏水争珠，一挂瀑布从湖石假山之间奔腾而下。羊肠石径，曲折蜿蜒而上，使人有移步换景之感。到达山顶，澄观阁金瓦朱墙，掩映在绿树红花之中。再看湖中金鱼戏水，垂柳轻拂水面，荷花沁人心脾。

谊园内景

　　依谊园远眺，悉尼港百舸争流，悉尼塔直插蓝天，美不胜收。观毕谊园景致，喝一杯中国清茶，听一曲古筝雅韵，顿感神清气爽。

　　谊园是中澳两国人民友谊的结晶和见证。

16. 火山岩岛——豪勋爵岛（P159 E6）

　　该岛离新南威尔士州692公里，离悉尼780公里，是一处孤立的海洋群岛，7百万年前由海下2000多米深处的火山喷发而

豪勋爵岛

豪勋爵岛

形成。相传，该岛于1788年由英国一海军军官发现，后成为货轮和捕鲸船的停靠地和淡水补给站。1833年第一批居民来岛定居。现常住居民300余人。1982年被宣布为国家公园。

豪勋爵岛地势壮观，山峦起伏，雨林环抱，长满棕榈树和奇花异草，有植物379种；拥有大量远古时代留下来的珍稀动物，特别是有129种鸟类，其中的豪勋爵林鸡不会飞，是闻名世界的珍稀鸟类，10种鸟类处于濒危状态。喜泽鹊是岛上特产，比新西兰的几维鸟还小，原来仅有30只，现已发展到220只。鱼类也很丰富，有500多种。此外，这里还有大量珊瑚礁。

17. 塔斯马尼亚荒原

这是一个严重受冰河作用的地区，坐落在塔斯马尼亚岛的西南角。从发现的石灰洞可证明，早在2万年前，这里就是冰川世界。这里占地1百万公顷，地貌独特，有冰川、峡谷、湖泊，地势特别险峻。全区遍布温带雨林，建有4个国家公园、2个州立公园、2个保护区和许多州立森林。荒原从海岸一直延伸到海拔1615米以上的塔斯马尼亚中部。沿海既长常绿树，又有落叶树，树木枝繁叶茂，高耸入云。但树种少，很少超过8

种。特有树种为桃金娘科的山毛榉，还有"比利王"松；桉树可高达91米。树木因严寒和狂风而疖瘤丛生。

塔斯马尼亚荒原

这里还有塔斯马尼亚特有的4个有袋目动物：袋獾、短鼻獾、赤褐色沙袋鼠、袋狼（已绝迹）。150种鸟类中，虎皮鹦鹉般大的色彩斑斓的黄腹鹦鹉是澳大利亚珍稀鸟类。

在这里可洞穴探险、丛林徒步，可垂钓鳟鱼、泛舟漂流，可游泳冲浪、潜水航海，可驾独木舟、玩皮划艇，还可攀岩滑雪。

18. 中东部雨林保护区

该保护区在悉尼以北300公里，面积366507公顷，其中59223公顷在昆士兰州，其余大部分在新南威尔士州境内。这里是200多种稀有、甚至濒危动植物的理想栖息地。保护区里面有一些原始森林，还有新形成的雨林，曾被称为"澳大利亚东海岸温带和亚热带雨林公园"。保护区内有50多个国家公园，延伸500多公里，景点共40多个，雨量充沛、瀑布壮观、溪谷

美丽、悬崖陡峭，有的岩石峰高达100米。野生动物有果鸠、艾伯特琴鸟、红腿小沙袋鼠，鸟类品种占全澳大利亚鸟类品种总数的四分之一。

19. 昆士兰潮湿热带

昆士兰潮湿热带位于澳大利亚最东北端，占地90万公顷，是地球上最潮湿的地方之一，绝大部分地区由潮湿森林组成，展现了地球上生物进化过程的主要阶段，特别适合于不同类别的动植物，尤其是稀有濒危动植物生存，保存了自然生物的多样性，也是澳大利亚最广阔的湿热带雨林保护区，有30多种雨林群落，如红树林、桉树林。德恩希国家公园是最老的雨林体系之一，生活着超过25种濒危脊椎动物，50多种动物是该地区所独有的，澳洲三分之一的有袋动物、四分之一的蛙类和爬行动物、60%的蝙蝠和蝴蝶、36%的哺乳动物、50%的鸟类、65%的蕨类植物生活在这里。森林中有1100种高生植物，其中仅有6%为常见的。这里严禁伐木。

20. 西澳大利亚沙克湾的叠层石群（P240 C1）

沙克湾，也可译作鲨鱼湾，在澳大利亚西海岸尽头，位于珀斯以北724公里处，占地4800平方公里，被海岛和陆地所环绕，拥有世界最大、最丰富的海洋植物标本和世界上数量最多

沙克湾

的海牛。1991年被评为世界遗产。特有的叠层群落看似大块混凝土，是原始的蓝绿海藻形成的化石，那些曾经的海藻也是地球上最早的生命之一。

在沙克湾庞大的水生生物世界里，有一个独特的生态群落，有海龟、鲸、对虾、扇贝、海蛇、鲨鱼等。有些地区有珊瑚礁、珊瑚丛、海绵和其他无脊椎动物。海滩上生活着各种掘穴类软体动物，如寄居蟹。海湾海水清澈、静态稳定、盐分高，利于海藻生长。这里有12种海藻，其历史可追溯到35亿年前，所以这也是地球上的活化石，这是沙克湾成为世界世界遗产的重要元素。海藻又为幼小的鱼虾类生物提供了温床，如濑鱼、蝴蝶鱼、各种热带鱼、天使鱼。这里的海牛占全球海牛总数的10%。还有海龟、宽吻海豚等。

沙克湾人烟稀少，碧水蓝天，有田园般的风情，浅水区宜于跳水、潜水、划船、钓鱼、风帆、冲浪、游泳等活动。

21. 世界最大沙岛——弗雷泽岛（P213 E4）

弗雷泽岛在澳大利亚东海岸昆士兰州南部，绵延122公里长，15公里宽，岛上的沙子洁白细腻，是世界上最大的沙岛。

岛上有热带雨林，主要是长得高大的椴树。湖泊40多个，占世界静止的淡水沙丘湖泊总量的一半。沙丘200多个，最高的沙丘224米，沙丘能移动。几千年来，由于海里沙石的沉积

弗雷泽岛

弗雷泽岛

弗雷泽岛的白色沙滩

和漂浮物的堆积，形成了弗雷泽岛，该岛还在不断扩大。

岛上生态多样，植物类有苔藓；原生脊椎动物300多种，主要是鸟类；哺乳动物少，最多是野狗；海里有鲸、海豚、鲨鱼、海龟；陆地上有地鹦鹉、大地穴蟑螂、酸蛙（适合生长在弗雷泽岛上的酸性湖波和沼泽里）。

22. 哺乳动物化石遗址——里弗斯利和纳拉库特
（ P212 E2 ）

里弗斯利哺乳动物化石遗址位于昆士兰州的南部，纳拉库特哺乳动物化石遗址位于南澳的南部。这两个哺乳动物化石遗址为世界十大化石景点之一，揭示了古澳大利亚的气候和环境，代表了澳大利亚珍稀动物群的各个进化阶段，特别是近2500万年间有袋动物的进化史。1980年有人在这里的山洞里发现了"有袋狮子"的遗骨。1963至1964年，在南澳海斯泰山洞采集到已经灭绝的巨型袋鼠的化石52具。1969年，人们又在山洞发现成千上万脊椎动物化石。同年10月，纳拉库特岩洞和化石洞对外开放。近20年来，约有138平方米的沉积物和骨头从化石遗址被发掘出来，约5000吨重，其中4%是从化石洞挖出来的。因此，这是澳大利亚最大、保存最好的化石遗址。

遗址群原是湖泊，其历史可追溯到28万年前，为人类提供了澳大利亚前欧洲时代和更新世晚期有关环境和生态的记录，其中包括保存完好的澳大利亚冰河纪巨型的动物化石，如已灭

纳拉库特岩洞门口巨大的世前动物复原像

绝的哺乳动物和鸟类、爬行动物，也有一些近代的生物化石，如7.6米的巨蟒、犀牛般大的袋熊，还有鹦鹉、龟、老鼠、蜥蜴、青蛙、蝙蝠等。

宁加卢海岸

23. 活珊瑚礁的家园——宁加卢海岸（P240 C1）

　　宁加卢海岸在澳大利亚西海岸，包括陆地、海洋，占地面积70万公顷，拥有世界上最长的岩礁，陆地上广布喀斯特地形、地下洞穴网络和水系，从西澳中、北部海岸向外延伸，绵延260公里，最近处离海岸不到100米，是200多种硬珊瑚、50多种软体珊瑚及500多种鱼类的家园。

　　这个暗礁群是世界上最大的活珊瑚礁群之一。每年3月，珊瑚产卵，水中到处是色彩缤纷的珊瑚虫。晚上，在月光下，珊瑚虫释放出上百万种明亮的粉红色的卵和成束精子，浮在水面上，五光十色，极为壮观。磷虾和其他海洋小生物涌向这里享受海中盛宴。也有一些大鱼，如鲸鲨，长达18米，重30吨，在礁石边晒太阳，捕食磷虾。

　　这里是世界上最好的潜水基地，有许多吸管式潜水、游泳、钓鱼等活动。

24. 更新世的干河床——威兰德拉湖区（P159 C1）

威兰德拉湖区位于新南威尔士州西南部的墨累河盆地，在格里菲斯西北160公里处，中心区海拔70米，是个半干旱地区，占地37900公顷。

由一系列干湖形成的湖区诞生于第三纪早期。墨累河盆地的海浸造成石灰沙、石灰石和泥灰的沉积。第四纪又被沙石和沙丘地带覆盖，以长条沙丘为特征。约在18000年到16000年前，沙丘恢复活动，又被植物稳定住。有的沙丘形成可追溯到至少40000年到15000年前。

由于雨量少，植被也是半干旱植物群落，以灌木丛、草地、林地为主，主要是桉树、白柏松、灌木、箭猪草等。20种哺乳动物生活在这里，有红袋鼠、灰袋鼠、针鼹和数种蝙蝠，乌鸦很多。

据考古发现，这里在4万年前已有人类活动，这里发掘出了2.6万年前的人类火葬遗址和3万年前历史的赭石墓葬遗址、大型有袋动物的遗迹，还有18000年前用于碾碎野草的磨石和石臼。

25. 海中升起的麦夸里岛

麦夸里岛位于澳大利亚南部海区，长34公里、宽5公里、面积1620万公顷，距塔斯马尼亚东南部1500公里，相当于从澳洲到南极的一半路程。岛上麦夸里山脊从水下露出海面，是地球上唯一一处岩石从海洋下6公里深处地幔下活跃升出海平面的地方，岩石包括

麦夸里岛岸边行走的企鹅

麦夸里岛的港口、灯塔

玄武岩和其他岩体。

麦夸里海洋公园植被丰富，有80多种苔藓，40多种花卉，各种地衣、硅藻类植物。没有树木或高大灌木，长得最高的草是岛上最高的植物。公园内主要野生动物有长毛海豹、各种鲸、海象、海狮。兔子在1987年曾达到15万只，后采取控制措施，数量有所减少。鸟类72种，企鹅数量最多，约有40万只。

公园内有许多土著窑洞，历史可追溯到1.8万年前。有1000处考古遗址和土著文化，7000处艺术古迹保存完好。

26. 赫德岛和麦克唐纳群岛（P267 C4）

这些岛屿位于澳洲南部海域，印度洋南部，距离南极洲约1700公里，西澳大利亚州首府珀斯市4100公里，是唯一靠近南极、火山活跃的岛屿，被形容为"在地球深处开了一扇窗户"，用以观察不断发展的地貌变化过程和冰河动态，拥有地球上比较稀少的处于原始状态的岛屿生态系统。

两岛相距40公里，均为石灰石和火山喷发物堆积而成。赫德岛以山脉为主，制高点为莫森峰，海拔2745米，是直径为20公里的活火山。还有小岛、礁石、海岬，80%是冰川覆盖的冻土。麦克唐纳岛由许多小岩石岛组成，岛上土壤稀少。两岛均为寒带海洋性气候，伴有强劲的西风，全年有降雪，年降水量1350毫米。由于未遭人工破坏，风景优美，原生态植物保存完好，展示了生物和地理的进化过程。两岛上生长着的原始生物，种类很少，数量很大。赫德岛是海燕等洞穴类海鸟的天堂。

此两岛曾为捕海豹者的船只的停靠地。1996年规定不许任何人进入，以免对自然与环境造成损害。

27. 19世纪建筑——皇家展览馆和卡尔顿园林（P200 A3）

皇家展览馆是1880年为墨尔本国际展览会建造的，其中有一个超过12000平方米的大厅和许多附属建筑，标志性的圆形屋顶具有意大利风格。1901年澳大利亚第一届议会和澳大利亚联邦就职仪式在展览大厅举行，其后维多利亚州政府移入展览馆，前后共26年。1984年英国女王伊丽莎白二世访问维多利亚，将展览馆冠以"皇家"名号。

皇家展览馆

皇家展览馆就在卡尔顿公园内，公园由木、砖、钢、石等材料组合建成，整体风格融合了拜占庭式、罗马式、伦巴第式，甚至文艺复兴时期的各种元素，代表了19世纪的花园风格，包括花坛、

卡尔顿园林

道路、小径、车道、树木、喷泉。

2004年，皇家展览馆和卡尔顿园林一起被评为世界遗产，这是澳大利亚第一个获此殊荣的建筑，它是澳大利亚现存的唯一一个19世纪展览馆，也是世界上为数不多的19世纪展览馆之一。

作者建议

1. 到澳大利亚须知

澳大利亚是个地大物博、经济发达、风景优美的国家，也是一个民族众多、文明现代、包容性强的国家。在澳大利亚生活、游览是比较自由、舒适的。应该注意的是：

（1）要经得起检查。澳大利亚海关检查很严。为保护本国的动植物生态，澳洲不准游客带进动物类产品，如肉类、蛋类，亦不许带进动植物样品和标本，包括木雕、竹刻之类手工艺品和鲜花，受保护的野生动物的皮毛、珊瑚、象牙制成的物品，还有蔬菜、水果、罐头等食品，甚至方便面也不行。遇到这些东西，不但要没收，还要处以高达数百澳元的罚款。进海关时，有警犬协助工作人员检查游客的行李，因此不能有任何侥幸心理。所以，如果去澳洲，不论是为了自用，或是为了送礼，千万不要带这类东西。还有，所带药品必须全部申报。

（2）注意文明礼貌。在公共场所，不要大声喧哗，也不要大声说话，更不要出现随地吐痰、乱扔垃圾等行为。乘车或办事要排队，绝对不要"加塞"。用餐要学会用刀叉，吃饭、喝汤不要发出很大声响。用自助餐时，取东西要根据自己的饭量，不要取得太多吃不了。这不仅是"入乡随俗"的问题，也体现了人的素质和文明程度。另外，作为"礼仪之邦"的中国人，行为、举止应文明大方、不卑不亢。

（3）澳洲的旅馆一般不免费提供拖鞋、牙具、剃须刀，甚至也没有毛巾、洗发液等，这些东西还是自备的好，免得出现尴尬。房间里的食品，包括饮料，特别是酒类，消费价格非常高，要看清使用说明，不要随便饮用或拿走。

（4）澳洲人穿着随便，因此在游览时一般穿舒适大方的休闲服为好，决不要西装革履。当然在正式场合，包括在剧场观看演出，应着正装，千万不要太随便。澳洲太阳光和紫外线强烈，外出游览一定要戴遮阳帽和墨镜，裸露的皮肤要抹防晒霜，否则一天就能把皮肤晒得起泡。请注意，澳洲在南半球，季节与中国相反。如在我国夏季赴澳，一定要带好保暖的衣服。

（5）不要给野生动物随便喂食，不要擅自在海边捡拾鲍鱼、贝类、珊瑚等海产，不要随便钓鱼，否则要遭重罚。不要随便下海、下河游泳，因为澳洲水域有鳄鱼、鲨鱼、水母等，非常危险。

（6）谨防偷抢。澳大利亚是个治安相对较好的国家，但也不能放松警惕，必须有所防范。不要随便接受来自陌生人的饮料，旅馆房门和汽车门一定要锁好，贵重物品和钱包一定要保管好，严防偷盗和抢劫。有时窃贼甚至堂而皇之出入大城市的高级饭店和机场作案。在澳洲，一般抢劫、偷窃案件，报了警也无用，因为警察不屑花力气去侦破这类小偷小摸。受害人如为保护自己财产伤及小偷，倒要被追究刑事责任，轻则罚款，重则判刑，一旦官司缠身，麻烦没完没了。

（7）到了澳洲，理所当然要购买一些特产，带回国自用或馈赠亲友。澳大利亚的特产有羊毛地毯、羊皮坐垫、羊毛被褥、羊毛毡、羊毛衣、皮夹克、绵羊油、羊胎素等，可以称为绵羊系列。有袋鼠精、鲛肝精、深海鱼油、葡萄酒、蜂蜜、鲍鱼等食品和保健品系列，还有鳄鱼皮、袋鼠皮制品，考拉、袋鼠等造型的动物玩具和土著艺术品等纪念品；而澳宝石、珍珠等，一般在华人开的免税商店都能买到。

2. 澳大利亚使领馆联络方式

我国在澳大利亚首都堪培拉设有大使馆，在悉尼、墨尔本、珀斯、布里斯班有总领事馆，如遇紧急情况，可与使领馆联系。

中国驻澳大利亚大使馆电话：00-61-2-62734780

中国驻悉尼总领事馆电话：00-61-2-85958001，85958002

中国驻墨尔本总领事馆电话：00-61-3-98220604，98220605

中国驻珀斯总领事馆电话：00-61-8-94813278，94813279

中国驻布里斯班总领事馆电话：00-61-7-32106509

PART 2

旅游资讯
地图导览

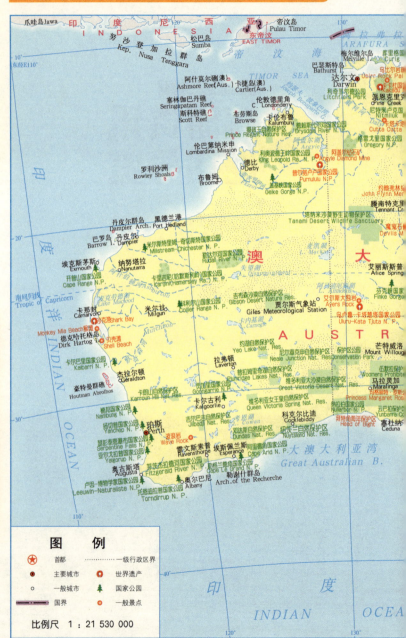

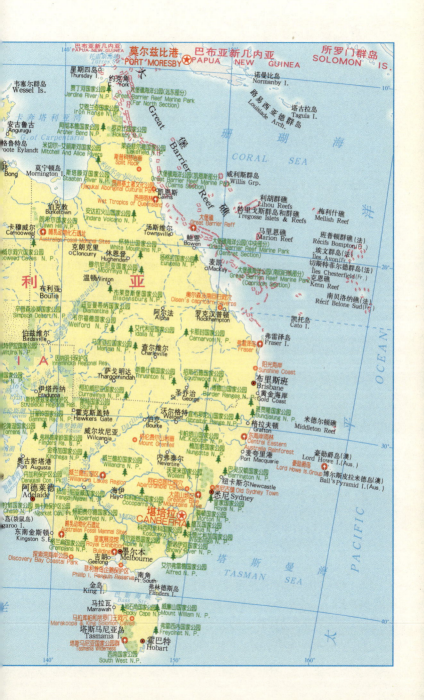

韦塞尔群岛
Wessel Is.

安古鲁古
Angurugu

格鲁特岛
Groote Eylandt

Bong

莫宁顿岛
Mornington I.

巴布亚新几内亚
PAPUA NEW GUINEA

莫尔兹比港
PORT MORESBY

巴布亚新几内亚
PAPUA NEW GUINEA

所罗门群岛
SOLOMON IS.

星期四岛
Thursday I.

约克角
York

贾丁河国家公园
Jardine River N.P.

诺曼比岛
Normanby I.

路易西亚德群岛
Louisiade Arch.

塔古拉岛
Tagula I.

大堡礁海洋公园（远东部分）
Great Barrier Reef Marine Park
(Far North Section)

艾恩日国家公园
Iron Range N.P.

阿奇本德国家公园
Archer Bend N.P.

罗克哈特河国家公园
Lakefield N.P.

莱克菲尔德国家公园
Lakefield N.P.

卡奔塔利亚湾
G. of Carpentaria

米切尔—艾丽斯河国家公园
Mitchell And Alice Rivers

斯塔滕特纳家公园
Staaten River N.P.

斯普利特罗克
Split Rock

塔亚库尔土著文化公园
Tjaqual Aboriginal Cultural Park

大堡礁海洋公园（凯恩斯部分）
Great Barrier Reef Marine Park
Cairns Section

凯恩斯
Cairns

威利斯群岛
Willis Grp.

珊 瑚 海
CORAL SEA

布尔克敦
Burketown

卡穆威尔
Camooweal

安达克火山国家公园
Undara Volcano N.P.

道恩山国家公园
Lawn Hill N.P.

西部热带区
West Tropics of Queensland

哺乳动物化石遗址
Australian Fossil Mammal Sites

利胡群岛
Lihou Reefs

特里戈斯群岛和暗礁
Tregosse Islets & Reefs

梅利什礁
Mellish Reef

利
BOULIA

布利亚
Boulie

克朗克里
Cloncurry

里弗斯利亚哺乳动物
化石遗址

怀特山国家公园
White Mountains N.P.

休恩登
Hughenden

汤斯维尔
Townsville

鲍恩
Bowen

大堡礁海洋公园（中央部分）
Great Barrier Reef Marine Park
(Central Section)

麦凯
Mackay

马里恩礁
Marion Reef

班普顿群礁(法)
Récifs Bompton (Fr.)

埃文群岛(法)
Iles Avon (Fr.)

亚

莫尔顿石洞国家公园
Marakoopa & King Solomon Caves

温顿
Winton

穆尔里拉国家公园
Moorriya N.P.

尤加拉国家公园
Eungella N.P.

大堡礁海洋公园（南回归线部分）
Great Barrier Reef Marine Park
(Capricorn Section)

切斯特菲尔德群岛(法)
Iles Chesterfield (Fr.)

布利亚
Bourke

辛普森沙漠国家公园
Simpson Desert N.P.

布莱登堡国家公园
Bladensburg N.P.

戴亚曼蒂纳国家公园
Diamantina N.P.

阿尔法
Alpha

罗克汉普顿
Rockhampton

肯恩礁
Kenn Reef

南贝洛纳礁(法)
Récif Belone Sud (Fr.)

伯兹维尔
Birdsville

韦尔福德国家公园
Welford N.P.

艾代利河国家公园
Idalia N.P.

卡那封国家公园
Carnarvon N.P.

弗雷泽岛
Fraser I.

弗雷泽
Fraser

凯托岛
Cato I.

斯特泽莱茨基荒漠
Strzelecki Regional Res.

伊塔丹纳
Etadunna

曼特尔国家公园
Mantale N.P.

查尔维尔
Charleville

阳光海岸
Sunshine Coast

萨戈明达
Thargomindah

思鲁顿国家公园
Thrushton N.P.

古尔古尔德国家公园
Gulgwood N.P.

圣乔治
St. George

博德山国家公园
Border Ranges N.P.

布里斯班
Brisbane

黄金海岸
Gold Coast

米德尔顿礁
Middleton Reef

加蒙山国家公园
Gammon Ra. N.P.

霍克斯盖特
Hawkers Gate

沃尔格特
Walget

吉布拉尔特山国家公园
Gibraltar Range N.P.

邦贾隆国家公园
Bundjalung N.P.

格拉夫顿
Grafton

威尔坎尼亚
Wilcannia

伯克
Bourke

中东部雨林
Central Eastern
Rainforest

豪勋爵岛(澳)
Lord Howe I. (Aus.)

奥古斯塔港
Port Augusta

弗林德斯岭国家公园
Flinders Ra. N.P.

金加国家公园
Kinchega N.P.

门德尔国家公园
Mt. Kaputar N.P.

麦夸里港
Port Macquarie

麦夸里港
Port Macquarie

豪勋爵岛群(澳)
Lord Howe Is. Group

托伦斯湖
Torrens L.

格伦赫尔山保护区
Mount Grenfell

内弗泰尔
Nevertire

努加塔国家公园
Nungatta N.P.

纽卡斯尔
Newcastle

博尔斯皮拉米德岛(澳)
Ball's Pyramid I. (Aus.)

阿德莱德
Adelaide

丹加利保护区
Dangali Con. N.P.

旺特拉国家公园
Willandra N.P.

旺特拉湖区
Willandra Lakes Region

阿伯克龙比石洞
Abercrombie Caves

灵灵汉明达国家公园
Old Sydney Town

大蓝山山区
Greater Blue
Mountains Area

悉尼
Sydney

海伊
Hay

查斯保护区
Chase N.P.

恩加拉特国家公园
Ngarkat Con. N.P.

库卡帕拉国家公园
Cocoparra N.P.

维夫尔德国家公园
Wyperfeld N.P.

大曼岛国家公园
Barrington Tops N.P.

莫顿国家公园
Morton N.P.

罗亚尔国家公园
Royal N.P.

袋鼠岛
kangaroo I.

东南金斯顿
Kingston S.E.

哺乳动物化石遗址
Australian Fossil Mammal Sites

皇家展览馆
Royal Exhibition
Building

堪培拉
CANBERRA

科修斯科国家公园
Kosciuszko N.P.

德亚国家公园
Deua N.P.

格兰屏国家公园
Grampians N.P.

探索湾海岸公园
Discovery Bay Coastal Park

菲利普岛企鹅保护区
Phillip I. Penguin Reserve

墨尔本
Melbourne

吉朗
Geelong

斯诺伊河国家公园
Snowy River N.P.

南角
Pt. South

艾尔弗雷德国家公园
Alfred N.P.

塔 斯 曼 海
TASMAN SEA

金岛
King I.

弗林德斯岛
Flinders I.

马拉瓦
Marrawah

落矶角国家公园
Rocky Cape N.P.

威廉山国家公园
Mount William N.P.

马拉库帕和所罗门王洞
Marakoopa & King Solomon Caves

弗赖西内国家公园
Freycinet N.P.

塔斯马尼亚岛
Tasmania I.

霍巴特
Hobart

塔斯马尼亚荒原国家公园
Tasmania Wilderness

西南国家公园
South West N.P.

太

PACIFIC

OCEAN

Great Barrier Reef

大 堡 礁

139

签证信息

　　非澳大利亚籍或非新西兰籍的游客，必须持有澳大利亚签证才能进入澳大利亚。在申请或者获得澳大利亚签证前，请注意以下重要事项：

　　1．确保申请正确的签证类型、明确签证申请的具体要求。

　　2．了解在澳大利亚期间的义务以及遵守签证条件的重要性等。

　　3．请访问澳大利亚政府移民和公民事务部。

 最佳旅游季节

　　澳大利亚的季节，与地处北半球的中国相反，一年四季均适合前往旅游，每年四季时间为：春季9月—11月，是观赏鲸鱼和野花的时节，可以探索西澳大利亚玛格丽特河区域的葡萄酒产区。夏季12月—次年2月，是走到户外的最佳时间。秋季3月—5月，堪培拉秋叶似火，墨尔本举行一级方程式汽车大奖赛。冬季6月—8月，可以在澳大利亚阿尔卑斯山滑雪；可以在这里度过一个冬季阳光假日；在气候温和的大堡礁潜水或是驾驶四驱越野车穿过南澳的辛普森沙漠。

 实用信息

1. 语言

　　澳大利亚的官方语言为英语。但是作为一个拥有大量移民人口的多元文化国家，还有十分多样化的语言和文化。

2. 时差

　　澳大利亚的悉尼与我国的北京时差相比早2个小时。

3. 澳大利亚的货币

　　澳大利亚的货币是澳元（AUD）。货币可在银行、酒店和国际机场兑换。

　　澳大利亚本国货币是澳元，纸币面额有5元、10元、20元、50元和100元。硬币面额为5分、10分、20分和50分以及一元和两元。

4. 携带货币到澳大利亚

可以没有限制的携带进出澳大利亚的货币数额，但是，如果您计划携带超过10，000澳元的现金（澳元或等额的外币）来澳大利亚，必须在落地时向机场的澳大利亚海关进行申报。如果携带期票、旅行支票、个人支票、汇票或邮政汇票，可能还会要求本人填写一份可转让证券（Bearer Negotiable Instruments, BNI）表。更多详细信息，请访问澳大利亚海关及边境保护局（Australian Customs and Border Protection Service）网站（www. customs. gov. au）

5. 信用卡和旅行支票

在澳大利亚，您可以使用美国运通卡、银行卡、大莱卡、万事达卡、Visa卡和JCB等信用卡。VISA卡或万事达卡是普遍可接受的信用卡，并且在任何接受信用卡的地方均可使用。大型超市和百货连锁店以及许多旅游景点都接受美国运通卡和大莱卡；少数旅游景点也接受JCB卡。

您最好携带多种信用卡，因为各个商家接受的信用卡类型可能有所不同。请随身携带少许现金，因为当您购买价格低于15澳元的商品时，许多商店不接受刷卡消费。某些地方的商家可能会对信用卡收取额外费用。

不同于许多其他国家，澳大利亚的有些地方不接受旅行支票。如果您购买了旅行支票，最好以澳元购买，因为如果您出示其他货币的支票，例如美元或英镑，小型商店、餐馆，以及其他商家很可能不知道汇率。

6. 在哪里兑换澳元

您可以在银行、酒店和国际机场兑换澳元。澳大利亚的银行提供其他西方国家通常提供的类似服务，提款机或自动取款机（ATM）分布广泛，但偏远城镇和内陆的设施则相对有限。您也可以在大部分澳大利亚商店使用电子转账系统（EFTPOS）。手续费可以通过交易支付，尤其是从国际账户取钱时。

7. 银行的营业时间

银行营业时间通常是星期一到星期四的9:30—16:00，星期五营的9：30—17：00，部分分行只星期六上午营业。澳大利亚四大银行包括：澳大利亚国家银行（National Bank of Australia）、澳新银行（Australia New Zealand（ANZ）Bank）、澳大利亚联邦银行（Commonwealth Bank of Australia）和西太平洋银行（Westpac Banking Corporation）。较小型的银行包括：ING Direct、AMP Banking和澳大利亚汇丰银行（HSBC Australia）。

8. 邮局银行

澳大利亚邮局对70多家银行和金融机构提供银行服务，所以您可以使用信用卡或借记卡存取款、查询账户余额、支付信用卡账单和往国外汇款。

9. 邮政服务

邮局通常周一至周五9：30—17：00营业，有些城市的邮局周六上午也营业。游客可以安排在澳大利亚全国各地的邮局收取邮件。

10. 开设账号

如果计划在澳大利亚呆较长时间要以工作假期签证或其他类型的延期签证观光，您最好在澳大利亚银行开设一个账户。在澳大利亚，大部分收入都会直接打入银行账户，包括工资、报酬和政府福利。如果您需要从澳大利亚向国外汇款或从国外接收汇款，您可以在线或通过银行进行国际汇款（电汇）。您最好在出国前准备多种方式从国外存取款，例如信用卡、旅行支票、现金、借记卡或现金卡。

11. 简便的取款方式

在澳大利亚取现金最简单的方法是通过国际网络在ATM（自动取款机）上取钱，例如万事达卡或VISA卡。澳大利亚ATM机采用四位密码，所以请与银行核实，确保在出国前更改您的密码。

12. 商品服务税

澳大利亚收取10%的商品服务税（GST）。如果您离澳前30天内在一家商店至少花费300澳元，您或许可以申请这些商品的GST退税。游客退税计划设施位于国际机场或码头离境厅。如需更多详细信息，请查阅澳大利亚政府有关旅游退税计划的信息。

酒店和餐馆不会在您的账单上加上服务费。在高档餐馆，通常会因优质服务而给侍者高达相当于账单10%的小费。但是，是否给小费始终由您决定。在澳大利亚一般不讨价还价。

13. 插座

澳大利亚采用的电源是220-240V、50赫兹的交流电。澳大利亚常用的三孔插座与某些国家不同，所以您可能需要带转换插头。

14. 通讯

澳大利亚的国家代码是61。使用公用电话拨打本地电话不计时，每次收费0.50澳元。手机通讯、长途电话及越洋电话通常计时。移动电话网络覆盖整个澳大利亚，但在一些偏远地区覆盖范围可能有限。网吧、住宿场所和图书馆都有上网设施。

健康与安全

1. 旅游保险和医疗服务

强烈建议您在出国前投保一份旅游保险，范围涵盖物品偷窃和遗失、意外事故以及健康问题。如果您计划参加一些冒险活动，如潜水、丛林漫步或在偏远地区旅游，请检查保单中是否包含这些活动。请记住随身携带旅游保险单的详细资料和紧急联系电话。

2. 免疫接种和药品

在澳大利亚观光不需要进行特殊免疫或疫苗接种，除非您来自遭黄热病感染的国家或在到达澳大利亚之前六天内曾访问过相关国家。然而，相关规定和医疗建议可能随时变更，所以请在出游前与您的医生核实并查看澳大利亚政府相关网站。

3. 个人用药

澳大利亚严格管制带入境的个人用药，必须在您到达时如实申报。建议您携带医生的处方或信函，说明您的医疗情况，并列出您所携带的药品。如果您在澳大利亚期间需要服用处方药，必须由澳大利亚的医生开处方。

4. 防晒

澳大利亚的阳光非常强烈，在夏天只要15分钟就会把您的皮肤晒伤，所以务必要全年做好防晒准备，即使阴天也一样要注意防晒。

在澳大利亚旅游也要涂抹高倍防水防晒霜；戴帽子和太阳镜保护好脸部、鼻子、脖子、耳朵和眼睛；坐在阴凉处而不要直接暴晒在太阳下，从而保护自己以免被阳光晒伤。

中午紫外线最强烈时应加强保护，确保饮用充足的水分以防脱水。

澳大利亚政府的SunSmart紫外线警报（SunSmart UV Alert）将告诉您需要特别注意防晒的时间段，并且会在大部分日报和气象局（Bureau of Meteorology）网站的天气页显示该警报。

5. 防晒产品

澳大利亚癌症理事会（Cancer Council Australia）已开发出一系列高质量、经济实惠的防晒产品，包括太阳镜、紫外线防晒衣、防晒霜、帽子、遮阳棚、泳镜、大帐篷、遮阳伞和化妆品，您可以在线购买或通过癌症理事会在指定的商店、百货商场、药店和其他全国范围内的零售商店购买。

6. 与野生动物接触要注意的问题

（1）澳大利亚很少发生鲨鱼袭击人的情况。澳大利亚海滩上的鲨鱼网可防止鲨鱼袭击，如果您始终在有救生员巡逻的海滩上的旗帜之间游泳且绝不单独游泳，这样可以进一步降低风险。

（2）鳄鱼生活在整个澳大利亚北部的河流里和入海口。在鳄鱼栖息地附近游览时，务必要观看安全标志，不要在河里、入海口、潮汐河、深水潭或红树林海岸边游泳。在露营、钓鱼或划船前也要寻求专家的建议。

（3）每年1月到来年的4月期间，热带水域经常有海蜇出现。所以在此期间，您只能在防海蜇保护圈内游泳，大部分受欢迎的海滩都设有防海蜇蜇伤的保护圈。在这些区域游泳时，您也需要穿防护衣并随时观察所有警告标记。

（4）澳大利亚也有毒蛇和毒蜘蛛，但是被咬的情况极其罕见也很少会致命。在健行或远足时，穿上保护性鞋子并掌握常识，以防被咬。万一被咬，应立即寻找医护人员进行治疗。

7. 紧急救助

000是澳大利亚所有紧急服务的电话。接线员可以为您联系警察、救护车或消防队。只有在紧急情况下，您才能拨打000。

8. 冲浪和水上安全

从十月到次年四月，澳大利亚最受欢迎的海滩通常都有义务救生员巡逻，并用红色和黄色旗子标出最安全的游泳区域。为保证安全，请始终在这些旗帜标出的区域游泳，并始终与其他人一起游泳。

如果您想潜水，请找本地的潜水经营者或联系您所在州的潜水行业协会（Diving Industry Association）了解有关地点条件、安全规定、执照、许可证和潜水者级别要求的相关信息。

9. 在偏远地区旅行

澳大利亚的内陆路径是世界上最适合驾驶四驱车游览的地方，但是在澳大利亚偏远、崎岖的地区驾车则需做好充分准备。动身开始一次无人保护的内陆之旅前，务必要检查道路状况，确保您的车辆有适当装备，并且要有一张最新的地图、额外的储备并制定紧急计划。确保告知其他人您预期到达的地方。澳大利亚的城镇通常都相距几百公里，所以要据此计划您的行程。请注意，手机在偏远地区可能信号不好。如果您的汽车在偏远地区发生故障，请不要离开您的汽车。这是唯一最重要的生存规则。有一些公路不适合独自旅行，只能跟有组织的车队一起走。

如果想丛林漫步或徒步，请查看行走的长度和难度，并考虑使用本地向导进行长途或富有挑战的行走。查看澳大利亚公园管理处（Parks Australia）网站，了解有关路径状况和危险指数的最新信息。

10. 无障碍旅游

如果您身患残疾而又想游历澳大利亚，那里有大量服务和优惠满足您的需求。做好充分准备对旅途成功必不可少，所以请与旅行代理商谈谈您的具体要求。如需了解有关澳大利亚无障碍旅游的更多信息，请访问NICAN或AustraliaForAll网站。

🍴 饮食

澳大利亚许多食物都是世界名吃，例如：袋鼠肉、皇帝蟹等。

1. 袋鼠肉

袋鼠肉的口味和牛肉有点相似，没有牛肉口嫩，也没有什么特别之处。但是，品尝一下作为澳大利亚国兽的袋鼠肉，无疑另有一层文化上的滋味。袋鼠肉在大部分州允许销售，一些肉店有鲜肉供应，一些餐馆有袋鼠肉的餐肴，价格和牛肉接近。

对于初到澳洲来又是第一次品尝的中国游客来说，想吃一顿美味可口的袋鼠肉真需要一些"技巧"才行。当地人喜欢吃烧得很老的袋鼠肉，大多数国人对此都不太适应，因而你需要事先告诉侍者把袋鼠肉烤得嫩一些，否则初尝此物你会觉得难以下咽。

吃烤袋鼠肉时用的佐料一般是盐、胡椒和柠檬，最好再加上一点辣椒，因为袋鼠肉微酸，不太适合中国人的口味，蘸点辣椒再吃不仅可以压住酸味而且非常可口。

2. 皇帝蟹

所谓皇帝蟹是指肥大的蟹，大的皇帝蟹足有面盆大，看着就让人垂涎欲滴，有人甚至将皇帝蟹壳带回国作纪念。

皇帝蟹

3. 牡蛎

又称蚝，澳大利亚的蚝肥大，干净，又便宜（＄1/2只）。蚝可以生吃，也可以蒸吃。有很多香港人专到澳大利亚吃生蚝的，新鲜的蚝连盖都没有打开，顾客可以看着营业员开盖后，挤新鲜柠檬汁至蚝肉上佐酱生吃，美味无穷。

牡蛎

4. 鲍鱼

澳大利亚盛产鲍鱼。但是，澳大利亚人不懂怎样吃鲍鱼。鲍鱼除了出口之外，基本上只有在中国餐馆可见。以前，每公斤鲍鱼只有几澳元。自从大批华人到澳后，逐渐涨到了30澳元以上。若想吃鲍鱼，还需到中国餐馆才行。

5. 龙虾

澳大利亚的龙虾在中国最为著名。到了龙虾的故乡，龙虾的价格未必便宜。

6. 三文鱼

三文鱼主要用来生吃，这对卫生的要求很高。澳大利亚盛产的三文鱼应该说是最卫生的。

三文鱼

7. 水果

澳大利亚是水果之乡。人们不但可以享受到价廉物美的各种水果，还可以饮用各种不含防腐剂的新鲜果汁。

住宿

澳大利亚的住宿选择多种多样，绝对会令您称心如意。有精品酒店、背包客旅店、豪华度假村、自助式公寓、乡村酒馆还可以露营。不管您选择何种预算范围，都可以得到您满意的服务。

1. 度假村

到度假村去放松心情吧，那里有您需要的一切！您可以享受到宽敞、高品质的住宿和众多的客户服务，还可以参加各种旅行和活动。如果想要在那些令人惊叹的自然景点放松自己，那么澳洲的度假村将是您的理想之选。从昆士兰（Queensland）的哈密顿岛（Hamilton Island）到南澳大利亚（South Australia）的葡萄酒乡，处处都有此类设施。它们的活动因地制宜，所以根据地点的不同，您可以尝试斜坡滑雪，参加潜水，或是在泳池边品尝鸡尾酒。

2. 酒店

酒店房间里有快速拨叫客房和照管幼儿等服务，享受游泳池、健身中心，乃至餐馆、酒吧等各项设施。在澳大利亚的任何大型度假地和主要城市，都可以找到主要的国际品牌酒店。从二星级到五星级不等，价格也相应不同。

3. 汽车旅馆

驾车途中，您可以到汽车旅馆休息，那里以合理的价格提供舒适的住宿。客房通常包括独用的浴缸或淋浴、电视、泡茶和煮咖啡的器具及一台小冰箱。大多数汽车旅馆都提供房间内早餐菜单，而规模大一些的则有自己的餐馆。

4. 酒店式公寓与度假公寓

设备齐全的公寓或度假公寓共同的特点是空间隐私，以及厨房和洗衣设施使用便利。如果您与家人或一大群朋友一起旅行，或者希望在一个地方多待些日子，那么这将是您理想而经济的选择。拥有更宽敞的居住空间，享受自己烹饪的乐趣。具体的服务与非服务项目会因不同的公寓而有所不同。

5. 住宿加早餐旅馆

在住宿加早餐旅馆可以有家一般的感觉，享用丰富的家常美食。在澳大利亚，从历史古宅到矿工小屋，从乡村庄园到内城联排别墅，到处都可以找到这些家庭经营的小型旅馆。他们以合理的价格提供舒适的房间，而且主人们往往都能为客人提供很好的服务。

6. 农场寄宿

在小农场伴随着公鸡啼叫声醒来，或是在超过一百万英亩的内陆牧场学习剪羊毛。睡在锡皮屋顶下简陋的床上，或是在一大片庄园中享受豪华住宿。居住在农场，您可以骑马、钓鱼、游泳或散步，体验各种开阔空间。融入当地人的日常生活，修修栅栏，骑马赶牛群，捕捉小螯虾，或是驾驶四驱车穿越农场。体验雾气朦胧的清晨、残红日落、丰富的乡村美食和露天篝火。您还可以在星空下享受暖暖的自流井按摩浴，舒缓一天的劳顿。寄宿在农场，让您远离城市生活的喧嚣，投入乡村的热情怀抱，回归到依靠土地的简单生活之中。

7. 野营与大篷车营地

在澳大利亚风景如画的乡村，感受绝妙的户外野营或是大篷车露营，那可是别有一番风味。可将帐篷扎在国家公园或是前往一个设施齐全的野营或露营园。这些地方提供电、热水淋浴、洗衣设施及烤烧区，将公路上的生活保持得清洁而文明。请注意为了保护环境，国家公园和露营地都有相关规则和条例，请注意遵守。如果希望进行一次充满愉悦而且永远不会迷路的公路旅行，您可以尝试一下有导游带领的、为期一个月的大篷车之旅，或者到内陆、森林、沙漠或海滩上享受迷人的野营式度假地，将奢华与荒野一齐占尽。

8. 旅店与背包客旅舍

在昆士兰的海滩小屋或树屋中休憩，或在南澳大利亚的地下旅馆入睡。不管您是背包客一族还是只想节省费用，从澳大利亚的内陆到城市中心都可以找到适合的旅店住宿。这些旅店不仅可以节省您的费用，而且还是遇到其他旅行者的好地方。你们可以交流彼此的故事，也可以结伴征服澳大利亚更多的探险之旅。

9. 星级指南

5星：豪华标准和各种一流的住客服务。

4星：优质标准，高质量的家具，非常舒适。

3星：设施完善，舒适、洁净的房间和保证质量的家具。

3星以下：基本的、维护良好的标准。

酒店式公寓：设备齐全的公寓，1至3间卧室，带起居室，配有厨房、洗衣房和单独的浴室。

 # 交通

1. 乘飞机

乘飞机是在短时间内游访远距离景点的最佳方式。您将花更少的时间旅行，而花更多的时间来品味澳大利亚不

容错过的景观和闲适的生活方式。在澳大利亚，您可乘坐澳洲航空公司（Qantas）、廉价航空公司捷星航空（Jetstar）和维珍航空（Virgin Blue），以及众多小型区域航空公司的航班出行。

如想来次独特的鸟瞰体验，观光飞机和热气球是不错的选择。乘坐飞机盘旋在摇篮山（Cradle Mountain）世界遗产区域上空，可以俯瞰塔斯马尼亚的自然奇观，还可以乘坐热气球欣赏堪培拉的议会建筑。在南澳大利亚巨大的天然环形山谷维凭拿庞（Wilpena Pound）上空翱翔，可欣赏该国最壮观的景观——日出和日落。除此之外，还可乘坐Dash8私人飞机环绕澳大利亚飞行。

2. 乘汽车

澳大利亚拥有保养良好的巨大公路网络以及一些世界上最美丽的旅游路线。从热带地区的凯恩斯（Cairns）到西澳大利亚的布鲁姆（Broome），这段内陆探险旅程会唤醒您的冒险精神。在穿越沙漠的壮丽旅途中，体验澳大利亚的红色中部或沿着维多利亚的大洋路（Great Ocean Road）驾车前行，这条路紧靠着澳大利亚蔚为壮观的东南海岸。

租辆汽车、露营车、摩托车或大篷车在高速公路上疾驰，或从舒适的巴士上观览乡村田野。旅游路线会把您带到各大景点，班车则在各州与主要城市和区域中心之间来往。

3. 驾驶规则

澳大利亚人在道路左侧驾驶，方向盘设在车内右侧。城镇最高驾驶限速是60公里/小时，有些近郊区是50公里/小时。在乡间道路和高速公路上，最高驾驶限速通常是110公里/小时。但是要注意司机和乘客必须始终佩戴安全带，而且酒后驾车属违法行为。摩托车和自行车骑车者必须佩戴头盔。外国游客可以凭有效的海外驾照，在澳大利亚驾驶同类车辆。在驾车时应随身携带本国驾照和国际驾照。

4. 乘船

在澳大利亚这个遍布河道、暗礁和港口的岛国，乘船出行是明智之选。您可选择划皮艇、航海旅游、乘渡轮、巡航和豪华探险。

您可在绝美如画的降灵岛学习航海，乘坐豪华游轮穿越偏远的金伯利山脉（Kimberley Ranges），在墨累河（Murray River）泛舟逆流而上，还可以在日落时分巡游悉尼港。

5. 乘火车

想要探索澳大利亚，火车旅行是一种便捷、廉价的方式。各州之间和州内铁路服务连接着我们的城市和区域中心，而横穿全澳的铁路旅行更提供了一种独特视角，让人可以充分领略澳大利亚广袤而多样的土地。从经济车厢到豪华车厢，以及多种火车通行证，选择众多，让您可以减少开支，并且看到澳大利亚的大片区域。

Countrylink列车连接着新南威尔士州目的地，也沿着澳大利亚的东海岸行驶，前往墨尔本、布里斯班和堪培拉。Vline列车将墨尔本与维多利亚州的地区交通枢纽相连，Traveltrain覆盖昆士兰州，而TransWA在西澳大利亚州四通八达。

澳大利亚还拥有史诗般宏伟的火车旅行，比如"甘"（Ghan）号和印度洋－太平洋号（Indian-Pacific）火车，穿越整个澳洲大陆，乘坐舒适，让人重温昔日的浪漫。印度洋－太平洋号列车在悉尼和珀斯之间行驶，中途在布罗肯山（Broken Hill）、阿德莱德和金矿蕴藏丰富的卡尔古利（Kalgoorlie）下车游览。传奇的"甘"号火车在阿德莱德和达尔文之间行驶，一路饱览澳大利亚红色中部和热带顶端地带（Top End）的美景。

6. 搭乘公共交通

澳大利亚首府城市有种类繁多的公共交通工具供您选择，包括火车、公共汽车、渡轮、单轨、轻轨和有轨电车。乘渡轮前往曼利（Manly）或沿布里斯班河（Brisbane River）泛舟而下，或乘坐有轨电车行驶在墨尔本绿树成荫的街道上。无论您选择哪种方式，都会发现澳大利亚的公共交通高效、清洁、可靠，而且不贵。

7. 搭乘轮船

"塔斯马尼亚精神"客车渡轮每晚往返于墨尔本和德文港（Devonport）之间。夏季高峰时间增设轮渡班次。Sealink渡轮每天有数个班次往返于南澳和袋鼠岛（Kangaroo Island），渡轮连接首府郊区，他们穿梭于悉尼港、珀斯（Perth）的天鹅河（Swan River），以及布里斯班（Brisbane）的布里斯班河（Brisbane River）上。

8. 徒步

在澳大利亚，您可在一些世界最长的徒步路径上徒步旅行一千多公里的旅程，要花上几个星期才能走完，定会给您留下深刻印象，或者您也可以花上一小时或一天，欣赏步行道上的风光。徒步旅行让您有机会近距离观察澳洲的地貌和罕见的动植物群，是游览澳洲各个城市的相当不错的旅行方式，所以请做好准备来澳洲宽阔的人行道上漫步吧!

 # 购物

1. 购物在悉尼

融合了历史文化与高端时尚的购物商场：维多利亚女王大厦（Queen Victoria Building）；史特莱特商场(Strand Arcade)。

悉尼商场

探寻国际设计师的专卖店：市场街（Market Street）的百货店、匹特街购物中心（Pitt Street Mall）、伊丽莎白街（Elizabeth Street）和卡斯尔雷街(Castlereagh Street)。

寻觅复古时尚、前卫精品、家居用品：帕丁顿（Paddington）的星期六市场、不拘一格的牛津街（Oxford Street）商店、萨利山的皇冠街(Crown Street)、新镇（Newtown）的国王大街（King Street）；那里还有物美价廉的餐馆。

复古别致与当地设计相结合的产品的商场：邦迪（Bondi）的星期六市场、后街。

抢购超值的二手商品商场：若赛尔（Rozelle）周末市场、星期六的格里布（Glebe）市场。

2. 购物在堪培拉

专卖店最集中的街：班达街（Bunda Street），大型购物中心内有200多家专卖店。

时装店、家具店和珠宝店：马努卡（Manuka）和附近的金斯顿（Kingston）。

社区市场：塔格黎诺（Tuggeranong）的购物中心拥有170多家商店，每月最后一个星期天还有热闹的社区市场。

娱乐、异国美食，手工艺品和收藏品市场：金斯顿的旧公车站集市（Old Bus Depot Markets），每星期天开放。

星期六开放市场：布拉登（Braddon）的格尔门屋集市（Gorman House Markets）。

最大的工艺品市场：霍尔市场（Hall Market），每月第一个星期天开放。

3. 购物在墨尔本

购买品牌的商场：墨尔本购物中心（Melbourne Central）、墨尔本邮政总局（Melbourne General Post Office）。

土特产、服装和礼物商场：维多利亚女王市场（Queen Victoria Market）。

高端时尚品牌和家居用品商场：维多利亚女王（QV）巷道，在市内的其他巷道和铸铁长廊商场中也能找到平日不常见的非主流品牌。

维多利亚女王市场

高端设计师作品的商场和熟食店：普兰区（Prahran）的教堂街（Chapel Street）可以找到。

时尚精品屋：菲茨罗伊（Fitzroy）的布朗斯威克街（Brunswick Street），时尚精品屋鳞次栉比。

时装、家具陈设街道：里齐蒙（Richmond）的布里奇路（Bridge Road）一应俱全，而且绝对物超所值。

4. 购物在布里斯班

规模最大的购物中心：女王街商业中心（Queen Street Mall），有500多家商店。

时装、珠宝首饰、礼品店和古董店：布里斯班拱廊（Brisbane Arcade），50家专卖店，同时欣赏1923年铺就的水磨石地板、优雅的栏杆和墙裙镶板。

手工制作的艺术品、新鲜土特产、当地设计师的时装：可在南岸市场（South Bank Markets）选购，街头艺人们就在露天过道里表演。

如果想买物美价廉的便宜货，可以参加购物团，带您到城市的折扣时装仓库购物。

5. 购物在阿德莱德

购物长廊：蓝道商场，这里的13个长廊商场里有500多家店铺。

时装、家居用品：东部的蓝道街（Rundle Street）集中了很多此类型的商店。

书店和精品店：亨得利街（Hindley Street）坐落着许多家书店和精品店，威廉国王路（King William Road）上也有很多书店可供您购买书籍。

物美价廉的物品：格伦奥斯蒙德路（Glen Osmond Road）附近的清仓商店里有很多物美价廉的物品。

选购古董：可在格罗特街（Grote Street）或玛利兰（Maylands）的马吉尔路（Magill Road）选购古董，这里还能找到一些复古家具饰品。

仓储商场

海滩购物：要想尝试海滩购物，可以前往格雷尔（Glenelg），那里有热闹非凡的杰蒂路（Jetty Road），夏日里的莫斯利广场市场（Moseley Square Markets）附近还有一家工厂直销店购物中心。

6. 购物在珀斯

选购欧洲时装：珀斯的国王大街有很多欧洲时装店。

奢华的设计师专卖店：在苏比亚克（Subiaco）的Colonnade购物中心可以找到。

采购新鲜土特产、鲜花、艺术品、时装和珠宝：珀斯文化中心（Perth Cultural Centre）的周末市场。

澳大利亚的黑宝石

商场最集中的地方：卡瑞普购物中心（Karrinyup）坐落着170多家商店，莫利（Morley）的多层购物中心拥有220家商店和一家电影院，购物娱乐极为方便。

周末市场：弗里曼特尔周末市场热闹非凡，还可以欣赏街头艺人的演出，购买当地工艺品，还可以试试塔罗牌算命。

7. 购物在达尔文

选购原住民艺术品：史密斯街购物中心。

规模最大的购物中心：乔木区（Casuarina）拥有最大的购物中心，从市中心向北仅15分钟车程就可以到这里。

选购来自世界各地、充满异国风情的手工艺品：5月—10月，在明迪尔海滩黄昏市场（Mindil Beach Sunset Markets）可选购来自世界各地、充满异国风情的手工艺品。

8. 购物在霍巴特

选购艺术品、家具：撒拉曼卡广场砂岩仓库是一个不错的选择。

星期六市场：在星期六市场，可以选购新鲜的有机食物，还可以购买玻璃吹制者、陶艺家和画家的作品。

精品店：市中心的利物浦街（Liverpool Street）是精品店集中的地方，在这里还可以看到霍巴特19世纪50年代建成的Bank Arcade商场。

家具用品、男士时装：墨累街（Murray Street）坐落着一个购物中心，从家具用品到男士时装应有尽有。

新南威尔士州

⧖ 最佳旅游时间

　　新南威尔士州是全年皆宜的旅游目的地。最佳旅游时间须与您计划的活动相符。高山地带冬季降雪很多，内陆和西部偏远地区冬季和夏季的气温会很极端。

　　温馨提示：学校放假期间，价格会上涨，预定的需求也会增加。

✺ 气候

　　新南威尔士州气候温和，通常不会太热或太冷。夏季（12月一次年2月），海边气候潮湿，最热的地方是该州的西北部，最冷的地区是大雪山。冬季霜雪持续时间很长。

新南威尔士州主要景点

- 威兰德拉湖区（世界遗产）
- 大蓝山地区（世界遗产）
- 豪勋爵岛（世界遗产）
- 中东部雨林保护区
- 布罗肯希尔

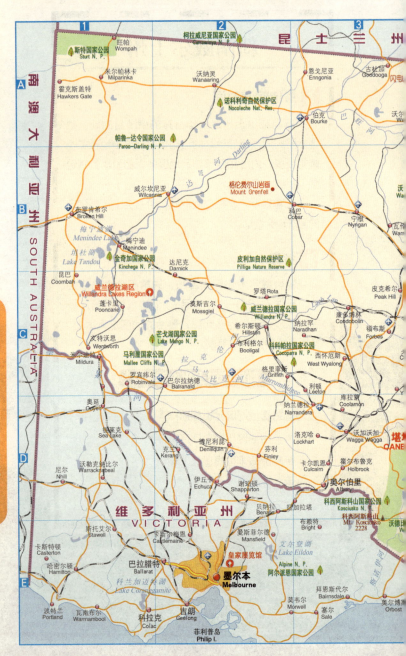

旺帕
Wompah

斯特国家公园
Sturt N. P.

柯拉威尼亚国家公园
Currawinya N. P.

昆士兰州

米尔帕林卡
Milparinka

沃纳灵
Wanaaring

恩戈尼亚
Enngonia

古杜加
Goodooga

霍克斯盖特
Hawkers Gate

诺科利奇自然保护区
Nocoleche Nat. Res.

伯克
Bourke

帕鲁—达令国家公园
Paroo-Darling N. P.

达令河
Darling

威尔坎尼亚
Wilcannia

格伦费尔山岩画
Mount Grenfell

布罗肯希尔
Broken Hill

科巴
Cobar

宁根
Nyngan

梅宁迪湖
Menindee Lake

梅宁迪
Menindee

金奇加国家公园
Kinchega N. P.

达尼克
Darnick

皮尔加自然保护区
Pilliga Nature Reserve

皮克希尔
Peak Hill

坦杜湖
Lake Tandou

昆巴
Coombah

威兰德拉湖区
Willandra Lakes Region

蓬卡里
Pooncarie

奥斯吉尔
Mossgiel

罗塔
Rota

威兰德拉国家公园
Willandra N. P.

康多布林
Condobolin

福布斯
Forbes

芒戈湖国家公园
Lake Mungo N. P.

希尔斯顿
Hillston

纳拉罕
Naradhan

文特沃思
Wentworth

马利崖国家公园
Mallee Cliffs N. P.

布利格尔
Booligal

科帕拉国家公园
Cocoparra N. P.

西怀厄朗
West Wyalong

米尔杜拉
Mildura

罗宾维尔
Robinvale

巴尔拉纳德
Balranald

格里菲斯
Griffith

利顿
Leeton

默伦比季河
Murrumbidgee

奥延
Ouyen

海湖
Sea Lake

德尼利昆
Deniliquin

芬利
Finley

纳兰德拉
Narrandera

库拉蒙
Coolamon

洛克哈
Lockhart

沃加沃加
Wagga Wagga

堪培拉
CANBERRA

克兰
Kerang

卡尔凯恩
Culcairn

霍尔布鲁克
Holbrook

尼尔
Nhill

沃勒克纳比尔
Warracknabeal

伊丘卡
Echuca

谢珀顿
Shapparton

贝纳拉
Benalla

旺加拉塔
Wangaratta

奥尔伯里
Albury

科西阿斯科山国家公园
Kosciusko N. P.

斯托艾尔
Stawell

卡斯特梅恩
Castlemaine

维多利亚州
VICTORIA

芒斯菲尔德
Mansfield

布莱特
Bright

科西阿斯科山
Mt. Kosciusko
2228

卡斯特顿
Casterton

哈密尔顿
Hamilton

巴拉腊特
Ballarat

皇家展览馆
Royal

阿尔派恩国家公园
Alpine N. P.

阿德派恩国家公园

拜恩斯代尔
Bairnsdale

墨尔本
Melbourne

科兰加迈特湖
Lake Corangamite

莫韦尔
Morwell

塞尔
Sale

奥尔博斯特
Orbost

波特兰
Portland

瓦南布尔
Warrnambool

科拉克
Colac

吉朗
Geelong

菲利普岛
Philip I.

南澳大利亚州
SOUTH AUSTRALIA

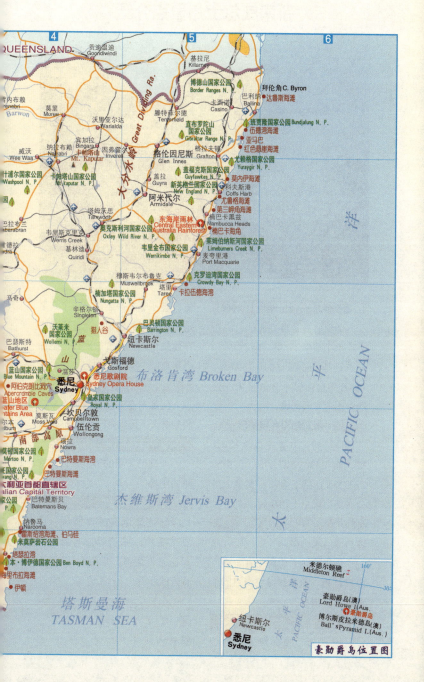

QUEENSLAND

贡海温迪
Goondiwindi

基拉尼
Killarney

博德山国家公园
Border Ranges N. P.

拜伦角C. Byron

内布赖
nebri

莫里
Moree

沃里亚尔达
Warialda

滕特菲尔德
Tenterfield

卡西诺
Casino

巴利纳·达鲁斯海滩
Ballina

威沃
Wee Waa

纳拉布里
Narrabri

宾加拉
Bingara

因弗雷尔
Inverell

直布罗陀山国家公园
Gibraltar Range N. P.

班贾隆国家公园 Bundjalung N. P.
伍德湾海滩

Barwon

卡帕塔山
Mt. Kaputar

格拉夫顿
Grafton

亚马巴
红色悬崖海滩

什浦尔国家公园
Washpool N. P.

卡帕塔山国家公园
Mt Kaputar N. P.

格伦因尼斯
Glen Innes

尤赖格尔国家公园
Yuraygir N. P.

拉布兰
barbran

盖拉
Guyra

盖福克斯国家公园
Guyfawkes N. P.

莫内伊海滩

拉里
dra

韦里斯克里克
Werris Creek

塔姆沃思
Tamworth

阿米代尔
Armidale

新英格兰国家公园
New England N. P.

科夫斯港
Coffs Harb

尤鲁格海滩

基林迪
Quirindi

奥克斯利野河国家公园
Oxley Wild River N. P.

东海岸雨林
Central Eastern
Australia Rainforest

第二海角海滩

楠巴卡黑兹
Nambucca Heads
楠巴卡海角

马奇

韦里金布河国家公园
Werrikimbe N. P.

莱姆伯纳斯河国家公园
Limeburners Creek N. P.

麦夸里港
Port Macquarie

穆斯韦尔布鲁克
Muswellbrook

克罗迪湾国家公园
Crowdy Bay N. P.

辛格尔顿
Singleton

楠加塔国家公园
Nungatta N. P.

塔里
Taree

卡拉伍德海湾

沃莱米
国家公园
Wollemi N. P.

猎人谷

巴灵顿国家公园
Barrington N. P.

巴瑟斯特
Bathurst

蓝
山

戈斯福德
Gosford

纽卡斯尔
Newcastle

蓝山国家公园
Blue Mountain N. P.

阿伯克朗比洞穴
Abercrombie Caves

蓝山地区
ater Blue
ntains Area

悉尼
Sydney

悉尼歌剧院
Sydney Opera House

布洛肯湾 Broken Bay

皇家国家公园
Royal N. P.

太

本
burn

莫斯韦
Moss Vale

坎贝尔敦
Campbelltown

坎贝尔贡

平

尔国
家公
wang N. P.

伍伦贡
Wollongong

诺拉
Nowra

洋

杰维斯湾 Jervis Bay

特曼斯海滩

利国家公园
rtoo N. P.

巴特曼斯海湾

特曼斯海滩

利亚首都直辖区
alian Capital Territory

巴特曼斯贝
Batemans Bay

家公
园
lor

纳鲁马
Narooma

PACIFIC OCEAN

霍斯绍湾海滩、伯马桂
米嘉萨岩石公园

塔斯拉冈
本·博伊德国家公园 Ben Boyd N. P.
里布拉海滩

伊顿

太

塔斯曼海
TASMAN SEA

米德尔顿礁
Middleton Reef

160°

纽卡斯尔
Newcastle

30°

豪勋爵岛(澳)
Lord Howe I.(Aus

太

悉尼
Sydney

洋

PACIFIC OCEAN

博尔斯皮拉米德岛(澳)
Ball's Pyramid I.(Aus.)

豪勋爵岛位置图

4
5
6

159

新南威尔士州景点介绍

豪勋爵岛

1. 豪勋爵岛——火山岩岛 (P159 E6)

豪勋爵岛是世界遗产，离新南威尔士州692公里，离悉尼780公里，是一处孤立的海洋群岛，7百万年前由海下2000多米深处的火山喷发而形成。

2. 中东部雨林保护区

该保护区在悉尼以北300公里，面积366 507公顷，其中59 223公顷在昆士兰州，其余大部分在新南威尔士州境内。

3. 闪电山脉 (P158 A3)

☎ (02) 68291670

闪电山脉矿资源丰富，盛产带有红色、蓝色和绿色斑点的稀有黑色猫眼石。

4. 伯克 (P158 A3)

伯克是一座缤纷多彩的小镇，盛产毛纺产品，保留了众多殖民地时期的建筑，通过这些遗存建筑可以把游客带回19世纪那个年代。

5. 伍德湾海滩 (P159 A5)

伍德湾海滩是喜欢乘拖车度假的游人、徒步旅行者首选海滩。

6. 亚马巴 (P159 A5)

亚马巴美丽的海滩，传统的垂钓小村。

7. 红色悬崖海滩 (P159 A5)

红色悬崖海滩可游泳、冲浪、垂钓、露营等。与公园毗邻，景色优美，周围有8块与之相连的沙滩。

8. 直布罗陀山国家公园 (P159 A5)

☎ (02) 6732 5133

🕐 每天

旅游资讯·地图导览

🏠 设有轮椅通道
🔊 收取门票

夏季是直布罗陀山国家公园一年当中最美的季节，盛开的鲜花醉人心扉，公园里铺有便利的步行道，配有相关露营设施，适合夏天旅游。

9. 腾特菲尔德（P159 A5）

📞（02）6736 1082。

著名的政治家亨利·伯克曾在镇上的艺校里做过题为《一个国家》的演讲，演讲得到了支持，最终于1901年1月1日成立了澳大利亚联邦，所以人们通常将小镇称为"国家的发源地"。

10. 因弗雷尔（P159 A5）

📞（02）6728 8161

因弗雷尔盛产蓝宝石，因而有蓝宝石城的美称。

11. 达鲁斯海滩（P159 A6）

达鲁斯海滩位于澳大利亚的最东端，以祥和、安宁而出名。

12. 布罗肯希尔（P158 B1）

📞（08）8088 9700

布罗肯希尔是新南威尔士州的重要城市。矿藏资源丰富，锌、铅和银的储藏量巨大。

13. 达博（P158 B3）

📞（02）6810 4450

达博位于新南威尔士州的中心，农业资源丰富。因其经历过一段殖民地时期的历史所以保留了很多精致美观的殖民地时期的建筑。这里有两个景点值得一看：一是老达博监狱；另一个是西部草原动物园。

14. 塔姆沃思（P159 B4）

📞（02）6755 4300

塔姆沃思是一个充满活力的小镇，这里是澳大利亚最早配有路灯的城镇，也是乡村音乐的中心。

15. 阿米代尔（P159 B5）

阿米代尔坐落在新南威尔士州的东北部，是一个历史悠久的大学城，小镇的教堂里珍藏着很多澳大利亚著名艺术家的艺术品。

16. 莫内伊海滩（P159 B5）

莫内伊海滩可游泳、冲浪、垂钓、露营等。环境安全。

17. 尤鲁格海滩（P159 B5）

尤鲁格海滩可游泳、冲浪、垂钓、露营等。风景如画，适合全家旅游。

18. 第三岬角海滩（P159 B5）

第三岬角海滩可游泳、垂钓、露营。海水波涛汹涌，一起一伏，是喜欢冒险冲浪的好去处。

19. 奈姆伯科海角（P159 B5）

奈姆伯科海角可游泳、冲浪、垂钓、露营等，设有轮椅专用通道。奈姆伯科海角拥有绵延数百里的沙滩和美丽小镇，前往悉尼和布里斯班游人都会在此停留观光。

20. 更新世的干河——威兰德拉湖区（P159 C1）

威兰德拉湖国家公园

威兰德拉湖区位于新南威尔士州西南部的墨累河盆地，在格里菲斯西北160公里处，中心区海拔70米，是个半干旱地区，占地37900公顷。

21. 大蓝山地区（P159 C4）

大蓝山地区是世界遗产，位于悉尼以西约100公里处，海拔1000多米，是著名的景区。

22. 蓝山国家公园（P159 C4）

蓝山国家公园地势险峻，有茂密的桉树。由于桉树油可以散发出蓝色薄雾，笼罩在蓝山之上，蓝山的名字由此而得来。除此之外，这里还有桉树和美丽的琴鸟。公园里有9个对外开放的溶洞，有神奇的三姐妹峰，还有飞流直下的瀑布。

23. 温莎（P159 C4）

☎ （02）4578 0233

温莎——古老的小镇，保留着殖民地时期的风貌。圣马太教堂、澳大利亚历史最悠久的迈克埃里阿米斯大酒店、哈克斯伯里博物馆坐落在此，值得一游。

24. 戈斯福德（P159 C4）

戈斯福德是当地人度假休闲的理想去处，这里海浪起伏、海水清澈、沙滩绵延，雨林小路、曲径通幽。

25. 猎人谷（P159 C4）

猎人谷风景宜人，盛产葡萄，有70多个葡萄酒酿酒厂，每年的10月在这里举办葡萄节，节日期间这里就是一片欢腾雀跃的海洋。这里是新南威尔士州游客首选的度假胜地。

26. 马奇（P159 C4）

☎ （02）6372 1020

马奇坐落在城郊，是一个美丽的传统花园式小镇，耸立着众多雄伟的建筑，此处盛产红酒。

27. 皇家国家公园（P159 C4）

☎ （02）9542 0648

特别提示：凭票入场

皇家国家公园是澳大利亚最古老的国家公园，园内景色迷人，有小溪、峭壁、瀑布、礁湖、海滩等，适宜丛林徒步旅行、游泳和观察野鸟活动。

皇家国家公园

28. 纽卡斯尔（P159 C5）

纽卡斯尔是一座滨海小城，

工业发达，历史悠久，古朴典雅，别具一格。

29. 卡拉伍德海湾（P159 C5）

卡拉伍德海湾可游泳、冲浪、垂钓。海湾淡水资源丰富，是垂钓淡水鱼的理想之处。

30. 库马（P158 D3）

库马是一个拥有约8000人口的小镇，之所以把它和雪山联系在一起，是因为它是通往雪山和南部滑雪场的大门，一年四季都有很多游客来到库马，享受小镇那份安详、宁静与神秘。

31. 巴特曼斯海滩（P159 D4）

巴特曼斯海滩天堂般寂静的海滩，和谐安详，是当地人的最爱。可以游泳、垂钓、冲浪、露营等。

32. 伍伦贡（P159 D4）

☎（02）4227 5545

伍伦贡人口是新南威尔士州的第三大城市，是一个工业城市，采煤和炼钢是它的支柱产业，此外伍伦贡还拥有澳大利亚最大地区性的艺术画廊。

33. 南部高原（P159 D4）

☎（02）4871 2888

南部高原是一个理想的避暑胜地。还有很多景点，如吉拉尔塔山、伽令顿瀑布、菲特罗伊瀑布、袋鼠谷等等。

34. 古尔本（P159 D4）

☎（02）4823 4492

古尔本人是一个有着丰富自然和人文遗产的小镇，有一座大美利奴羊雕像，因为古尔本所产的羊毛是世界上最好的羊毛之一。

35. 莫顿国家公园（P159 D4）

☎（02）4422 2346

在莫顿国家公园可以观看菲特罗伊瀑布，站在公园的山顶上可以把沿海一带的景观和丰富的野生动物一览无余。

36. 霍斯绍湾海滩，伯马硅（P159 E4）

伯马硅是霍斯绍湾海滩上很小的小镇，著名作家曾依该小镇写了"捕枪鱼"的故事，因此而出名，在这里可以游泳、垂钓。

37. 梅里布拉海滩（P159 E4）

梅里布拉海滩白色的沙滩深受游人们的喜爱。可以游泳、垂钓。

38. 伊顿（P159 E4）

伊顿曾是捕鲸重地，现在成了观赏鲸鱼活动的中心。

39. 米莫萨岩石公园（P159 E4）

米莫萨岩石公园有让人陶醉的林荫小道和田园般的海滩，露营区还配有简单的设备，受到旅游者们的欢迎，在这里可以垂钓、露营。

40. 塔瑟拉湾（P159 E4）

塔瑟拉湾是一个很小的渔村，港口上有一座海事博物馆，馆内有150多年前码头的建筑。海湾内可以游泳、垂钓、冲浪、露营等。

悉尼 SYDNEY

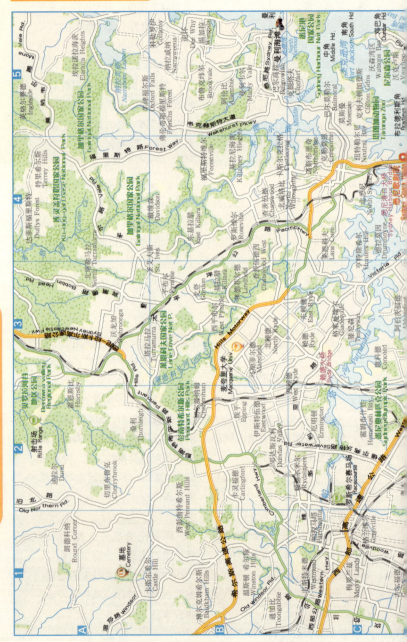

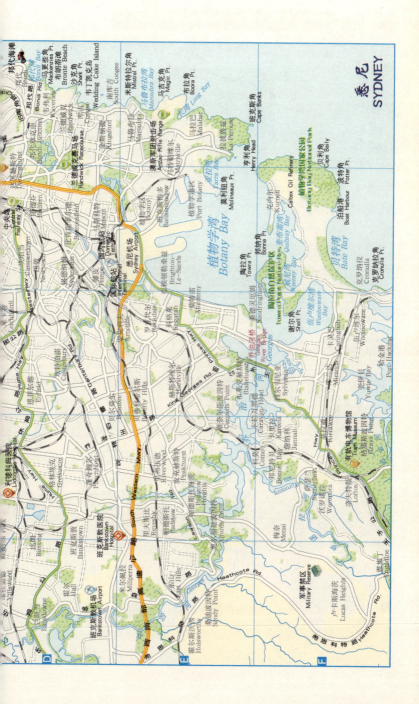

悉尼
SYDNEY

邦代海滩
Bondi Beach
邦代角
Bondi Bay
邦代路
Bondi Rd
布朗特海滩
Bronte Beach
麦肯齐角
Mackenzies Pt.
鲨鱼角
Shark Pt.
沃夫利
Waverley
卡弗利区
Cuverley
兰德威克
Randwick
库吉
Coogee
南库吉
South Coogee
婚糕岛
Wedding Cake Island

米斯特拉尔角
Mistral Pt.
马鲁布拉湾
Maroubra Bay
马吉克角
Magic Pt.
布拉角
Boora Pt.

金斯福德
Kingsford
马鲁布拉
Maroubra
长湾
Long Bay

阿扎军团射击场
Arzao Rifle Range
马特威尔
Matraville

米拉玛
Miranma
博塔尼港
Port Botany
班克斯角
Cape Banks
拉佩卢兹
La Perouse

马拉巴
Malabar

亨利角
Henry Head

植物学保护区

植物学湾
Botany Bay

莫利纽克斯角
Molineaux Pt.

卡特克斯炼油厂
Caltex Oil Refinery

植物学国家公园
Botany Bay National Park

卡内尔角
Kurnell Pt.

波拉角
Boora Pt.

贝利角
Cape Baily

波特角
Potter Pt.

油船角
Boat Harbour Pt.

贝特湾
Bate Bay

克罗纳拉
Cronulla

克罗纳拉角
Cronulla Pt.

中央区
Central
帕丁顿
Paddington

铁路站
Railway Sta.

国际机场
International
Terminal

悉尼机场
Sydney Airport

国内机场
Domestic
Terminal

陶拉角
Towra Pt.

韦纳角
Bonna Pt.

陶纳自然保护区
Tower of Plant Nature Res.

阿鲁拉多角
Kurnell

谢尔角
Shell Pt.

伍罗韦湾
Woolooware Bay

梅兰
Mentai

乔治河
River George

天俗特桥
River Bridge

韦泽尔角
Sylvania

武灵加
Yowie Bay

有轨电车博物馆
Tram Museum

格罗斯河流村
Grays Point

卢卡斯海茨
Lucas Heights

军事禁区
Military Reserve

洛夫特斯
Loftus

沃罗诺拉
Woronora

D   E   F

165

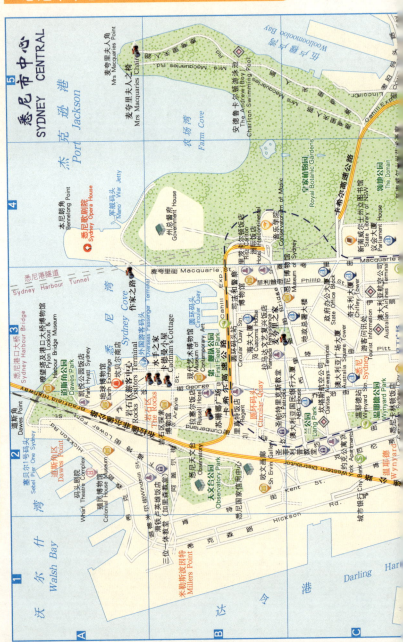

悉尼市中心
SYDNEY CENTRAL

杰克逊港
Port Jackson

麦夸里夫人角
Mrs Macquaries Point

麦夸里夫人之椅
Mrs Macquaries Chair

Woolloomooloo Bay

Mrs Macquaries Rd

安德鲁尔斯游泳池
The Andrew (Boy)
Charlton Swimming Pool

农场湾
Farm Cove

本尼朗角
Bennelong Point

悉尼歌剧院
Sydney Opera House

军舰码头
(Mans' War Jetty)

州总督府
Government House

皇家植物园
Royal Botanic Gardens

千希尔斯高速公路
Cahill Expy

领地公园
The Domain

音乐学院
Conservatorium of Music

新南威尔士州立图书馆
State Library of NSW

议会大楼
Parliament House

Macquarie St.

悉尼港隧道
Sydney Harbour Tunnel

悉尼湾
Sydney Cove

作家之路
Macquarie St.

里宾博物馆
Museum of Sydney

悉尼港口大桥
Sydney Harbour Bridge

道斯角
Dawes Point

喷泉塔及港口大桥博物馆
Pylon Lookout &
Harbour Bridge Museum

道斯角公园
Dawes Park

凯悦公园
Park Hyatt Sydney

地球博物馆
Earth Exchange

坎贝尔货仓
Cadman's Cottage

现代艺术博物馆
Museum of
Contemporary Art

外国旅客码头
Overseas Passenger Terminal

圆环码头
Circular Quay

岩石区游客中心
Rocks Visitors
Centre

水手之家

圆环码头站
Circular Quay Stn

司法利警室
博物馆

圣马利亚饭店
Ramada Renaissance

麦夸里之家

Phillip St.

悉尼博物馆

政府办公大楼
State Office Block

Chifley Sq.

奇彻利大厦
Chifley Tower

澳大利亚航空公司
Qantas Airways Terminal

塞尔弗1号码头
Seal Pier One Sydney

道斯角区
Dawes Point

码头剧院
Wharf Theatre
Complex

殖民地博物馆
Colonial House Museum

悉尼天文台
Observatory

天文台公园
Observatory Park

三位一体教堂

悉尼国家教育用中心

阿
盖
尔
街
Argyle St.

岩石区
The Rocks

拉塞尔饭店
Russell Hotel

苏珊娜广场
Suez Canal

George St.

First Fleet Park

里场码头

第一舰队公园
First Fleet Park

士兵特里斯教堂
Garrison Church

千希尔斯高速公路
Cahill Expy

圆环码头
Circular Quay

圣帕特里克教堂
St Patrick's

澳大利亚国民银行六大厦
NAB House

里场公园
Lang Park

圣母大教堂

地政总署大楼
Land Office Block

悉尼游客咨询处
Sydney
Tourist Information

Pitt St.

悉尼
Sydney

希尔顿公园
Wynyard Park

韦园
Wynyard Park

悉尼市林登公园
Wynyard Park

欧文画廊
Sh Ervin Gallery

Kent St.

Western Distributor

温耶德公寓
Wynyard
Park Apartments

温耶德站
Wynyard Stn

温耶德
Wynyard

温耶德公园
Wynyard Park

城市镇公园
City Park

米勒斯波因特
Millers Point

Hickson

沃尔什湾
Walsh Bay

达令港
Darling Harbour

旅游资讯 地图导览

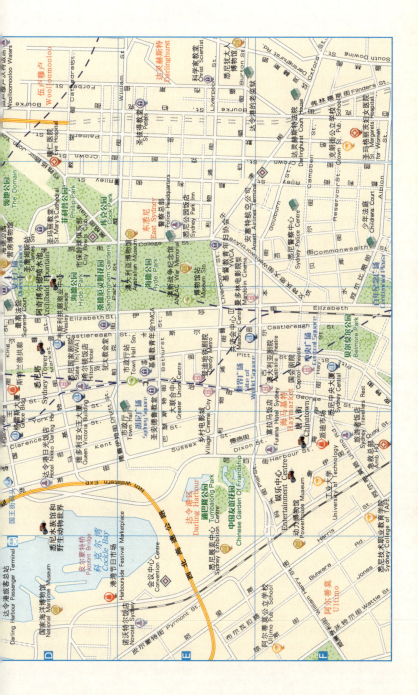

伍庐慕卢 Woolloomooloo Waters
伍庐慕卢 Woolloomooloo
达灵赫斯特 Darlinghurst
科学家教堂 Christ Scientist
悉尼犹太人 South Dowling St.

邻地公园 The Domain
圣玛丽教堂 St. Mary's Cathedral
菲利普公园 Phillip Park
圣詹姆斯站 St. James Stn.
市保龄球俱乐部 City Bowls Club
东悉尼 East Sydney
悉尼公园饭店 Sydney Park Inn
达令赫斯特法院 Darlinghurst Court House
克朗斯顿天主医院 for Women圣玛格丽特女医院 St. Margarets Hospital for Women
少年法庭 Children's Court

阿奇博馆商业中心 圣彼得教堂 St. Peters
最高法院 Supreme Court
斯特兰德拱廊商场
海德公园 Hyde Park
库克公园 Cook Park
警察总部 Police Headquarters
安舍特航空公司 Ansett Airlines Terminal
悉尼警察中心 Sydney Police Centre
悉尼百老汇 Centerpoint Plaza
百年纪念公园 Centennial Park

悉尼塔 Sydney Tower
格雷斯大厦 Grace Bldg
悉尼希尔顿饭店 Hilton Hotel
州立剧院(WA) State Th (WA)
海德公园 Hyde Park
桑德灵汉花园 Sandringham Gardens Park
澳大利亚博物馆 Australian Museum
澳大利亚战争纪念馆 ANZAC War Memorial
博物馆站 Museum Stn.
嘉多比电影院 Madin Cinema
伊莉莎白 Elizabeth
贝尔莫尔公园 Belmore Park

威斯利教堂 Wesley Church
卫斯教堂
基督教青年会YMCA
市政厅站 Town Hall Stn.
基督教青年会 Greater Union Centre
世界广场 Site of World Square
共会中心 MCA
澳大利亚剧院 Australia Theatre
国会剧院 Capitol Theatre
海马市集 Haymarket

市政厅 Town Hall
圣安德鲁教堂 St. Andrews Cathedral
富拉马饭店 Furama Hotel Sydney
中央大厦 悉尼中央站 Sydney Central
悉尼旅馆 Sydney Travellers Rest
旅游总部 Amb Tour
派迪市场

维多利亚女王大厦 Queen Victoria Building
乡村电影城 Village Cinema City
唐人街 Chinatown
悉尼中央大厦 Sydney Central
唐人街

达令港客运站 Darling Harbour Passenger Terminal
娱乐中心 Entertainment Centre
科技大学 University of Technology
悉尼技术职业教育学院 Sydney College of TAFE

皮尔蒙特桥 Pyrmont Bridge
科克尔湾 Cockle Bay
港湾节日市场

达令港区 Darling Harbour
通巴隆公园 Tumbalong Park
中国友谊花园 Chinese Garden Of Friendship
镇央中心 Entertainment Centre
动力博物馆 Powerhouse Museum

国王街码头 Legacy Pier

达令港区海洋博物馆
国家海洋博物馆 National Maritime Museum
诺沃特尔饭店 Novotel Sydney
悉尼展览中心 Sydney Exhibition Centre
会议中心 Convention Centre
哈里斯 Harris
阿尔蒂莫 Ultimo
阿尔蒂莫公立学校 Ultimo Pub. School

167

悉尼景点介绍

悉尼主要景点： 悉尼奥林匹克公园（C2）

1. 库灵盖狩猎国家公园（P164 A4）

◎（02）9472 9300

○ 周一——周五10：00—16：00，周六、周日10：00—17：00

● 12月25日

库灵盖狩猎国家公园森林茂密，公园内有上个冰河时期形成的侵蚀谷，还有土著居民的石刻画、土著艺术的遗址等，适合丛林徒步旅行、冲浪、划船、帆板等运动。

2. 加里格尔国家公园（P164 A5）

由热带雨林植物和湿地构成。

3. 莱恩科夫国家公园（P164 B3）

东方玫瑰鹦鹉随处可见，园内桉树成群。

4. 曼利（P164 B5）

◎（02）8251 7877

○ 每天10：00—17：30

● 12月25日

🏠 提供导游服务

🔊 门票收费

曼利虽离悉尼不远，却弥漫着一股幽静的气息，离码头不远就是面向海洋的澳洲最有名的海滩——曼利海滩。这里美丽、安静，在海底隧道可以观赏到鲨鱼、巨大的黄貂鱼和各种各样的海底生物。

5. 帕拉马塔（P164 C1）

◎（02）8839 3311

帕拉马塔是澳大利亚第一批从事农业生产的人们定居和生活的地方，建于1793年的伊丽莎白农场就坐落在此，它是澳大利亚现存最古老的农庄，很有历史意义，在这里可以了解早期欧洲移民的历史。

6. 悉尼奥林匹克公园（P164 C2）

◎（02）9714 7888

○ 每天9：00—17：00

● 耶稣受难日、12月25—26、元旦

🏠 设有轮椅通道、咖啡馆、游泳池，提供导游服务

2000年，第27届奥运会在悉尼举行。为此，澳大利亚政府斥巨资在悉尼西郊霍姆布什湾建起了一个奥林匹克公园，占地面积760公顷。，现在用作举办各项体育与文化活动的场所，已成为当地人的乐园。

7. 尼尔森公园（P164 C5）

笑翠鸟栖息的家园。

8. 南角（P164 C5）

此处拥有独一无二的植物物种，如：毛毯苔。

9. 邦代海滩（P165 D5）

邦代海滩有着月牙形金黄色的沙滩，是观赏日出日落和冲浪的好地方。

悉尼市中心景点介绍

悉尼市中心主要景点： 悉尼港口大桥（A3）、悉尼歌剧院（世界遗产A4）、悉尼塔（D3）、唐人街（F2）、谊园（E2）

1. 坎贝尔商店（P166 A3）

🏠 设有轮椅通道

坎贝尔是一个苏格兰商人，以他的名字而命名的这个商店并不大，但在澳洲的经济发展史上却值得纪念，由于他所建立的第一家商店慢慢带动了周边经济的发展，致使现在这个地方出现了种类繁多的商店。

2. 悉尼港口大桥（P166 A3）

攀爬大桥电话：（02）8274 7777
登桥塔瞭望台电话：（02）9240 1100

⭕ 每天10:00—17:00
⚫ 12月25、30、31日
🏠 设有商店
🔊 凭票入场

悉尼海港大桥的首席工程师是约翰·拉德菲尔博士，大桥于1932年建成并正式对外开放。是悉尼标志性建筑物之一，也是可以攀爬的大桥。

3. 作家之路（P166 A3）

所谓作家之路就是把澳大利亚很多知名作家的照片和简介做成一个个牌子，整齐地排列在圆形码头东西两侧的人行道上，让游人领略这些名作家的魅力，让酷爱文学的人们去思索，去追寻他们的作家之梦。

4. 悉尼歌剧院（世界遗产）（P166 A4）

📞（02）9250 7111
🏠 设有餐厅、咖啡厅、商店，提供导游服务
🔊 禁止轮椅通行，提供导游服务可拨打电话（02）9250 7209，听力障碍者可拨打（02）9250 7777

悉尼歌剧院，既是澳洲建筑奇葩，又是艺术杰作，说它是悉尼的艺术中心、悉尼的灵魂、悉尼的象征一点也不夸张。这也是20世纪世界上最伟大的建筑之一，有人甚至称其为"世界第八大奇迹"。

5. 麦夸里夫人之椅（P166 A5）

🏠 设有轮椅通道、提供导游服务

麦夸里夫人是当时总督的夫人，在她的建议下修建了从农场湾到伍卢穆卢湾再蜿蜒返回农场湾的小路，夫人到小路散步常常坐在一张椅子上休息并观赏景色，为了纪念她，把这条路、这把椅子分别以她的名字命名。

6. 滑铁卢英雄饭店（P166 B2）

📞（02）9252 4553

○ 周一——周三10:00—23:0

　周四——周六10:00—23:30

　周日10:00—22:00

● 12月25日、耶稣受难日

🔊 限制轮椅进入

　　饭店很古老，建于1844年。饭店很独特，冬天的时候饭店以燃烧原木来取暖，从而更受到了人们的青睐。

7. 三位一体教堂（P166 B2）

☎（02）9247 1268

○ 每天9:00—18:00

♿ 设有轮椅通道

　　三位一体教堂也被称为加里森教堂。这是移民地内第一个军方教堂，可容纳600人，特点是教堂的墙壁上挂着军团的团章，以此来告诉人们教堂与军队的关系，教堂的窗子上有五颜六色的装饰品和红松木雕的讲道台。

8. 悉尼天文台（P166 B2）

☎（02）9921 3845

○ 每天10:00—17:00（晚上参观需提前预约）

● 12月25日

♿ 设有轮椅通道，提供导游服务

🔊 凭票入场

　　悉尼天文台集观赏与娱乐于一身，晚间观赏夜空需提前预定。从19世纪50年代开始至今每天下午1点钟，塔上的计时球都会报时。

9. 悉尼国家信用中心（P166 B2）

☎（02）9258 0123

○ 周二——周五9:00—17:00

● 公共假日

♿ 设有轮椅通道、商店、咖啡店

　　今天的国家信用中心已经是商店、画廊、咖啡馆林立，画廊里所展示的艺术品基本上是19世纪和20世纪澳大利亚名画家的名画，值得一看。

10. 岩石区探索博物馆（P166 B2）

☎ 1800 067 076；

○ 每天10:00—17:00

● 12月25日、耶稣受难日

　　服务设施：设有轮椅通道

　　岩石区探索博物馆是19世纪50年代的复古式建筑，馆内收藏了大量的从前欧洲时期开始到现在的手工艺品。展品与现代技术的结合可以把您带到历史的画卷中。

11. 现代艺术博物馆（P166 B3）

☎（02）9245 2400

○ 每天10:00—17:00

● 12月25日

♿ 设有轮椅通道，提供导游服务

　　现代艺术博物馆收藏了悉尼著名艺术品收藏家约翰·鲍尔所收藏的作品，该博物馆还出售澳大利亚特色商品。

12. 卡德曼小屋（P166 B3）

☎（02）9247 5033

○ 周四、周五9:30—16:30，周六、周日10:00—16:00

● 12月25日、耶稣受难日

　　卡德曼小屋建于1816年，原来是船员们的驻地，现在已成为悉尼港湾国家公园的信息中心。

13. 水手之家（P166 B3）

水手之家建于1864年，可以给来访的水手提供住宿和歇脚之地。

14. 海关大厦（P166 B3）

☎（02）9242 8595

开放时间：周一——周五8:00—19:00、周六10:00—16:00

🏛 提供导游服务

🔊 禁止轮椅通行，允许拍照、凭票入场

海关大厦是一座文艺复兴式的建筑，建筑精美，内设图书馆、展览区、小酒吧、咖啡屋。

15. 司法和警察博物馆（P166 B3）

☎（02）9252 1144

🕙 周六—周日10:00—17:00

⚫ 12月25日

🏛 提供导游服务

🔊 禁止轮椅通行，允许拍照、凭票入场

这里展出了很多犯罪的事实和犯罪时使用的工具，意在唤醒人们对于澳大利亚警务和正义的理解，远离犯罪。

16. 麦夸里之家（P166 B3）

总督麦夸里建造了这个公园，所以以他的名字来命名。街道两旁的燃气灯暗示着这里曾是殖民地第一条有路灯的街道。此地至今仍保留着第一批移民者登陆的舰船——快速帆船旗舰号。

17. 音乐学院（P166 B4）

☎（02）9351 1222

🕙 周一——周五9:00—17:00、周六9:00—16:00（只开放公共区域）

⚫ 公共假日、复活节期间、周六、12月24日—次车1月2日

🏛 设有轮椅通道。

音乐学院为哥特式城堡建筑，学院的每一个角落都充满着伟大音乐、钻研和创新精神，是澳大利亚历史最悠久并享有最高声誉的音乐学府之一，值得一游。

18. 圣菲利普教堂（P166 C2）

☎（02）9247 1071

🕙 周二—周五9:00—17:00

⚫ 1月26日

🏛 提供导游服务（需电话预约）

圣菲利普教堂是哥特式建筑，1848开始建设，1856年完工，直到现在教堂的大钟每周日都会按时敲响。

19. 马丁广场（P166 C3）

中午是马丁广场最繁忙的时间，人们一般会聚集到这里吃着三明治，观看卡索利街附近的圆形剧场的免费娱乐节目。

20. 地政总署大楼（P166 C3）

开放时间：每年仅开放两周，具体时间不详

🏛 设有轮椅专用通道

地政总署大楼分三层，全砂岩建造，典型的文艺复兴时期的建筑风格。

21. 悉尼博物馆（P166 C3）

☎（02）9251 5988

🕐 每天9:30—17:00

⬤ 耶稣受难日、12月25日

🏠 设有轮椅专用通道、餐馆、咖啡馆、商店，提供导游服务

🔊 不许拍照、凭票参观

　　悉尼博物馆展出了从1788年到现在悉尼的历史，可以看到悉尼200多年发展的历史。

22. 皇家植物园（P166 C4）

☎（02）9231 8111

🕐 11月—次年2月7:00—20:00，3月、10月7:00—18:30，4月、9月7:00—18:00，5月、6月、7月7:00—17:00，8月7:00—17:30

🏠 设有轮椅通道，提供导游服务

🔊 允许照相

　　植物园内的植物品种繁多，有仙人掌园、雨林带、世界上首屈一指的棕榈园、芳草园，以及濒临灭绝珍稀植物保护园。

23. 议会大厦（P166 C4）

☎（02）9230 2111

🕐 周一—周五9:30—16:30

⬤ 公共假日

🏠 设有轮椅通道、提供导游服务

　　议会大厦的纪念馆里陈列了展示澳大利亚议会的发展和这个国家的立法史的展品。

24. 领地公园（P166 C4）

　　领地公园占地面积大，是一个公共聚会的地方。每当遇有重大事件，当地居民都会到此聚会讨论；每年1月这里都会举办音乐会，也是音乐爱好者聆听音乐的好地方。

25. 新南威尔士州立图书馆（P166 C4）

☎（02）9273 1414

🕐 周一—周五9:00—21:00，周六、周日11:00—17:00。

⬤ 大部分公共假期

🏠 设有轮椅通道、咖啡馆、商店，提供导游服务

　　该图书馆庄严雄伟，是澳大利亚历史最悠久，藏书、藏画最多的图书馆之一。

26. 新南威尔士州艺术画廊（P166 C5）

☎（02）9225 1744

🕐 每日10:00—17:00

⬤ 12月25日、耶稣受难日

🏠 设有轮椅通道、餐馆、咖啡馆、商店，提供导游服务

　　画廊里保存了澳大利亚最优秀的艺术作品，以及亚洲和欧洲最优秀的摄影作品，同时还设有专门展示土著文化和托勒斯海峡岛民文化艺术的画廊。

27. 国家海洋博物馆（P167 D1）

☎（02）9298 3777

🕐 每天9:30—17:00

⬤ 12月25日

🏠 设有轮椅专用通道、咖啡馆，提供导游服务

🔊 允许拍照

　　该博物馆设有乘客展区、航海家展区、贸易展区、水印展区。

28. 悉尼水族馆和野生动物世界（P167 D2）

水族馆电话：（02）8251 7800

野生动物世界电话：（02）9333 9288

🕘 每天9:00—22:00

♿ 设有轮椅专用通道、咖啡馆，提供导游服务

🔊 凭票参观

　　水族馆以长达146米的水底通道、全部圆弧形的玻璃观景窗，以及可亲手触摸的触摸池，让游客尽情欣赏海底生态环境的媚姿。

　　野生动物园内生活着9种不同自然环境下的100多种野生动物。

29. 国王街码头（P167 D2）

♿ 设有轮椅专用通道、咖啡馆、餐馆、商店、野餐区，提供导游服务

　　国王街码头现已成为悉尼最大、最繁华的集餐饮、购物、娱乐等功能于一身的旅游休闲胜地。

30. 维多利亚女王大厦（P167 D3）

📞（02）9264 9209

🕘 周一—周三9:00—18:00、周四9：00—21:00、周五—周六9:00—18:00、周日11:00—17:00、公共假日11:00--17:00

♿ 设有轮椅专用通道，提供导游服务

　　维多利亚女王大厦是世界上最漂亮的购物中心和购物的天堂。在这里购物是一种莫大的精神上的享受，不但可以买到众多的当地品牌，从服装到珠宝、杂货到药品、艺术品到食品，应有尽有，更重要的是，在这里你可亲身体会到澳大利亚历史和文化。

31. 悉尼国家剧院（P167 D3）

📞（02）9373 6852

🕘 周一—周五9:00—17:30

⚫ 耶稣受难日、12月25日

♿ 设有轮椅专用通道，提供导游服务（需提前预约）

　　悉尼国家剧院是澳大利亚最繁华的剧院之一，是世界著名的表演艺术中心，是悉尼市的标志性建筑。

32. 斯特兰德拱廊（P167 D3）

📞（02）9232 4199

🕘 周一—周三、周五9:00—17:30，周四9:00—21：00，周六9:00—16:00，周日11:00—16:00

⚫ 12月25、26日和公共假日

♿ 设有轮椅专用通道。

　　悉尼拥有很多华丽的商业拱廊，斯特兰德拱廊是所有拱廊中设计最好的。

33. 悉尼塔（P167 D3）

📞（02）9333 9222

🕘 周一—周五、周日9：00—22:30，周六9:30—23:30

禁止入塔时间：关闭前45分钟

⚫ 12月25日

♿ 设有轮椅专用通道、餐馆、咖啡馆、商店，提供导游服务

　　悉尼塔立于悉尼市中心热闹

的商业区。这座凌空而起的金色高塔建于1981年，高293米，是悉尼也是南半球最高的建筑物。从远处看去，像一支巨型的注射器直插蓝天。如你想观赏悉尼全貌，建议你去登悉尼塔，这是悉尼最著名的景点点之一。

34. 圣·詹姆士教堂（P167 D3）

📞（02）8227 1300

🕐 周一——周五8:00—17:00、周六8:00—16:00、周日7:30—16:00、周三13:15音乐会（免费）

🏠 设有轮椅通道

圣·詹姆士教堂是一座乔治王朝风格的建筑，该教堂自1824年启用至今，目前是悉尼最古老的教堂。

35. 海德公园（P167 D3-4）

海德公园的主要景点有：①安扎克纪念馆，是为纪念澳大利亚牺牲的勇士而建造的；②桑德灵厄姆纪念花园，花园内到处盛开着淡紫色紫藤，给人一种朦胧而神秘的感觉；③阿彻博尔德喷泉，这座以雕塑艺术为主要特色的喷泉被认为是澳大利亚最漂亮的公共喷泉。

36. 圣玛丽大教堂（P167 D4）

📞（02）92200400

开放时间：周一——周五6:30—18:00，周六、周日6:30—19:00

🏠 设有轮椅专用通道，提供导游服务

圣玛丽大教堂是一座哥特复兴式建筑风格的大教堂。

37. 造币博物馆（P167 D4）

🕐 周一——周五9:00—17:00

⬤ 12月25日、耶稣受难日

🏠 设有咖啡厅、轮椅通道（限一楼）

🔊 允许拍照

造币厂原是国家造币厂，其建筑为英国乔治王朝时代的风格，现为政府办公大楼。

38. 海德公园营房博物馆（P167 D4）

📞（02）8239 2311

开放时间：每天9:30—17:00

⬤ 耶稣受难日、12月25日

🏠 设有轮椅专用通道（仅限一楼）、咖啡厅、提供导游服务（需提前预约）

🔊 凭票参观

营房博物馆原是关押囚犯们的营房，不过设计的却非常合理，通风极好，现改为博物馆，专门介绍营房的历史，以及曾在此居住过的人们。

39. 中国友谊花园——谊园（P167 E2）

📞（02）9240 8888

🕐 每天9:30—17:00

⬤ 12月25日、耶稣受难日

🏠 设有轮椅专用通道

🔊 购票入园

谊园，全称为中国友谊花园，位于悉尼情人港畔。这是1988年澳大利亚建国200周年之际悉尼的友好城市——广州赠送的礼品，由广州市园林局设计、建造，占地1万平方米。

40. 澳大利亚博物馆（P167 E4）

☎ （02）9320 6000

🕐 每天9:30—17:00

⚫ 12月25日

🏠 设有轮椅专用通道、餐馆、咖啡馆、商店，提供导游服务

🔊 允许拍照、凭票参观

　　澳大利亚博物馆是澳大利亚最权威的自然博物馆，博物馆内有原始澳大利亚人展厅、澳大利亚生物多样性展厅等。在博物馆还可以看到史前时代史，以及植物、环境、文化、历史等。

41. 悉尼犹太人博物馆（P167 E5）

☎ （02）9360 7999

🕐 周日—周四10:00—16:00，周五10:00—1400

⚫ 周六、犹太人假日

🏠 设有轮椅通道，提供导游服务

🔊 凭票参观

　　该博物馆展示了澳大利亚犹太族生活的习惯和文化传统，记录了希特勒时代对犹太人大屠杀的历史。

42. 达令港的老监狱（P167 E5）

☎ （02）9339 8744

🕐 周一—周五9:00—17:00

⚫ 公共假日

🏠 设有轮椅通道

　　这座监狱历经百余年沧桑，现已改为艺术学校。

43. 动力博物馆（P167 F1）

☎ 9217 0111

🕐 每天10:00—17:00

⚫ 12月25日

🏠 设有轮椅专用通道、咖啡馆、商店，提供导游服务

🔊 购票参观

　　动力博物馆是澳洲最大的多功能博物馆，其前身是动力车站，博物馆涵盖了日常生活的各个领域，包括科学、技术、手工艺品等。游客可以在这里欣赏有声或无声电影，可以自己探寻科学的奥秘。博物馆内常年展出全世界最古老的蒸汽火车、航天卫星及太空服等展品。

44. 派迪市场（P167 F2）

🕐 周四—周日9:00—17:00，公众假日

⚫ 4月25日、12月25日

🏠 设有轮椅专用通道

　　派迪市场为传统的零售市场，从新鲜的农产品到各种电器应有尽有，是了解悉尼市民日常生活的好场所。

45. 唐人街（P167 F2）

　　悉尼的唐人街也叫中国城，既是悉尼华人华侨聚居、营生和活动的地方，也是悉尼游客的必到之地。唐人街上有中文电影院，中医门诊店，出售亚洲和中国商品的商店遍布唐人街。

澳大利亚首都直辖区

⏳ 最佳旅游时间

春季（9月—11月）或秋季（3月—5月）气温较为温和。

☀ 气候

堪培拉具有相对干燥的大陆性气候，夏季从温暖到炎热，冬季从凉爽到寒冷。

堪培拉主要景点

- 澳大利亚战争纪念馆
- 纳玛吉国家公园
- 堪培拉太空中心
- 伯利·格里芬湖
- 澳大利亚国立美术馆
- 建筑艺术博览会的使馆区
- 议会大厦

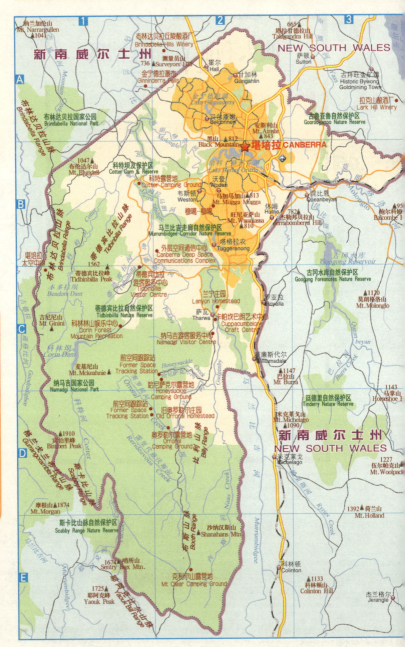

纳兰加伦山
Mt. Narrargullen
1041

布林达贝拉丘陵酿酒厂
Brindabella Hills Winery

塔拉山德拉山 665
Talagandra Hill

新南威尔士州

NEW SOUTH WALES

萨顿
Sutton

736 测量员山
Surveyors' Hill

霍尔
Hall

金丁德拉瀑布
Gininderra Falls

甘加林
Gungahlin

古拜旺金矿镇
Historic Bywong
Goldmining Town

拉克山酿酒厂
Lark Hill Winery

A

布林达贝拉国家公园
Brindabella National Park

金宁德拉湖
Lake Ginninderra

贝尔康嫩
Belconnen

安斯利山 843
Mt. Ainslie

古鲁亚鲁自然保护区
Goorooyarroo Nature Reserve

黑山 812
Black Mountain

堪培拉 ★ CANBERRA

伯利格里芬湖
Lake Burley Griffin

1047 布伦达尔山
Mt. Bhundil

科特坝及保护区
Cotter Dam & Reserve

科特露营地
Cotter Camping Ground

沃登
Woden

昆比恩
Queanbeyan

巴尔康比山
Balcombe

韦斯顿
Weston

马加马加山 813
Mt. Mugga Mugga

休姆
Hume

782
杰勒邦贝拉山
Jerrabomberra Hill

B

穆龙咯咯
Molonglo

旺尼亚西山
Mt. Wanniassa
810

马兰比吉走廊自然保护区
Murrumbidgee Corridor Nature Reserve

塔格拉农
Tuggeranong

奥罗拉尔山脉
Brindabella Range

1562

外层空间通信中心
Canberra Deep Space
Communications Complex

古冈水库
Googong Reservoir

古冈水库自然保护区
Googong Foreshores Nature Reserve

蒂宾宾拉拉峰
Tidbinbilla Peak

奔多拉坝
Bendora Dam

蒂德宾拉
嘉客服务中心
Tidbinbilla
Visitor Centre

兰宁庄园
Lanyon Homestead

麦亚拉
Royalla

1120
莫朗格洛山
Mt. Molonglo

C

吉尼尼山 Mt Ginini

蒂德宾拉自然保护区
Tidbinbilla Nature Reserve

萨瓦
Tharwa

卡帕坎巴朗艺术中心
Cuppacumbalong
Craft Centre

科林坝
Corin Dam

科林森林娱乐中心
Corin Forest
Mountain Recreation

纳马吉游客服务中心
Namadgi Visitor Centre

威廉斯代尔
Williamsdale

1147
巴特山
Mt Butra

麦基尼山
Mt. Mckeahnie

前空间跟踪站
Former Space
Tracking Station

蜜桑克山
Honeysuckle Creek

哈尼萨克尔露营营地
Honeysuckle
Camping Ground

1143
马蹄山
Horseshoe
Peak

纳马吉国家公园
Namadgi National Park

前空间跟踪站
Former Space
Tracking Station

旧奥罗勒尔庄园
Old Orroral Homestead

廷德里自然保护区
Tinderry Nature Reserve

D

1910
宾伯里里峰
Bimberi Peak

古兰加曼巴山脉
Gloranganbah Range

斯卡比山脉
Scabby Range

奥罗勒尔露营地
Orroral
Camping Ground

比利山脉
Billy Range

新南威尔士州

NEW SOUTH WALES

米克莱戈山 1090
Mt. Michelago

1227
伍尔帕克山
Mt. Woolpack

米克莱戈
Michelago

摩根山 1874
Mt.Morgan

斯卡比山脉自然保护区
Scabby Range Nature Reserve

1392 荷兰山
Mt.Holland

E

1674 哨所山
Sentry Box Mtn.

布斯山脉
Booth Range

沙纳汉斯山
Shanahans' Mtn.

科林顿
Colinton

1133
科林顿山
Colinton Hill

杰兰格尔
Jerangle

1725
耶阿克峰
Yaouk Peak

克利尔山露营地
Mt Clear Camping Ground

旅游资讯 地图导览

澳大利亚首都直辖区景点介绍

1. 穆噶—穆噶（P178 B2）

📞（02）62395607

🕐 周六、周日13:30—16:30

⬛ 12月25日

🔊 凭票入场。

　　穆噶—穆噶是一座19世纪30年代为牧羊人修建的石制小屋，反映了在那个阶段、那个阶层人生活的状况，是堪培拉周边最古老的历史遗迹之一。

2. 纳玛吉国家公园（P178 C1）

📞（02）62072900

🕐 周一—周五9:00—16:00

　　周六、周日、公共假日9:00—16:30

⬛ 12月25日

🏠 设有轮椅通道，提供导游服务

　　位于澳大利亚首都领地堪培拉的郊区。纳玛吉国家公园有5大特色：适合户外探险、参观原住民生活的记录、放牧人、淘金者和太空跟踪站的故事、多姿多彩的大自然和极为繁多的野生动植物、饱含山岭美景的驾车路线与露营地。

3. 堪培拉太空中心（P178 C1）

📞（02）62017880

堪培拉太空中心

🏠 设有轮椅通道、咖啡馆、商店，提供导游服务

　　堪培拉太空中心位于堪培拉市郊，太空中心有太空飞船展览和深层空间跟踪技术，还有阿波罗11号1969年从月球上带回来的一块玄武岩，还可以看到从火星、土星、木星带回来的照片，还有小影院不断地放映关于太空搜索的短片，令人期待。

4. 蒂德宾比拉自然保护区（P178 C1）

📞（02）62051233

🕐 每天9:00—18:00

⬛ 12月25日

🏠 设有轮椅通道，提供导游服务

🔊 凭票入场

　　蒂德宾比拉自然保护区是动物的乐园，这里的野生动物，如袋鼠、鸸鹋、树袋熊、鸭嘴兽等能够和谐共处。游客可以徒步进入保护区。

堪培拉全景

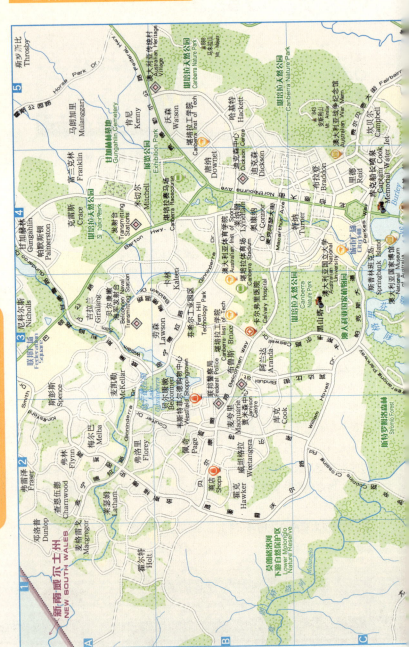

新南威尔士州
NEW SOUTH WALES

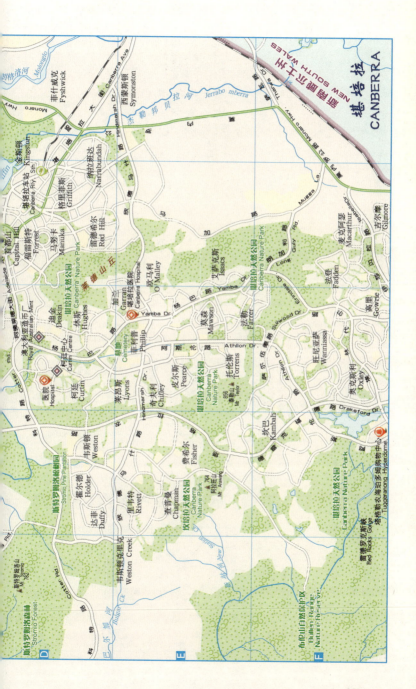

堪培拉
CANBERRA

NEW SOUTH WALES
澳大利亚首都特区

明格洛河
Molonglo

菲什威克
Fyshwick

西蒙斯顿
Symonston

勒邦贝拉河 Jerrabomberra

金斯顿
Kingston

堪培拉车站
Canberra Rly. Sth

纳伯班达
Narrabundah

格里菲斯
Griffith

首都山 Capital Hill

马努卡
Manuka

福雷斯特
Forrest

雷德希尔 Red Hill

麦克阿瑟
Macarthur

吉尔摩
Gilmore

澳大利亚造币厂 Royal Australian Mint

迪金
Deakin

休斯
Hughes

莱姆山丘

加兰
Garran

堪培拉医院
Canberra Hospital

欧马利
O'Malley

艾萨克斯
Isaacs

堪培拉天然公园
Canberra Nature Park

法登
Padden

Yamba Dr.

Yamba

莫森
Mawson

法勒
Farrer

高里
Gowrie

堪培拉天然公园
Canberra Nature Park

阿勒顿 Aranda

Curtin 中心
Curtin Centre

墓地
Cemetery

菲利普
Phillip

皮尔斯
Pearce

托伦斯
Torrens

旺尼亚萨
Wanniassa

奥克斯利
Oxley

科廷
Curtin

医院
Hospital

莱昂斯
Lyons

奇夫利
Chifley

Athlon Dr.

堪培拉天然公园
Canberra Nature Park

656 澳利山 Mt. Taylor

坎巴
Kambah

Drakeford Dr.

斯特罗姆洛松树园
Stromlo Pine Plantation

韦斯顿
Weston

霍尔德
Holder

里韦特
Rivett

费希尔
Fisher

查普曼
Chapman

堪培拉天然公园
Canberra Nature Park

堪培拉天然公园
Canberra Nature Park

堪格罗农夫海豚多姆购物中心
Tuggeranong Hyperdome

达菲
Duffy

韦斯顿克里克
Weston Creek

764 阿拉旺山 Mt. Arawang

斯特罗姆洛森林公园
Stromlo Forest

斯特罗姆洛山 Mt. Stromlo 762

巴尔加河
Bullen Ck

雷德罗克斯峡
Red Rocks Gorge

布伦山自然保护区
Bullen Range Nature Reserve

D

E

F

181

堪培拉市中心 CANBERRA CENTRAL

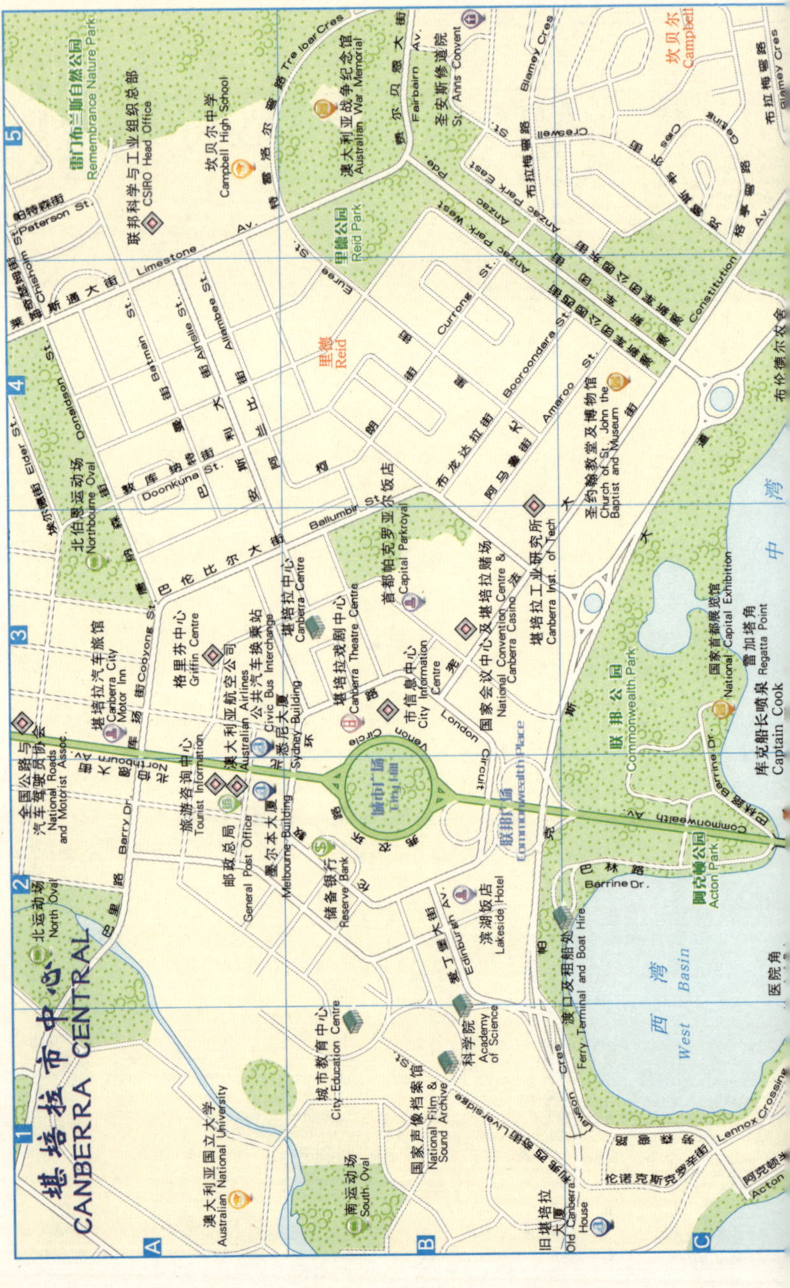

堪培拉市中心
CANBERRA CENTRAL
澳大利亚国立大学
Australian National University
南运动场
South Oval
北运动场
North Oval
国家声像档案馆
National Film & Sound Archive
城市教育中心
City Education Centre
科学院
Academy of Science
滨湖饭店
Lakeside Hotel
储备银行
Reserve Bank
墨尔本大厦
Melbourne Building
邮政总局
General Post Office
旅游咨询中心
Tourist Information
全国公路与汽车驾驶员协会
National Roads and Motorist Assoc.
悉尼大厦
Sydney Building
澳大利亚航空公司
Australian Airlines
公共汽车换乘站
Civic Bus Interchange
格里芬中心
Griffin Centre
堪培拉汽车旅馆
Canberra City Motor Inn
堪培拉中心
Canberra Centre
堪培拉戏剧中心
Canberra Theatre Centre
市信息中心
City Information Centre
城市广场
City Hill
联邦广场
Commonwealth Place
首都帕克罗亚尔饭店
Capital Parkroyal
国家会议中心及堪培拉赌场
National Convention Centre & Canberra Casino
堪培拉工业研究所
Canberra Inst. of Tech
北伯恩运动场
Northbourne Oval
里德
Reid
里德公园
Reid Park
圣约翰教堂及博物馆
Church of St. John the Baptist and Museum
联邦科学与工业组织总部
CSIRO Head Office
坎贝尔中学
Campbell High School
澳大利亚战争纪念馆
Australian War Memorial
圣安斯修道院
St. Anns Convent
纪念自然公园
Remembrance Nature Park
坎贝尔
Campbell
联邦公园
Commonwealth Park
国家首都展览馆
National Capital Exhibition
雷加塔角
Regatta Point
库克船长喷泉
Captain Cook
阿克顿公园
Acton Park
渡口及租船处
Ferry Terminal and Boat Hire
西湾
West Basin
中湾
旧堪培拉大厦
Old Canberra House
医院角
Limestone Av.
Paterson St.
Chisholm St.
Elder St.
Donaldson St.
Batman St.
Ainslie St.
Allambee St.
Doonkuna St.
Ballumbir St.
Cooyong St.
Barry Dr.
Edinburgh Av.
Vernon Circle
London Circuit
Commonwealth Av.
Barrine Dr.
Lawson Cres.
Liversidge St.
Lennox Crossing
Acton
Currong St.
Booroondara St.
Amaroo St.
Euree St.
Fairbairn Av.
Anzac Park West
Anzac Park East
Anzac Pde.
Constitution Av.
Blamey Cres
Creswell St.
Tre loar Cres

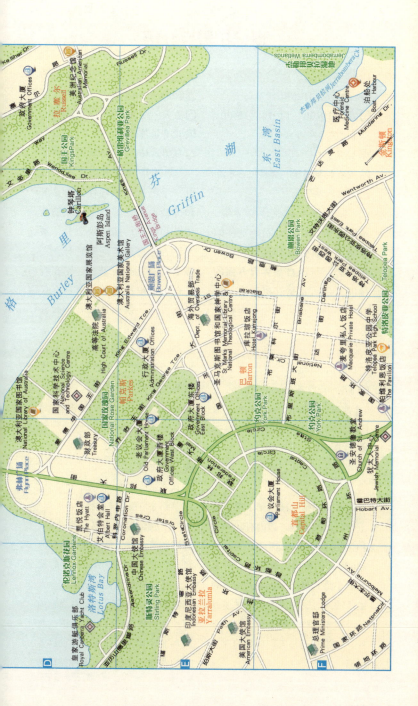

政府大厦 Government Offices
卡塞东 Russell
澳大利亚纪念馆 Australian American Memorial
美洲纪念馆

国王公园 KingsPark
Ke Jihe Dr.
Russell Dr.
Grevillea Park
帕锯维利亚公园 Grevillea Park

芬里格 Burley Griffin
东湾 East Basin

杰勒邦贝拉沼泽地 Jerrabomberra Wetlands
医疗中心 Forensic Medicine Centre
泊船库 Boat Harbour
金斯顿 Kingston
Mundaring Dr.
Wentworth Av.

钟琴塔 Carillon
阿斯彭岛 Aspen Island
国王大街桥 Kings Avenue Bridge

澳大利亚国家展览馆 Australia National Gallery

博温公园 Bowen Park
Bowen Dr.
Blackall St.
Darling St.
Brisbane Av.
National Circ.
特洛皮亚公园 Telopea Park

鲍温广场 (Bowen's Place)

海外贸易部 Dept. of Overseas Trade
澳大利亚国家图书馆 National Library of Australia
国家科学技术中心 National Science and Technology Centre
高等法院 High Court of Australia

圣马克斯图书馆和国家神学中心 St Marks Memorial Library & National Theological Centre
库克拉琼饭店 Hotel Kurajong
麦夸里私人饭店 Macquarie Private Hotel
巴顿 Barton
特洛皮亚中学 Telopea Park High School
帕维利饭店 The Pavilion
特洛皮亚公园 Telopea Park

国家玫瑰园 National Rose Garden
帕克斯 Parkes
行政大厦 Administration Offices
King George Tce.
King Edward Tce.

财政部 Treasury
国会旧楼 Old Parliament House
政府大厦西楼 Government Offices West Block
政府大厦东楼 Government Offices East Block

约克公园 York Park
约克公园 York Park

金斯平 Kings Pl.

联邦广场 (Federal Place)

凯悦饭店 The Hyatt
艾伯特会堂 Albert Hall
科莫内大路 Coronation Dr.

议会大厦 Parliament House
首都山 Capital Hill
Hobart Av.

列诺克斯花园 Lennox Gardens
洛特斯湾 Lotus Bay
斯特灵公园 Stirling Park
中国大使馆 Chinese Embassy
Alexandrine Dr.

圣安德鲁教堂 Church of St Andrew
犹太人中心 Jewish Memorial Centre

皇家游艇俱乐部 Royal Canberra Yacht Club
印度尼西亚大使馆 Indonesian Embassy
亚拉兰拉 Yarralumia
美国大使馆 American Embassy
柏斯大街 Perth Av.
总理官邸 Prime Minister's Lodge
National Cir.
墨尔本大街 Melbourne Av.

State Circle
Capital Circle
Canberra Av.

183

堪培拉景点介绍

1. 澳大利亚体育学院（P180 B3）

📞（02）62141010

🕐 每天10:00、11:30、13:00、14:30

⬛ 12月25日

♿ 设有轮椅通道，提供义务导游

🔊 凭票入场

　　参观澳大利亚体育学院，可以亲眼目睹运动员们训练的场所、各种体育训练器材、饮食起居，可以自测体育方面的技能，还可邀请在奥运会上获得奖杯的运动员带领参观整个体育学院。

2. 澳大利亚国家植物园（P180 C3）

📞（02）62509540

🕐 2月—12月每天8:30—17:00
　1月周一周五8:30—14:00、周六、周日8:30—20:00

⬛ 12月25日

♿ 设有轮椅通道、咖啡馆，提供

🔊 导游服务

　　美丽的植物园占据了黑山脚下90公顷的土地，园内有5000多种植物，90000多棵最好的植物和600多种桉树，树丛中有一条天然小路，显示了土著人留下的生活遗迹。园中凉爽的雨林溪谷是游客不容错过的景观。除此之外，植物园还是人们野餐的理想乐园。

3. 黑山塔（P180 C3）

📞（02）62196111

🕐 每天9:00—22:00

♿ 设有轮椅通道

🔊 凭票入场

　　黑山塔内配有微波、无线电、手机信号等各种通信发射和传输设备，其最主要职能是传送和发射广播电视信号，被当地人称之为"巨型喷射器"。塔上设有三个观景台，站在观景台上堪培拉及周边乡村全景尽收眼底。塔内还设有旋转餐厅，供游客用餐休息。黑山塔定期举办回顾澳大利亚的电信发展史的展览。1989年黑山塔被列入世界巨塔联盟。

4. 国家水族馆动物园（P180 C3）

📞（02）62878400

🕐 每天9:00—17:00

⬛ 12月25日

♿ 设有轮椅通道、商店、咖啡馆，提供导游服务（根据安排）

　　水族馆里有很多珍贵鱼种，有当地淡水鱼、色彩斑斓的深海鱼、热带鱼和8种不同种类的鲨鱼，还有奇形异状的珊瑚，令人惊叹不已。动物园不但有当地稀有动物树袋熊、袋鼠、企鹅、澳大利亚野狗等，还有来自世界各地的动物，也收藏了多种猫科动物、灵长类动物，如来自非洲的长颈鹿、羚羊等。为了吸引游客，动物园专设了游客近距离接触印度豹、抚摸印度豹等项目，还安排了两小时冒险游，满足游客亲临其境的欲望。

5. 澳大利亚造币厂（P181 D4）

- ☎ (02) 62026999
- ⏰ 周一——周五9:00—16:00
  周六、周日、公共假日10:00—16:00
- ⏺ 耶稣受难日、12月25日
- ♿ 设有轮椅通道

造币厂是澳大利亚国家唯一的流通货币生产厂家。在此参观既可以了解澳大利亚货币的历史及钱币的铸造方法，又可以亲眼看到货币图案的印刷过程和历史上各种限量版货币。

6. 亚勒兰拉区政府（政府大楼）（P181 D4）

- ☎ (02) 62833533
- ⏰ 电话预约
- 🏠 义务导游
- 🔊 凭票入场

政府大楼早在1927年一直是总督和君主办公场所，后经1828年改建，现在成为国家首脑和皇室贵族参观澳大利亚时的住所。政府大楼除特殊日子是不对外开放的。

7. 莱德山丘（P181 D4）

登上莱德山丘可以鸟瞰堪培拉全景，欣赏到国会大楼、伯利·格里芬湖及各国大使馆。山上植被良好，红色土壤与蓝天白云交映成辉。

堪培拉市中心景点介绍

1. 城市广场（P182 B2）

城市广场是首都堪培拉的商业中心和购物中心，这里聚集了大部分行政机关、司法部门、政府机构和私人企业。广场中心是一个公共会场和休闲娱乐场所，饱含民族精神的铜制雕像高高耸立在立法会议大厅前。

2. 澳大利亚战争纪念馆（P182 B5）

- ☎ (02) 62434211
- ⏰ 每天10:00—17:00，公共假日和学生假日9:00—17:00

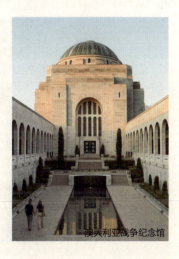
澳大利亚战争纪念馆

◑ 12月25日

🏠 设有轮椅通道、商店、咖啡店

　　战争纪念馆是澳大利亚政府筹建的，馆内长廊墙壁上刻着烈士的名字，还修建了无名烈士墓碑，人们在此可以表达对烈士们的敬意和怀念。澳新军团大厅通过声、光、电等多媒体方式再现了当年的战争场景，告知后人战争的残酷。

3. 伯利·格里芬湖（P183 C2—E5）

　　格里芬湖湖区辽阔，周长35公里，长11公里，面积704公顷，湖水碧波荡漾，景色十分美丽，看上去竟像天然湖一样，毫无人工雕琢之痕。为了纪念这位天才的设计师，湖泊以他的名字命名，故名"格里芬湖"。

4. 澳大利亚国家博物馆（P183 D1）

📞（02）62085000

○ 每天9:00—17:00

◑ 12月25日

🏠 设有轮椅通道，提供导游服务特殊展览凭票入场

　　澳大利亚国家博物馆是第一个社会性的反映该国家历史的博物馆，展览讲述了澳大利亚发展历程中有重大影响的人物和事件。

5. 澳大利亚国家展览馆（P183 D4）

📞（02）62406502

○ 每天10:00—17:00

◑ 12月25日

🏠 设有轮椅通道、商店、餐馆、咖啡馆、提供导游服务，

🚫 不允许拍照（特殊展览凭票入场）

　　国家展览馆启用于1982年，馆内珍藏了10多万幅艺术作品，收藏了很多优秀的澳大利亚移民和土著居民的艺术作品，还收集了很多亚洲和国际性作品，令人叹为观止。

6. 澳大利亚国立美术馆（P183 D4）

　　（详见P58介绍）

澳大利亚国立美术馆

议会大厦

7. 亚拉兰拉（P183 E1）

📞（02）62050044

🚪 大使馆开放日

♿ 设有轮椅通道

📢 凭票入场

　　亚拉兰拉是堪培拉市的一个区域，位于首都山西北，这里有80多所外国使馆建筑，风格各异的建筑代表了各国的文化，会让您一饱眼福。

8. 建筑艺术博览会的使馆区
（P183 E1—2）

（详见P58的介绍）

9. 议会大厦（P183 F2）

📞（02）62777111

🚪 每天9:00—17:00

⛔ 12月25日

♿ 设有轮椅通道、商店、咖啡馆

📢 允许拍照

　　格里芬湖南侧山上是澳大利亚议会大厦，是堪培拉的核心建筑，也是民主政治的中心。1980年动工，1988年建成，建筑面积24万平方米，内有房间4500间，1988年5月9日英女王伊丽莎白二世亲自为它主持揭幕启用仪式。

维多利亚州

⌛ 最佳旅游时间

秋季（3月—5月）；春季（9月—11月）是最佳旅游时间。。

☀ 气候

维多利亚气候温和，四季分明：春季凉爽；夏季从温暖到炎热不等；秋季温和；冬季从凉爽到寒冷不等。全州各地气候各异，北部较干燥温暖。

维多利亚州主要景点

- 大洋路（见P198介绍）
- 皇家展览馆和卡尔顿园林
- 本迪戈
- 十二使徒岩
- 菲利普岛
- 吉普斯兰德

维多利亚州　VICTORIA

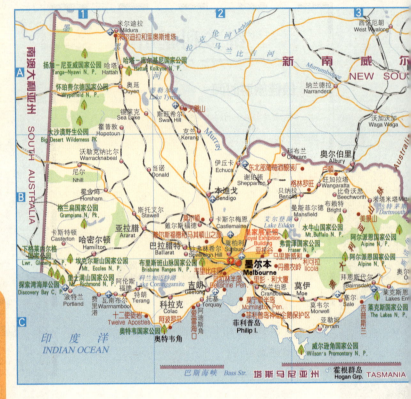

维多利亚州景点介绍

1. 大沙漠野生公园（P190 A1）

☎（03）5083 3001 53957221

　　大沙漠野生公园是完全不同于维多利亚州其他地区的公园，它地处沙漠地带，其特点是干旱，有流动的沙丘、低矮的丛林、干枯的小溪，但在离公园不远的地方有湖泊，湖水作为水源吸引了不同种类的爬行动物在此

生活。公园美丽而又幽静，给人带来一种神秘的感觉，因而备受游人们的喜爱。

2. 哈塔—库尔基尼国家公园（P190 A1）

☎（03）5018 8380

　　哈塔—库尔基尼国家公园内有众多的湖泊、小溪、矮小的灌木丛、松树和红色桉树林。在公园内众多的湖泊和小溪中栖息着

旅游资讯　地图导览

190

种类繁多的鸟类和兽类，朱鹭和黑天鹅在公园的淡水湖中悠闲自得的生活着。这里的湖泊很适合独木舟划行，还可以欣赏维多利亚最大的花朵——墨累百合。

3. 米尔迪拉和里奥斯维塔（P190 A1）

📞 米尔迪拉（03）5018 8380

📞 里奥斯维塔（03）5018 8330

⬤ 每天10:00—17:00

⬤ 耶稣受难日、12月25日

🏠 设有轮椅通道（仅限一层）

🔊 凭票入场

　　米尔迪拉位于墨累河岸，为重要的农业和养羊业地区的贸易中心。现在已成为一座现代化城市。为这座城市农业发展做出贡献的威廉·查菲的位于里奥斯维塔的住宅是极好的建筑群，现在已经成为这一城市不可不看的景点。

4. 天鹅山（P190 A2）

📞（03）5032 3033

📞 先驱殖民地博物馆（03）5036 2410

⬤ 周二—周日9:30—16:00

⬤ 周一、12月25日

🏠 设有轮椅通道、咖啡厅

🔊 凭票入场

　　"天鹅山"小镇在墨累河畔，因墨累河里生活着黑天鹅，小镇的名字也就由此而命名。天鹅山最著名的景点是先驱殖民地博物馆。在这个博物馆内有当年报刊印刷厂、铁匠铺、面包坊等，服务人员穿上当年的衣裳，打造各种传统的工艺品，然后出售给前来参观的游客，再现了当年的景象，值得一游。

大洋路风光

5. 格兰扁国家公园（P190 B1）

游客接待处📞（03）5358 2314

公园保护区📞（03）5361 4000

🕐 每天

　　格兰扁国家公园是维多利亚州第三大的国家公园。在公园中，有着各种各样奇妙的自然景观和野生动物群。有奇岩石雕、清澈的山间湖泊、水花飞溅的瀑布，还有考拉、袋鼠等野生动物。格兰扁国家公园以土著文化遗产著称，这个地方发现了澳大利亚原住民留下的岩壁绘画，许多特殊景观都与土著传说有关。此外，这里还是野生花卉的宝库，种类多达千种以上。每逢春天，漫山遍野的野花盛开，美不胜收。公园里提供的短途旅游有：麦肯齐瀑布和鲍尔科尼斯岩石群，长途旅游探询霍氏隙的维多利亚峡谷。

6. 伊丘卡（P190 B2）

📞（03）5480 7555

　　伊丘卡是一个港口城镇，这里保存了历史上使用过的四轮马车、蒸汽动力机械和古式锯木厂等。在伊丘卡的上游有世界上最大的赤色桉树森林，可以欣赏到具有300年历史的赤桉树和古老土著聚居点，自然和人文景观都是最受欢迎的旅游项目。

7. 本迪戈（P190 B2）

游客服务中心📞（03）5434 6060

寺庙联系电话（03）5442 1685

🕐 周三、周六、周日11：00—16：00

⬛ 12月25日

金龙博物馆联系📞（03）5441 5044

🕐 每天9：30—17：00

⬛ 12月25日

🏠 设有轮椅通道、餐馆

🎫 凭票入场

本迪戈美术馆联系电话（03）5434 6088

🕐 每天10：00—17：00

⬛ 12月25日

🏠 凭票入场、设有轮椅通道

中央底波拉金矿系联系电话（03）5443 8322

🕐 每天9：30—17：00

关闭时间12月25日

　　本迪戈是维多利亚州中部的一座小城。作为淘金热的遗产

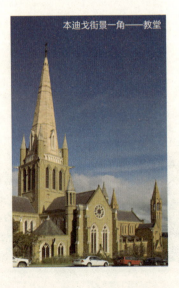

本迪戈街景一角——教堂

本迪戈街景一角——教堂

本迪戈保留了许多装饰华丽的建筑,最能体现这里富有的是那宏大的本迪戈式建筑,在一种建筑中汇聚了几种建筑风格。主要景点有:寺庙、金龙博物馆、本迪戈美术馆、中央底波拉金矿。

8. 莫尔顿（P190 B2）

📞（03）5475 2569

　　莫尔顿是座保存完好的古城,开采金矿的历史非常悠久。古城景色迷人,狭窄街道两旁是19世纪的各种建筑,四周被美丽的山丘和各种树木包围着,一派田园景色。

9. 卡斯尔梅恩（P190 B2）

📞（03）5470 6200

　　卡斯尔梅恩是一个无比繁荣的乡村小镇,这里居住着各式各样的艺术家群体,还有卓越的建筑与花园。小镇保存有不少早期间建造的博物馆、咖啡馆和餐馆。

10. 巴拉腊特（P190 B2）

　　淘金热使巴拉腊特发展成为繁荣的现代城市。巴拉腊特保留了许多古老而又繁华的建筑、宽阔的街道、精美的雕像、美丽的花园。其中的利迪亚德大街、巴

巴拉特历史建筑

拉腊特美术馆、尤里卡中心、植物园都是值得前往参观地方。

11. 沙弗林希尔（P190 B2）

📞（03）5337 1100

🕐 每天10:00—17:00

🚫 12月25日

♿ 设有轮椅通道、提供导游服务

🎫 凭票入场

小镇上打铁工人

位于巴拉腊特郊区的一个小镇，在沙弗林希尔小镇可以感受时光倒流，体验澳大利亚激情燃烧的淘金热时代。走进沙弗林希尔小镇，整个淘金镇把当时的社会状况呈现在游客眼前。旧时的马车仍在奔跑，卖烟的小女孩仍在吆喝，流浪的艺人仍在弹琴。当年的酒吧、旅馆、邮局、银行、面包房、铁匠铺、华人居住的村庄、屋子、关帝庙、中国酒店和杂货铺都开放着，各类人员都穿着那时的服装在辛勤的劳作着，让人流连忘返。

12. 戴尔斯福德和马其顿山（P190 B2）

📞（03）5321 6123

🟢 9:00—17:00

戴尔斯福德和马其顿山位于墨尔本的西部，沿途分布着风景秀丽的小镇、美丽的葡萄园、独具特色的工艺品市场。沿途可以欣赏到酷似风琴管的地质奇观；可以品尝美味葡萄酒的古那一瓦若葡萄园；可以参观具有意大利风格的巨大的鲁伯特伍德板球场，以及形成于几百年前的悬岩；可以游览旅游设施非常齐全的伍登德小镇、淘金热时期供应补给的古老小镇、景色质朴宜人的矿藏保护区、维多利亚州落差高达33米的最大的单体瀑布，等等。沿着戴尔斯福德和马其顿山的旅行，一定是您不错的选择。有益于健康的温泉是其特色。

13. 亚拉谷（P190 B2）

📞（03）5962 2600

亚拉谷位于丹德农岭的脚下，是维多利亚州最古老的产酒区，有许多酿酒厂以酿造的香槟、夏敦埃酒和黑比诺葡萄酒而闻名。游客既可以品尝到酿酒厂提供的样酒，还可以在酿酒厂自己的餐馆里用餐，干净实惠。

亚拉谷附近的葡萄园

14. 马里斯威利（P190 B2）

📞（03）5963 4567

马里斯威利是19世纪名城。在这里可以欣赏到积雪融化而成的塔格特河边上的美景；还可以在"柏树"的温带雨林中漫步；这里是濒危的利德比特负鼠的栖息地；这里还有斯蒂芬森瀑布和雪地；都会令你感到神秘和美丽。

15. 谢珀顿（P190 B2）

📞（03）5831 4400,

谢珀顿位于富饶的古尔本河中心地带，这里盛产桃子、李子、苹果、樱桃、梨和猕猴桃。水果采摘是吸引游客的最主要方式。被称为是"澳大利亚的水果碗"。这里还有两家知名的葡萄酒厂，即米切尔顿和泰比尔克，游客在此既可以游览美景又可以品尝美酒。

16. 艾尔登湖（P190 B2）

☎（03）5774 2909

艾尔登湖是一巨大的灌溉水库，是水上度假、滑水、骑马、钓鱼和徒步旅行的好地方。这里有许多野生动物在此栖息，如袋鼠、考拉和玫瑰鹦鹉。艾尔登湖和古尔本河的上游也常见鲑鱼和墨累鳕鱼出没。在古尔本河中还可以体验划独木舟的乐趣。

17. 利可拉（P190 B3）

☎（03）5148 8791

利可拉是座很小的村落，到利可拉可以领略维多利亚最高峰的美丽景色。不远处有龙眼山和高山国家公园，是冒险家和旅行家探寻自然的好地方。利可拉的拥有者是维多利亚里昂斯俱乐部，是唯一私属的村子。有宿营地并为年轻人提供了各项活动。

18. 曼斯菲尔德（P190 B3）

☎（03）5775 1464

曼斯菲尔德是一座被群山环抱的乡村小镇。这里因1981年公映了一部电影《来自雪河的人》而闻名。许多当地的骑手都在影片中扮演角色，每年11月克拉克杯比赛中，骑手云集一决高低，给小镇带来了勃勃生机。

19. 美景山（P190 B3）

☎（03）5754 1962

美景山是座小镇，也是一个景区。这里有凯瓦谷美景、原始的博贡海伊平原、阿尔派恩国家公园、有维多利亚最高的山博贡山。小镇还是越野滑雪者的天堂。

20. 布赖特（P190 B3）

☎（03）5755 2275

布赖特是座山地城市，风景如画。人们形容它是一个会变颜色的城市，春天五彩缤纷、夏天绿草如茵、秋天姹紫嫣红、冬天是银装素裹。坐落在这里的水牛山国家公园每年都吸引着大量游客，游客们可以在鲜花盛开的花丛中漫步，可以在溪谷中垂钓，还可以攀越壮观陡峭的山崖，无论哪个季节来到这里都会给你留下美好的印象。

21. 比奇沃思（P190 B3）

☎（03）5728 3233

比奇沃思坐落在维多利亚的山脚下，这里留下了19世纪50—60年代淘金时期的很多建筑，比奇沃思是维多利亚州保存最完好的淘金城市，非常有特色，值得一游。

22. 卢顿（P190 B3）

☎（03）5726 1611

卢顿曾经是繁荣的采金小镇，殖民时代的建筑和氛围保存完好。如今，这座小镇吸引了无数游客前来观光。另外，这里还有一处特别的景点——葡萄树博物馆，游客可以欣赏到南半球最大最古老的葡萄树。

23. 东北部葡萄酒酿造厂（P190 B3）

东北部葡萄酒酿造厂，闻名于世。东北部包括欧文斯峡谷、密拉瓦、埃佛顿、路斯格兰和怀特费尔德在内的地区，不同的地区酿酒的方法各不同，又因其气候和地理位置的差别每个地方所出产的葡萄酒味道有所不同。位于密拉瓦有一家较知名的酿酒厂每天向游客开放，可以免费品尝也可以购买，这家餐馆还为游客准备了特色食品，如鲑鱼、奶酪、蜂蜜和羊羔肉等。

24. 格林罗旺（P190 B3）

☎ （03）5766 2448

格林罗旺是臭名昭著丛林土匪诺德·凯利和团伙藏匿的地方。土匪凯利在被通缉的两年间，把格林罗旺山作为哨所来躲避通缉，最终凯利被处以极刑。如今，格林罗旺因凯利的历史背景吸引了大批的游客前来参观。这里有座巨大铁制的凯利肖像，有多种多样的展览、收藏和真人扮演的角色，来讲述凯利全部故事。

25. 贝纳拉（P190 B3）

☎ （03）5762 1749

贝纳拉是座田园小镇，贝纳拉湖蜿蜒穿过该镇。湖岸边的美术馆内收藏了很多具有特色的现代艺术作品，每年11月份都会在美丽壮观的玫瑰园中如期举行"玫瑰节"。贝纳拉因受其地理和气候的影响，是开展滑翔运动的理想之地，被视为澳大利亚的"滑翔之都"。

26. 十二使徒岩（P190 C1）

十二使徒岩是澳大利亚也是维多利亚州的著名景点，是不可不看的景点，十二使徒位于大洋路观光线路上。

十二使徒岩

27. 里彭·利大厦（P190 C2）

里彭·利大厦建于1868年，这座大厦已成为墨尔本市的遗产，大厦的主入口处竖立着罗马式的柱子，大厦内的浴室是维多利亚风格，餐厅是意大利文艺复兴时期的装饰，休息室装饰豪华，仿佛20世纪30年代好莱坞影星们居住的地方，是墨尔本的主要景点。

28. 韦里比庄园（P190 C2）

☎ （03）8734 51009741 2444

🕐 11月—4月10:00—16:45；
5月—10月周一—周五10:00—15:45，周六、周日10:00—16:45

🏠 设有轮椅通道、餐厅、咖啡厅，提供导游服务

🔊 凭票入场

韦里比庄园是一座具有意大利风格的建筑，这座庄园的主人早期是澳大利亚牧羊人，成为百万富翁后修建了这座庄园。庄园经过重建，现在用来展示富有的牧羊人家族的生活，庄园比邻维多利亚国家玫瑰园，风景优美。

29. 吉朗（P190 C2）

☎（03）5275 5797

国家羊毛博物馆☎（03）5222 2900

🕐 9:30—17:00

闻名于澳大利亚的国家羊毛博物馆位于维多利亚的第二大城市吉朗，值得游人前往参观。

30. 菲利普岛（P190 C2）

☎（03）5956 7447

🕐 每天9:00—17:00，夏日假期每天9:00—18:00

菲利普岛位于墨尔本东南128公里处，是个天然的动物保护区，珍禽异兽与怪石奇岩相映成趣。这里还是神仙企鹅的栖息地，所以人们常常习惯上把这个岛称之为菲利普企鹅岛。

菲利普岛还是一个旅游胜地。最大的看点是可以看到成群的企鹅步履蹒跚地爬到岸边，用嘴梳理他们的毛发，夏日里企鹅妈妈还用捕捉来的食物哺育他们的幼崽，这情景是你在其他地方所根本无法看到的。

31. 莫宁顿半岛（P190 C2）

☎（03）5987 30781800 804 009

🕐 每天9:00—17:00

莫宁顿半岛位于菲利普港湾的东边，从墨尔本开车大约一个小时的车程就可以来到这里，这个半岛是都市人夏日和周末休闲的好去处。

半岛风景如画，是一个不容错过的景点。宽阔的海面，湛蓝的海水，柔软的沙滩会给您带来无尽地享受。

在半岛顶端就是莫宁顿半岛国家公园，对于热爱徒步旅行者而言，莫宁顿半岛国家公园的蜿蜒小径和茂密森林是他们最好的乐园。

32. 丹德农岭（P190 C2）

☎（03）9758 7522

🕐 每天9:00—15:00

丹德农岭位于墨尔本的东部，是墨尔本市民度假休闲的好去处。这里的森林、沟壑和小溪，成为了消遣之地，许多家庭旅馆和茶室为游人提供了方便。春季，丹德农岭到处盛开着郁金香、小苍兰、水仙花和杜鹃花，美丽的琴鸟也把自己的家安置在丹德农岭。

33. 吉普斯兰德（P190 C3）

吉普斯兰德位于维多利亚州的东南角，在这片荒野海岸上，高大的树木、湖泊和海滩与原住民的历史和美食交融在一起。

伦敦断桥
London Bridge

十二使徒岩
Twelve Apostles

大洋路景点介绍

　　大洋路是一条漫长蜿蜒的观光大道，有维多利亚州镇州之宝的美称，大洋路因其重大的历史意义和人文意义，被列入澳大利亚国家遗产名录。

　　第一次世界大战结束后，约5万名澳洲士兵从英国返回澳大利亚，当时的澳大利亚处于经济萧条期，失业率很高，为了安抚这些从一战战场回来的士兵，政府安排他们开荒修路。大洋路1920年开工，1932年竣工，历经12年，总长达180多公里的沿海公路正式建成通车。由于在英语里，一战被称为"Great War"，这条路又是由参加过一战的士兵们修建的，因此被命名大洋路（Great Ocean Road）。

　　大洋路的几大看点：（1）壮观的海岸线。（2）狂野而奇妙的大自然。（3）随处可见的野生动物。（4）美食佳酿，享受本地丰富的物产。（5）要吃海鲜，只需信步来到任一海边小镇码头即可，另外，一定要到洛恩（Lorne）和阿波罗湾（Apollo Bay）的渔场看一看。（5）活跃的土著文化。

1. 费里港（Port Fairy）（P198 A2）

　　大洋路上的港口小镇，风光迤逦的胜地，美丽的海湾让人陶醉，色彩斑斓的游船，任你在海上尽情欢乐。

2. 瓦南布尔（P198 A2）

　　大洋路上宁静安逸的渔村小镇，漫步于这个海滨村镇之中，仿佛通过时间隧道回到了古时候，因为这里的小店和酒吧所有的摆设都是一百多年前的。

4

大洋路附近

Geelong Rd. 吉朗路
安格美尔 Anglesea Rd.
贝尔斯海滩
阿迪斯角
Great Ocean Rd.
艾雷斯河口 Aireys Inlet
洛恩

3. 阿迪斯角（P199 A4）

游人可以在这里看到海浪拍打岩石的壮观景象，可以近距离地享受波涛汹涌、婀娜多姿的海浪美景。

4. 贝尔斯海滩（P199 A4）

冲浪的理想之地，每年的复活节国际冲浪锦标赛的比赛之地。

5. 彼得堡（P198 B2）

位于海岸线的延伸处，是前往著名景点蓝洞的停歇之处。

6. 坎贝尔港（P198 B2）

坎贝尔港，引人入胜的海边小镇，海浪千万年来的冲蚀形成了坎贝尔港海面上成群矗立的岩柱。

7. 伦敦断桥（P198 B2）

大自然鬼斧神工地把这个岩石突出海面与陆地连接，海浪的侵蚀冲刷形成2个圆洞，正好成双拱形，所以起名为"伦敦桥"。在1990年1月的一天傍晚时分，与陆地连接的圆洞突然塌落，与大陆脱离形成现在看到的断桥。于是现在人们叫它为"伦敦断桥（London Bridge）"。

8. 十二使徒岩（P198 B3）

大洋路边上的十二使徒岩是维多利亚州的著名景点，这个名字来自耶稣的十二个使徒岩，它是由石灰岩组合而成，每年吸引数以万计的游人。

9. 洛克阿德大峡谷（Loch Ard Gorge）（P198 B3）

1878年一艘名为"Loch Ard"的英国移民船在开往墨尔本途径这个地方的时候触礁遇难，52人死亡，人们为了纪念这些遇难者，修筑了52座坟墓，并将这个地方起名为"Loch Ard"。

10. 约翰娜海滩（P198 B3）

大洋路上闻名的冲浪海滩，背靠连绵起伏翠绿葱葱的山丘，美不胜收。

11. 阿波罗湾（P198 B3）

位于大洋路的东南，海湾呈半月型，风景优美，是著名的冲浪旅游胜地。

12. 洛恩（P199 B4）

洛恩除了美丽的景色以外，它是整个大洋路路段最时髦的小镇，时尚的服装、别致的咖啡馆、有趣的餐馆都会使人流连忘返。

13. 艾雷斯河口（P199 B4）

艾雷斯河口有一座引人瞩目红白相间的灯塔，游人可以在灯塔上远眺浩瀚的大海。

墨尔本市中心 MELBOURNE CENTRAL

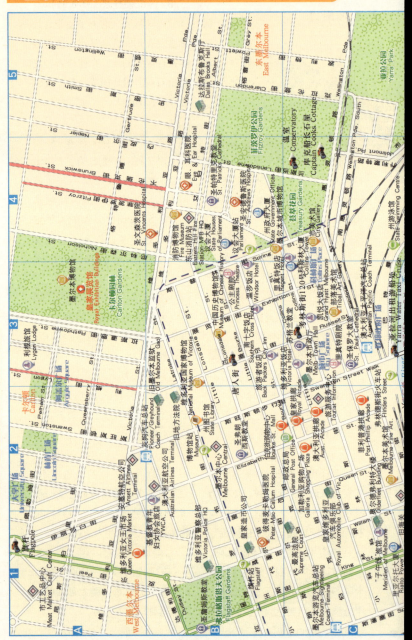

旅游资讯 地图导览

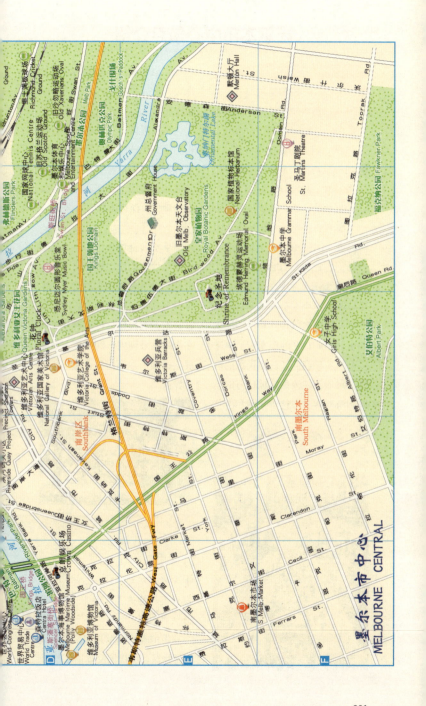

墨尔本市中心
MELBOURNE CENTRAL

墨尔本市中心景点介绍

1. 维多利亚女王市场（P200 A1）

📞（03）9320 5822

🕐 周二、周四6:00—14:00,周五6:00—18:00,周六6:00—15:00,周日9:00—16:00

🌑 周一、周三、耶稣受难日、12月25日、4月25日

♿ 设有轮椅通道、提供导游服务

维多利亚女皇市场是墨尔本市内最大的、历史最悠久的跳蚤市场。在这里有1000多家摊位,分别销售蔬菜水果、海鲜肉类、服装玩具、小五金和澳洲当地特产等。摊主多以东欧和亚洲移民为主,不同口音的叫卖声、丰富多彩的各种商品、低廉优惠的价格,每周都能吸引超过15万的当地和海外客人来这里采购和游览参观,成为墨尔本知名的观光景点之一。

2. 利根街（P200 A2—A3）

利根街位于墨尔本的中心地带,这条街的特点是具有浓厚的意大利风情,浪漫典雅,是各种口味的咖啡店、饭店、熟食店聚集的地方,深得游客们的喜爱。

3. 皇家展览馆和卡尔顿园林（P200 A3）

皇家展览馆是1880年为墨尔本国际展览会建造的,其中有一个超过12 000平方米的大厅和许多附属建筑,标志性的圆形屋顶具有意大利风格,皇家展览馆就在卡尔顿公园内。2004年,皇家展览馆和卡尔顿园林一起被评为世界遗产。

卡尔顿园林

4. 墨尔本博物馆（P200 A3）

📞（03）8341 7777

🕐 每天10:00—17:00

🌑 耶稣受难日、12月25日

♿ 设有轮椅通道、商店、咖啡厅

🎫 凭票入场

墨尔本博物馆是南半球最大的博物馆,现代化设施非常齐全。

内部共分为澳洲历史馆、植物馆、儿童馆、原住民艺术馆、科技馆、人类生命起源馆、动物馆、未来馆等，另外还有世界上最大银幕的电影院。这里是墨尔本旅游中不可缺少的游览景点之一。

5. 不伦瑞克街和菲茨罗伊街（P200 A4）

不伦瑞克街和菲茨罗伊街，这里是四海为家者的街区，具有独特气质和人文魅力。在街区里分布着宾馆、高档商店和咖啡店。这里最受人们欢迎是每年9月举行的游行，这是为庆祝墨尔本非主流社会的节日。值得一提的是，每逢星期六晚上这两条街道最为热闹。

6. 皇家造币公司（P200 B1）

📞（03）9670 1219

🚫 不对外开放

皇家造币公司建于1872年。皇家造币公司不对外开放，但参观者可以从外面看到它宏伟的建筑和精美装饰。

7. 圣詹姆斯教堂（P200 B1）

📞（03）9329 0903

🕐 周一—周三、周五10:00—15:30

🚫 公众假日

🏛 设有轮椅通道、提供导游服务（根据安排）

圣詹姆斯教堂的建筑外观是典型的殖民地时期建筑，地基是用蓝色的砂岩做成的，主墙体是用当地的沙石砌成，神圣而又别致，值得游人参观留念。

8. 圣弗兰西斯教堂（P200 B2）

📞（03）9663 2495

🕐 每天7:00—18:30

🏛 设有轮椅通道，提供导游服务（根据安排）

圣弗兰西斯教堂是维多利亚最古老的教堂，由于经历过多次修复、改造，该教堂的建筑别具一格。修复过程中，发现屋顶上的星形装饰物、徽章和一副天使肖像是19世纪60年代的宝贝，该宝贝已遭破坏，修复后完好如初。

9. 旧墨尔本监狱（P200 B2）

📞（03）9663 7228

🕐 每天9:30—17:00

🚫 耶稣受难日、12月25日

🏛 提供导游服务

🔊 凭票入场

旧墨尔本监狱是现存的最古老的维多利亚时代的监狱，原来用于关押狂躁和顽固的罪犯。建筑风格独特，犹如一座庄严肃穆的古城堡，内部有中央通道，两侧是三层的单人牢房，即使夏季，这里也是十分阴冷的。这里展示着绞首台、鞭笞刑台、鞭子、手铐、脚镣等，还可以看到当年处决犯人的绞刑架、拷打的刑具、耐德凯利的铠甲头盔、面具，以及逼真的表演，再现了旧墨尔本监狱原貌。不过这种参观对游客的胆量是一个不小的考验，如果游客真的无所畏惧，不妨参观这里一周两次的夜晚开放时段，秉烛夜探上一世纪的监狱生活。这座墨尔本最古老的监狱现在已经成为一个旅游景点，这在其他国际城市是不多见的。

10. 唐人街（P200 B3）

墨尔本的唐人街其历史可以追溯到19世纪中期，人们为了淘金而来，至今已有150多年的历史了，是澳大利亚最早的唐人街。

唐人街两旁的建筑物与唐人街的历史一样，大多超过半世纪，显得古朴典雅。街道两旁的商业街，排列整齐的各类商店充满了中国的文化韵味，文具店、中药材店、书局、杂货店、免税店等，放眼望去都是中文招牌，走在这里你会感觉好像处身于北京的王府井大街，只不过更加繁荣罢了。墨尔本唐人街还是一条美食街，众多的中国不同菜式入驻唐人街。每逢中国传统节日，唐人街就充满了节日气氛，街道上张灯结彩，群狮共舞，庆祝活动不仅吸引了大批华人，还吸引了澳大利亚本地居民前来观赏。会馆多是墨尔本唐人街的特色，如四邑会馆、潮州会馆、福建会馆、南番顺会馆，有些会馆的牌匾刻于清咸丰年间，这些都是距今已有百年的老会馆，颇具历史价值。

11. 中国历史博物馆（P200 B3）

☎ （03）9662 2888

🕙 每天10:00—17:00

⛔ 耶稣受难日、12月25日、1月1日

♿ 设有轮椅通道，提供导游服务

🎫 凭票入场

中国历史博物馆位于唐人街中心地带，于1985年开放，是澳大利亚规模最大的展现华人移民历史的博物馆。地下一层的展览，讲述了淘金者的经历；博物馆二层定期举办中国旅行展和中国艺术作品展；第三层的展览涉及了澳大利亚华裔历史的方方面面，有精致的服饰、家具和庙宇标志等此外，博物馆还保存着中国龙的雕像，龙头是世界同类雕像中最大的。

12. 墨尔本城市博物馆（P200 B4）

☎ （03）9651 2233

🕙 周一—周五9:00—17:00，周六，周日和公共假日10:00—16:00

⛔ 耶稣受难日、12月25—26日

♿ 设有轮椅通道、商店、提供导游服务（应旅游团请求）

🎫 凭票入场

墨尔本城市博物馆是维多利亚州长的办公室，是金子的安全储藏库，到这里除了要参观位于一楼"缔建墨尔本"的展览以外，不容错过的是要参观地下黄金储藏室，在黄金储藏室里有一个充满生机的多媒体展览——黄金之路，讲述了墨尔本的发展之路。

旅游资讯·地图导览

13. 里亚尔托大厦（P200 C1）

☎ （03）9629 8222

🕐 每天10:00—22:00

♿ 设有轮椅通道

💰 收取门票

里亚尔托大厦建于1986年，是墨尔本最有标志性的建筑，也是南半球最高的办公楼。该建筑物高253米，因此习惯上被人们称为"塔"，登上里亚尔托大厦第55层的观景台，可以360度眺望墨尔本全景，还能看到远处的印度洋。这里每天参观者可达1500人，而电梯是世界上速度最快的电梯之一。

14. 最高法院（P200 C1）

☎ （03）9603 6111

🕐 周一—周五8:00—17:00

♿ 设有轮椅通道

最高法院建筑气势宏伟，建筑样式带有古典风格，门廊突出，拱廊带有多利斯型和爱奥尼亚型圆柱。这里还有带漂亮圆屋顶的图书馆。目前最高法院由国家部门托管保护。

15. 邮政总局（P200 C2）

☎ （03）9663 0066

🕐 周一—周四、周六10:00—14:00，周五10:00—21:00，周日11:00—18:00

⬛ 1月1日、耶稣受难日、12月25日

现在的邮政总局建于1859年，2001年的一场大火将原建筑毁于一旦，2004年经过重新整修，

这座大厦现已被改造成为了一个大型豪华的拱廊购物中心。

16. 皇家拱廊（P200 C2）

☎ （03）9670 7777

🕐 周一—周四9:00—18:00，周五9:00—21:00，周六9:00—17:30，周日10:00—17:00

皇家拱廊位于墨尔本市市中心，是墨尔本现存最古老的拱廊，是世界上著名的现存拱廊建筑之一。拱廊中是一条不太长且比较狭窄的室内街道，连接了伯克街和小考林斯街，并且在西面连接伊丽莎白大街，因此这个室内街道呈T字形。在2002—2004年间拱廊的顶部经过重新装修，让顶部光线照射进室内的街道，使得皇家拱廊更加吸引人们的眼球。目前是墨尔本市著名的旅游景点之一。皇家拱廊以其独特的建筑风格和街内两旁富有历史特色的小店而闻名于世。

17. 澳大利亚拱廊（P200 C2）

☎ （03）9654 5244

🕐 周一—周三 9:00—17:00，周四—周五9:00—18:00，周六9:00—17:00，周日11:00—17:00（不是所有商店）

⬛ 耶稣受难日、12月25日

♿ 设有轮椅通道、提供导游服务

澳大利亚拱廊建于1891年至1893年期间，1988年重新修建，拱廊的建筑古朴自然，19世纪20年代，拱廊曾是上流社会阶层休

闲散步的场所，重新修建后的大型拱廊对游人开放，游人们还可以在拱廊的茶室里小坐。

18. 圣保罗大教堂（P200 C3）

☎（03）9650 3791

🕐 周日—周五8:30—18:00，周六9:00—17:00

♿ 设有轮椅通道、提供导游服务

建于1891年的圣保罗大教堂在墨尔本市中心，是一个新哥特式的建筑杰作，它是墨尔本英国国教教堂的总部，是墨尔本市区内最著名的建筑。最大的特色是有在意大利定做的圣坛遮门，镶嵌着玻璃的大理石，还有伦敦知名的管风琴制作者制作的管风琴，以及一组由13个钟组成的编钟，有机会到墨尔本旅游绝对不要错过这一圣地。

19. 里真特剧院（P200 C3）

☎（03）9299 7500

♿ 设有轮椅通道、餐厅、提供导游服务（表演时间除外）

里真特剧院1929年竣工并于当年对游人开放，里真特剧院的繁华装饰并不逊色美国的好莱坞和纽约的国会剧院，虽后来被大火烧毁大部分，但经多次重建，依然富丽堂皇。并于1996年重新对游人开放，人们可在这里观赏原汁原味的戏剧，来之前别忘了先查询一下当天上演的剧目。

20. 苏格兰教堂（P200 C3）

☎（03）9650 9903

🕐 周一—周三（打电话确认时间）

♿ 设有轮椅通道，提供导游服务（应要求而定）

苏格兰教堂是建筑师约瑟夫·里德的作品。它被形容为"一百年多年来的标志"。教堂整体十分美观，具有鲜明的英格兰式建筑风格。

21. 考林斯街120号（P200 C3）

☎（03）9654 4944

🕐 周一—周五9:00—17:00

♿ 设有轮椅通道

考林斯街120号建于1991年，是座办公大厦。大厦共有52层，其通信塔高达262米，是墨尔本市原来的最高点，现在大厦已经成为这座城市的路标。大厦的主要的承租者是澳大利亚BHP石油公司。

22. 弗林德斯街火车站（P200 C3）

☎ 13 16 38

考林斯街一角

设有轮椅通道

弗林德斯街火车站是墨尔本的铁路中心，也是墨尔本最繁华之地。这幢拱顶式的百年的米黄色文艺复兴式建筑物，已成为墨尔本的著名标志，现在也是墨尔本的著名旅游景点。在火车站百里之内，咖啡馆、美术馆、电影院拱廊比邻，沿途古树参天成荫，在草坪上踱步，闹市隐在身后。火车站"排钟下"常被人们作为约会的地点。

23. 联邦政府广场（P200 C3）

📞（03）9655 1900

伊恩波特中心（03）8662 1555、澳大利亚维多利亚国立美术馆（03）8662 1553

澳大利亚移动影像中心（03）8663 2200、96632583

国家设计中心（03）9654 6335

设有轮椅通道

联邦政府广场是为纪念澳大利亚联邦政府成立100周年而建立的，主要景点有伊恩波特中心（专门展览澳大利亚美术作品），这里收藏了多达2万件的澳大利亚艺术品。澳大利亚移动影像中心（专门播放电影），是一个专门介绍电影、电视及数码技术的博物馆。还有赛马博物馆、国家设计中心等。广场上最吸引人的建筑是中庭的几何形设计，它是一个带有拱顶的公共活动场所。

联邦政府广场包含了艺术、消闲、观光和露天场地各种功能，联邦广场是墨尔本新兴的文化中心。

24. 库克船长石屋（P200 C4）

在菲茨罗伊公园内坐落着一座十分吸引人的建筑，那就是库克船长石屋。

库克船长是18世纪英国最伟大的航海探险家，曾三次远渡重洋来到南半球，1770年他率领船队首次登上了澳洲大陆，被誉为澳洲历史的开创者。为纪念他，1934年澳洲名商人将库克船长在英国的故居买下，运到了墨尔本，照原样修复而成。库克船长石屋是墨尔本最著名的历史文化观光景点。

25. 国家体育博物馆（P200 C5）

📞（03）9657 8879

🕐 每天9:30—16:30

库克船长石屋

⚫ 耶稣受难日、12月25日

设有轮椅通道，提供导游服务

🔊 凭票入场

国家体育博物馆收藏了种类繁多的体育用品，可供游客参观，游客还可以利用这里提供的最先进的设备了解澳大利亚体育史上的大事记，从而捕捉澳大利亚体育文化的精髓，再现了那些塑造澳大利亚丰富体育传统和文化遗产的精彩瞬间。

26. 墨尔本海事博物馆（P201 D1）

📞（03）9699 9760

🕐 每天10:00—16:00

⚫ 耶稣受难日、12月25日

🏠 凭票入场、设有轮椅通道（除船上）

🔊 提供导游服务（提前预订）

　　墨尔本海事博物馆里保存了一艘名为"波力·悟德赛"的三桅帆船，该帆船1885年制造，因为当时带船帆的船不多所以很珍贵。海事博物馆展出了帆船上的老船员们的生活状况，还有老式的造船技术和各种不同的船舶的制作模型。

27. 墨尔本水族馆（P201 D1）

📞（03）9620 0999

🕐 每天9:30—18:00

🏠 设有轮椅通道、商店、咖啡厅

🔊 凭票入场

　　墨尔本水族馆2000年1月正式建成，并对公众开放。馆内共收集了几千条海洋生物，还有各种各样的珊瑚、贝类等。贝类被放在非常大型的透明玻璃缸内，参观者可以近距离观察这些澳洲特有的海洋生物。此外，水族馆也可以安排一些参观者与大鲨鱼在水中亲密接触。最吸引人们的是三维海底模拟器，它会让您变成一条鱼，学习如何寻找食物、躲避危险，体验海洋生活，一探海底奥妙。

28. 维多利亚艺术中心（P201 D3）

📞（03）8620 2222

🕐 每天10:00—17:00

⚫ 耶稣受难日、4月25日，12月25日

🏠 设有轮椅通道、商店，提供导游服务

　　维多利亚艺术中心是澳大利亚第一个公共美术馆，馆内有一

墨尔本港口一角

皇家植物园

批非常珍贵的艺术作品，被认为是世界上藏有近代艺术画家最好画作的博物馆之一，因而游客来到这里可欣赏到众多国际艺术大师的作品。

艺术中心的外观美丽、独特，高达162米的塔尖，闻名世界，亦是墨尔本醒目的地标之一。夜幕降临时，塔尖的外饰灯光不断地变换颜色，绚丽夺目，已成为了墨尔本夜空中最灿烂的高柱。

29. 皇家植物园（P201 E4）

📞（03）9252 2300

⬛ 11月—3月7：30—20:30，4月—10月7:30—17:30

🏠 设有轮椅通道、商店、餐厅、咖啡厅，提供导游服务

皇家植物园建于1852年，是全世界设计最好的植物园之一。园内绿草如茵、鸟语花香、鱼翔浅底、赏心悦目。园内的主要景点有妇女先驱公园、纪念坛、艾瑞德公园、植物花坛、风中庙宇、拉伯村舍、装饰性人工湖、悉尼摩尔圆形音乐厅等等。植物园的另一大特色是有许多著名澳大利亚和外国历史名人亲手种下的纪念树。皇家植物园是游客们不容错过的景点。

30. 艾伯特公园（P201 F3）

艾伯特公园最引人关注的景点是大片的沼泽地的痕迹，每年度的方程式赛车大奖赛都要在这里举行，备受人们的关注。公园中心的大片橡树林曾是土著居民活动的场所，现在也成为游人休闲散步的好去处。

昆士兰州

最佳旅游时间

夏季（11月—3月）冬季（4月—10月）

温馨提示：在昆士兰的北部，由于箱形水母的缘故，夏季禁止在海里游泳。

气候

昆士兰海岸沿线的气候各不相同，偏远的北部地区湿热，东南部地区凉爽舒适，而西部的内陆地区则夏季炎热少雨，冬季温和干燥。

昆士兰州主要景点

- 潮湿热带（此点在地图上表示不出来）
- 中东部雨林保护区（属于新南威尔士州和昆士兰州）
- 热带雨林（此点在地图上表示不出来）
- 大堡礁
- 弗雷泽岛
- 里弗斯利
- 阳光海岸
- 黄金海岸
- 中国城（唐人街）

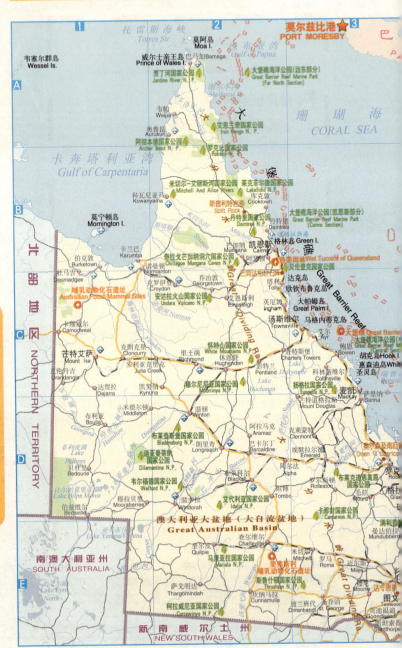

昆士兰州 QUEENSLAND

1 **2** **3**

托雷斯海峡
Torres Str.

莫阿岛
Moa I.

莫尔兹比港 ★
PORT MORESBY

巴

威尔士亲王岛
Prince of Wales I.

巴加 Bamaga

巴
布
亚
湾
Gulf of Papua

大堡礁海洋公园(远东部分)
Great Barrier Reef Marine Park
(Far North Section)

贾厄河国家公园
Jardine River N.P.

韦塞尔群岛
Wessel Is.

A

韦帕
Weipa

艾恩兰奇国家公园
Iron Range N. P.

珊 瑚 海
CORAL SEA

奥鲁昆
Aurukun

阿彻本德国家公园
Archer Bend N.P.

罗克比国家公园
Rokeby N. P.

卡奔塔利亚湾
Gulf of Carpentaria

米切尔-艾丽斯河国家公园
Mitchell And Ailce Rivers

莱克菲尔德国家公园
Lakefield N.P.

科瓦尼亚玛
Kowanyama

库克敦
Cooktown

斯利特斯通
Split Rock

B

莫宁顿岛
Mornington I.

丹特里国家公园
Daintree N. P.

丹特里
Daintree

大堡礁海洋公园(凯恩斯部分)
Great Barrier Reef Marine Park
(Cairns Section)

卡兰巴
Karumba

格林岛 Green I.

奇拉戈芒加纳六国家公园
Chillago Mungana Caves N.P.

凯恩斯
Cairns

昆士兰湿热带雨林 Wet Tropics of Queensland

伯克敦
Burketown

诺曼顿
Normanton

乔治敦
Georgetown

贝尔登克里克公园

达克岛
Dunk I.

北
部
地
区
NORTHERN TERRITORY

哺乳动物化石遗址
Australian Fossil Mammal Sites

乔治溪
Georgetown

安达拉火山国家公园
Undara Volcano. N. P.

埃恩斯利
Einasleigh

欣钦布鲁克岛

英厄姆
Ingham

大帕姆岛
Great Palm I.

塔利
Tully

C

卡穆维尔
Camooweal

汤斯维尔
Townsville

马格内蒂克岛

蒙特艾萨
Mount Isa

克朗克里
Cloncurry

里士满
Richmond

怀特山国家公园
White Mountains N. P.

休恩登
Hughenden

查特斯堡
Charters Towers

艾尔
Ayr

鲍恩
Bowen

胡克岛Hook I.

惠森迪群岛
Whit

朱利亚克里克
Julia Creek

基纳纳
Kynuna

彭特兰
Pentland

科林斯维尔
Collinsville

圣灵群岛

乌兰达伊
Urandangie

达贾拉
Dajarra

穆尔尼亚国家公园
Moorrinya N. P.

科学县

达尔林普尔湖
Dalrymple
Lake

恩格拉 Engela
特鲁恩湖
Lake
Buchanan

麦凯
Mackay

萨里纳
Sarina

D

菲利皮湖
Lake
Philippi

米德尔顿
Middleton

温顿
Winton

蒙特道格拉斯
Mount Douglas

博利亚
Boulia

布莱德斯堡国家公园
Bladensburg N.P.

阿拉马克
Aramac

克莱蒙特
Clermont

贝杜里
Bedourie

朗里奇
Longreach

巴卡尔丁
Barcaldine

埃默拉尔德
Emerald

奥尔森及角廊道
Olsen s Corridor

迪亚曼蒂纳国家公园
Dilamantina N.P.

阿尔法
Alpha

罗克

比卡诺克里里湖
Lake Bulpa Morea

韦尔福德国家公园
Welford N. P.

布莱克尔
Blackall

布莱克道恩高原国家公园

伯兹维尔
Birdsville

穆拉贝里
Mooraberree

温多拉
Windorah

伊达利亚国家公园
Idalia N.P.

坦博
Tombo

罗勒斯顿
Rolleston

毛拉
Moura

卡那封国家公园
Carnarvon N.P.

满树

格拉

南
澳
大
利
亚
州

E

南澳大利亚州
SOUTH AUSTRALIA

亚玛亚玛湖
Lake Yamma Yamma

澳大利亚大盆地(大自流盆地)
Great Australian Basin

查尔维尔
Charleville

米切尔
Mitchell

罗马
Roma

迈尔斯
Miles

曼达伯拉湖
Mundaberra

图隆

北方埃尔湖
Lake Eyre
North

奎尔皮
Quilpie

马里亚拉国家公园
Mariala N. P.

里弗斯利
哺乳动物化石遗址
Thrushton N.P.

穆尼
Moonie

达令唐斯

萨戈明达
Thargomindah

鲁什什顿国家公园
Thrushton N.P.

坎纳马拉
Cunnamulla

迪兰巴迪 圣乔治
Dirranbandi St. George

古达温迪

柯拉威尼亚国家公园
Currawinya N. P.

斯坦索普
Stanthorpe

新 南 威 尔 士 州
NEW SOUTH WALES

大
堡
礁
Great Barrier Reef

大
分
水
岭
Great Dividing Range

旅游资讯 地图导览

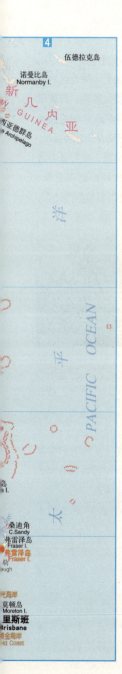

昆士兰州景点介绍

1. 托雷斯海峡（P212 A1—2）

📞（07）4051 3588

托雷斯海峡位于澳大利亚和巴布亚新几内亚之间。多浅滩、岩岛和暗礁，航行较危险。产珍珠、海参等。海峡中分布着许多岛屿，大约19座岛屿上有居民居住。这里的星期四岛曾经是珍珠产业基地。

2. 伯克敦（P212 B1）

📞（07）47455111

伯克是因一部著名小说《爱丽丝城》而出名的。这里历史悠久，有着浓重的土著文化。这里春天的清晨还可以观赏到河面上空变幻莫测的云彩，好似仙境一般，另外这里每年举办远近闻名的垂钓大赛。

3. 莱克菲尔德国家公园（P212 B2）

📞（07）4069 577

⏰6月—11月的周一至周五

莱克菲尔德国家公园是昆士兰第二大国家公园。公园以其湿地和大量的鸟类而闻名。园内有热带雨林和平坦的海滩，各种鸟类在此栖息，游客经过允许才可以搭帐篷安营扎寨。这里是唯一一个允许钓鱼的国家公园。

4. 库克敦（P212 B2）

📞（07）4069 5446

库克敦是一个充满原始气息的边陲小镇。1873年左右发现金矿始建，现已衰落，仅为锡矿及肉类出口港。1770年库克船长曾在此登陆，这里有未被破坏的湿地、红树林、雨林和狭长寂静的沙滩等自然环境。

5. 丹特里国家公园（P212 B2）

📞（07）4098 2188

⏰每天8:30—17:00

丹特里国家公园有地球上最古老的原始森林生态系统。这里的森林拥有一亿六千万年的历史，被列入联合国教科文组织世界遗产名录。这片森林中有430多种珍奇鸟类在此生活，其中有13种鸟类，只有此处可见。公园里的复仇角是少有的热带雨林和海洋相接的地方之一，景色秀丽。

6. 道格拉斯港（P212 B2）

📞（07）4099 5599

道格拉斯港曾经是一个名不经传的小渔村，现在已经发展成为了一个旅游中心，这里有着绮丽的热带风光、国际水准的高尔夫球场、豪华的别墅、人烟稀少的街区，简直是风景如画。这里星期日还特设"跳蚤"市场销售各种工艺品、小食及花朵等。给游人带来了精神上和物质上极大享受。

7. 格林岛（P212 B2）

📞（07）4051 3588

🏠 设有轮椅通道

格林岛很小，绕岛一圈仅需要15~20分钟，但名气很大，因为它是大堡礁群岛中仅有人居住的小岛之一，尽管格林岛现在受到严重的污染，但由于交通便利，游客还是络绎不绝。岛上的美拉尼西亚海洋生物馆生活着鳄鱼和其他海洋生物更为游客增添了不少乐趣。

8. 凯恩斯（P212 B2）

📞（07）4051 3588

节日：The Reef Festival（10月）
凯恩斯欢乐节（7月）

凯恩斯是昆士兰州北部的主要城市，是前往大堡礁、丹特里热带雨林和亚瑟顿高地的必经大门。优美的凯恩斯背倚壮丽高山，茂密雨林遍及四周，并伸延至海边一带。棕榈树环绕的凯恩斯，设计精致的商店与餐馆环绕路边，让人觉得是那么的随和现代。

凯恩斯街景

9. 阿瑟顿（P212 B2）

🕐 周一一周五9:00—17:00，周六8:30—16:00，周日10:00—16:00。

阿瑟顿是昆士兰州北部重要小镇，现在是马里巴富饶的农业中心，一派田园风光。

镇上最吸引人的地方是水晶洞。

10. 贝伦登克国家公园（P212 B2）

📞（07）4063 2655

昆士兰州境内最高的两座山峰均位于贝伦登克国家公园内，山峰高耸入云，约瑟芬瀑布飞流直下，良好的自然生态环境吸引濒临灭绝的食火鸡经常在这里出现。

11. 芒特艾萨（P212 C1）

☎（07）4749 1555

游客指南处：19 Marian Street.

　　芒特艾萨昆士兰州西部重要矿业城市，有世界上最大的银矿和铅矿。每年8月，这里举行盛大的牛仔竞技比赛，还有来自世界各地骑马爱好者表演精湛的马术。

12. 查特斯堡（P212 C2）

☎（07）4752 0314

　　查特斯堡是澳大利亚昆士兰州北部城镇，曾为重要采金业中心。现在是畜产品、奶制品和柑橘类水果的集散地。这里古老的股票交易所，始建于淘金热时期，同时这里还是教育中心。

13. 巴宾达和巨石阵（P212 C2）

☎（07）4067 1008

　　巴宾达有着早期昆士兰遗风的乡村，这里有成排的带走廊的房屋和木屋酒馆。这里绝佳拍摄景点是巨石阵，它是由水流冲刷而成。

14. 大堡礁（P212 C3）

　　位于澳大利亚西北部，是世界上最大的珊瑚礁群，海岸线附近散布着上千座小岛。（详见P96介绍）。

15. 扬格拉国家公园（P212 C3）

☎（07）4944 5888

　　扬格拉国家公园是在一片原始荒野之地上，四周被崎岖的克拉克山脉环绕。园内覆盖着热带雨林和亚热带植被，这里有陡峭的峡谷、清澈的池塘和一泻千里的瀑布。园中的芬治赫顿峡谷是最吸引人的地方，这里有一些野生动物，如负袋鼠、袋狸、小袋鼠和少有的鸭嘴兽。

16. 圣灵岛（P212 C3）

　　圣灵岛位于大堡礁公园内，是由74座岛屿组成的。这些美丽的岛屿深受世界各地旅游者的青睐。无论是游泳、垂钓，还是潜水、冲浪，这里都是理想之地。圣灵岛上只有少数的岛屿提供住宿，既有豪华宾馆，也有旅社、客栈和自助式的公寓。岛上有多种项目活动，如带水肺潜水、观赏鲸鱼、水上飞机和包船航行。

17. 艾尔（P212 C3）

☎（07）4786 5988

　　艾尔是座繁忙的城市，也是甘蔗种植区。这里有现代伯德金文化中心，文化中心内建有剧院、图书馆和艺术画廊。还有艾尔自然博物馆，馆内陈列有爬行动物、贝类化石标本，土著人使用过的工具和武器，另外还有一面由2600块岩石组成的岩石壁，上面有植物标本制作的精美图案。

18. 汤斯维尔（P212 C3）

☎（07）4721 3660

　　汤斯维尔是昆士兰州的第二

大城市，他既有商业大都会的情怀，亦有热带风情的魅力。这里有清澈的海水、细软的沙滩，以及著名的金矿开采区和数个美丽的小岛，是深受游客欢迎的度假胜地。此外，这里还盛产丰富的水果，尤以芒果等热带水果最为著名。汤斯维尔海鲜美食同样远近驰名。

汤斯维尔

19. 美戈妮岛 （P212 C3）

美戈妮岛位于汤斯维尔的郊区，是一个有人居住的珊瑚岛，他的名字是由库克船长命名的。

20. 达克岛 （P212 C3）
（07）4068 7099

达克岛是大堡礁上最有名的岛屿之一。这里最受欢迎的旅游项目是水肺潜水、普通潜水和冲浪。这里还是艺术家集聚地。

21. 欣欣布鲁克岛 （P212 C3）
（07）4776 5211

欣欣布鲁克岛是澳大利亚最大的岛屿国家公园。岛上的最高点是内波文山，波文山上云雾缭绕，仿佛到了人间仙境。这里有茂密的热带雨林、原始生态灌木丛、野生动物小袋鼠和美丽的蓝色天堂凤蝶。这里还有一条狭窄的红树林临海峡。

22. 朗里奇 （P212 D2）
（07）4658 4150

朗里奇是昆士兰州中西部的主要城镇，是澳航的飞行基地，机场有一座创始人博物馆。1988年还建立了一座澳大利亚驯马人名人馆，主要用来纪念早期的开荒者。朗里奇的国内机场、火车站、长途汽车站和游客指南处位于Qantas Park，Eagle Street。

23. 格拉德斯通 （P212 D3）
（07）4972 9000

格拉德斯通是一座工业城市，世界上最大的炼铝厂就坐落在此。但这里的工业生产和旅游业以及自然环境可以和谐发展，城内外的多处旅游胜地很受游客的青睐。

24. 罗克汉普顿 （P212 D3）
（07）4927 2055

罗克汉普顿是一座旅游城市，城市东面是著名的旅游胜地摩羯海岸（Capricorn Coast）和大堡礁，城市的西面有标准的澳洲内陆的风光。南回归线横穿该城，有一座尖顶建筑作为标志。罗克汉普顿是澳大利亚的"牛肉圣地"，全国一半以上的牛肉都出产在这里，因此在这里买牛肉又便宜又好。罗克汉普顿还是一座出产艺术家的城市，城中有很多艺术中心、音乐厅和画廊。这里有囊括多种热带植物植物园，有海滨浴场及山区石灰岩洞穴游览地。另外，阿琪尔山是本地的最高峰，在山上可以俯瞰全城，山上布满了低矮的灌木，是一个享受野趣的好去处。

25. 布莱克道恩高原国家公园（P212 D3）

📞（07）4986 1964

布莱克道恩高原国家公园有海拔600米的砂石高原，站在上面俯瞰四周的悬崖峭壁，茂密的森林和气势壮美的瀑布，园中的野生动物飞鼠、负鼠、小袋鼠和澳大利亚野狗尽收眼底。

26. 卡那封国家公园（P212 D3）

📞（07）4984 4505

🟢 每天8：00—17：00

🏠 设有轮椅通道、商店

卡那封国家公园最吸引人的地方是卡那封峡谷。峡谷中有河流、白色的悬崖、峭壁和石柱。这里的动植物是经过几个世纪进化后存活下来的物种。公园里有三座文化馆对游客开放。这里的木屋旅馆、野营点要提前预订。

27. 赫伦岛（P212 D4）

赫伦岛位于格拉德斯通的东北方向，该岛是大堡礁群岛中最应该去的地方，不但有美丽的珊瑚礁，还有很好的潜水条件。

28. 里弗斯利（P212 E2）

里弗斯利哺乳动物化石遗址位于昆士兰州的南部，这个哺乳动物化石遗址是世界十大哺乳动物化石景点之一。（见P128介绍）。

29. 阳光海岸（P212 E4）

阳光海岸在布里斯班北部。这个旅游景点有海底世界、菠萝园、努萨海滩等。（见P73介绍）

阳光海岸

30. 黄金海岸（P212 E4）

黄金海岸在布里斯班市以南70公里处，是冲浪者的天堂。这里的海浪险急，金沙滩数十个，绵延42公里。（见P71介绍）

31. 雷鸣顿国家公园（P212 E4）

📞（07）5544 0634

⬛ 周一—周五，13：30—15：30

雷鸣顿国家公园建于1915年，1994年被列为世界遗产保护区。园内有茂密森林，有长达160千米林间小径，可以观赏到浓密的南洋杉和无花果树交织成的热带雨林。这里还可以观赏到150多种鸟类，而且在1000米高的山峰上还生长着最耐寒的南极山毛榉树。

32. 达令唐斯（P212 E3）

📞（07）4639 3797

达令唐斯是澳大利亚农业最发达地区，也是昆士兰州最古老的城镇之一。在达令唐斯的中心地段有一个知名的小城"图文巴"，现在的"图文巴"已成为美丽的花园城市，这里举办的花展远近闻名。达令唐斯还有纪念早期殖民者的工作纪念馆，最古老牛仔竞技场和玛丽女皇瀑布国家公园。

33. 马里伯勒（P213 E4）

☎（07）4190 5742

　　马里伯勒建于1843年。当时是为输入劳工提供住宿的地方，也是唯一可以让自由移民定居的港口。现在这里保留许多当时的建筑，既有简陋的劳工茅屋，也有独具特色昆士兰式住宅，又被称为"遗迹城"。

34. 赫维湾（P213 D4—E4）

☎（07）4124 4050

　　赫维湾原来只是有5座渔村的小港湾。由于这里安全的海滩和温和的气候，迅速发展为3万人口的大都会和旅游度假中心。赫维湾是观赏鲸鱼的最佳地方。

35. 弗雷泽岛（P213 E4）

☎（07）4122 3444

🏠 设有轮椅通道、商店、餐馆、咖啡厅，提供导游服务

　　弗雷泽岛是最负盛名的游览胜地之一。岛上有茂密的热带雨林、碧蓝的湖水、宽阔洁白的沙滩，这里为游客提供了一系列度假村和野营地。

弗雷泽岛宽阔的沙滩

36. 满利普斯自然保护区（P213 E4）

☎（07）4159 1652

🚶 每天

🏠 设有轮椅通道，提供导游服务（11月—次年3月，义务）

🔊 海龟游（凭票入场）

　　满利普斯自然保护区是最大的海龟栖息地，从11月到次年的2月许多不同种类的海龟来到这里下蛋孵化后再沿着沙滩返回大海中。这里设有信息咨询处和监控设备，还保留一堵由当年土著劳工修建的古老石墙。

37. 潮湿热带（见P125介绍）

　　潮湿热带位于昆士兰州最东北端，占地90万公顷，是地球上最潮湿的地方之一。

38. 中东部雨林保护区（见P124介绍）

　　该保护区在悉尼以北300公里，面积366 507公顷，其中59 223公顷在昆士兰州，其余在新南威尔士州境内。从地理位置上来讲属于新南威尔士州和昆士兰州。

39. 热带雨林

　　热带雨林1988年被评为世界遗产保护区。

布里斯班市中心景点介绍

1. 佛特谷 (P222 A5)

佛特谷 (Fortitude Valley) 是十分热闹的地方，是当地年轻专业人士、设计师等相关人士喜欢聚集的地方。

2. 中国城（唐人街） (P222 A5)

中国城（唐人街）是值得一去的地方，那里有中国式的超级市场，都是售卖中国特色的食品、调味料等，这里还有很多中国餐馆，在异国他乡品尝正宗的中国佳肴真是别有一番风味。

3. 旧风车 (P222 B3)

旧风车建于1828年，它是由当时服劳役的囚犯建成的。这座别具一格的旧风车并不向游客开放，但游客可以拍照留念。现在古风车已成为历史文物。

4. 圣约翰教堂 (P222 B4)

📞（07）3835 2231

🕐 9:30—16:30（无休日）

♿ 设有轮椅通道，提供导游服务

圣约翰大教堂是市内最主要的天主教堂，建于1901年，独一无二的美石拱顶天花板设计令人感到庄严和圣洁。天主教是澳洲最大规模的宗教，每天都会有虔诚的信徒前来做礼拜，节假日时事实清楚有人常在教堂内举办婚礼和入教洗礼等宗教活动。

5. 海关大楼 (P222 B4)

📞（07）3365 8999

🕐 9:00—16:00

⬛ 公共假日

♿ 设有轮椅通道，提供导游服务，周日餐馆开放

海关大楼建于1886年，于1994年重新修建后向游人开放。海关大楼主要用于举行城市的庆典活动，大楼里面设有餐厅，就餐前要提前电话咨询营业时间。

6. 安扎克广场 (P222 B4)

安扎克广场是座美丽公园，园中花草树木繁多，珍奇的猴面包树可供观赏。布里斯班战役纪念碑立于安扎克广场中心。

7. 故事桥 (P222 B5)

🕐 每天

📞（07）3391 2266

♿ 提供导游服务

🔊 凭票入场

故事桥于1940年对外开放，横跨于宽广的布里斯班河之上，尽管桥不太长，但却是布里斯班市标志性建筑。登上桥的顶峰位置，可以360度无阻碍的观看布里斯班市的全貌，特色建筑、蜿蜒曲折的河流，以及环绕的山峦尽入眼帘，秀美的山川会让您屏气凝神、叹为观止的。尤其是落日时分夕阳下的美景更为迷人。

8. 市政厅（P222 C3）

☎（07）3403 4048

🕐 周一至周五8:00—17:00

　周六至周日10:00—17:00

⚫ 公共假日

♿ 设有轮椅通道，提供导游服务。

　　市政厅建于1930年，它是澳大利亚现存最高建筑费用最贵、最富丽堂皇的市政建筑。这座建筑高106米，高耸的钟楼充分显现出了19世纪英国建筑的特色，是布里斯班市的标志，也是布里斯班市宝贵的历史资产，被称为"百万市府"。现在这里设有观景台，登上观景台可以瞭望市区的全景。

9. 圣史蒂芬斯教堂（P222 C4）

☎（07）3336 9111

🕐 周一——周五8:00—18:00，周六、周日7:00—14:00

♿ 设有轮椅通道，提供导游服务。

　　圣史蒂芬斯教堂建于1874年，它是由早期殖民地的移民集资建成的，是座美丽的英国式风格的天主教堂，更是布里斯班市中心的一个标志建筑。

10. 邮政总局（P222 C4）

🕐 周一至周五8:00—18:00

♿ 设有轮椅通道。

　　邮政总局建于1871—1879年，原址曾是关押女囚的营房，后来成为布里斯班市第一家主要邮政机关，是一座新古典风格的建筑。邮政广场可以看到美丽的喷泉和整齐的草坪，是休闲的好去处。

11. 昆士兰文化中心（P223 D2）

艺术画廊☎（07）3840 7303

图书馆☎（07）3840 7666

表演艺术中心☎ 136246

博物馆☎（07）3840 7555

　　昆士兰州艺术中心位于美丽的布里斯班河的南岸，由艺术画廊、图书馆、表演艺术中心、博物馆组成，昆士兰文化中心是布里斯班市最具规模的艺术和文化的殿堂。在这里时常举办大型文艺演出，各种艺术展览和聚会，这里的是音乐厅是昆士兰州最大的室内音乐会的举办地。演出和开放时间不同，请提前电话咨询。

12. 军需储备博物馆（P223 D3）

☎（07）3221 4198

🕐 周二——周五，周日10:00—16:00

⚫ 耶稣受难日、12月25日、12月26日

♿ 设有轮椅通道。

🎫 凭票入场

　　军需储备博物馆建于1829年，它是由当时服劳役的囚犯建成的。后经修复，并于2000年向游客开放，现已成为昆士兰历史博物馆。

13. 议会大厦（P223 D3）

☎（07）3406 7562

🕐 周一——周五9:30—16:15

周六—周日10:00—14:00

⚫ 公共假日

🏛 设有轮椅通道，提供导游服务。

议会大厦是建于1868年，前身为殖民地的总督府。整个建筑独具法国文艺复兴时期的建筑风格，现在这里是昆士兰州最高的权力和立法机构的所在地，也对市民和游客开放。另外在议会大厦的后面有一处城市植物花园，花园内绿色的草坪、茂密的树林成为人们休闲的好去处。

14. 植物园（P223 D4）

📞 （07）3403 8888

🕐 24小时

🏛 设有轮椅通道。

昆士兰州植物园处于澳大利亚独特的地理位置，并形成了独特的气候环境。这里全年四季常绿、风景幽雅。不仅有奇异的珍稀动物，还有古老的植物12000种以上。园内零星散落的湖泊，吸引了上千种水鸟在此聚集，河畔被保护树种——红树非常名贵，游客只能在专门的人行道上观赏。

昆士兰洲植物园内的植物

15. 布里斯班河南岸地区（P223 E3）

📞 （07）3867 2051

🕐 每天9:00—17:00

🏛 设有轮椅通道。

布里斯班河南岸地区是1988年举办世界博览会的地方，现在已经成为布里斯班市的文化娱乐休闲中心，这里有昆士兰表演艺术中心、昆士兰博物馆、昆士兰艺术画廊、昆士兰音乐学院、展览中心及有影响的大学。

16. 旧政府大厦（P223 E5）

📞 （07）3864 8005

旧政府大厦建于1862年，早年不仅是政府官员的官邸，还是昆士兰州行政中心和社会活动中心，也是昆士兰大学校址。政府于2009年修缮后向游人开放。修缮后的大厦增加了一座美术馆，这里收藏了很多知名艺术家的字画，是书画爱好者的理想参观之地。

17. 昆士兰海洋博物馆（P223 F3）

📞 （07）3844 5361

🕐 9:30—16:30

⚫ 耶稣受难日、4月25日（上午）、12月25日、12月26日、

🏛 设有轮椅通道，提供导游服务。

🔊 凭票入场

海洋博物馆建于1889年，馆内有繁多陈列品，包括由昆士兰沿海的沉船残骸复制出来的各种船只模型，而经过修复的澳大利亚皇家海军舰艇则是该馆的镇馆之宝。

布里斯班市中心 BRISBANE CENTRAL

布伦瑞克街 Brunswick St.

布拉德 菲尔德 公路 Bradfield Hw

故事桥 Story Bridge

坎加鲁角 Kangaroo Point

凯普坦·伯尼公园 Captain Burke Park

詹姆斯·沃纳公园 James Warner Park

怀特公园 E.T.White Park

希伦瑞克购物街 中国城(唐人街) China Town

万圣学院 All Hallows College

城市河段 Town Reach

布里斯班万豪酒店 Brisbane Marriott

物特谷 百年广场 Anniversary St.

皇后街 Queen St.

圣詹姆斯学院 St.James College

海关大楼 Customs House

澳神电讯 Telstra House

里弗赛德中心 Riverside Centre

伊格尔街码头 Eagle St Pier

滨河商场 Waterfront Place

圣约翰教堂 St Jons Anglican

圣史蒂芬教堂 St Stephens

布里斯班中央小学 Brisbane Central Primary

圣公会 教堂广场 Cathedral Square

沃夫街 Wharf Street

邮政总局

皇家埃德华饭店 Royal Albert Hotel

斯普林山 Spring Hill

阿斯特公寓 The Astor Apartments

万圣森科技中心 Tce - All Saints

州政府 State Govt

希尔顿饭店 Hilton International

都市汽车旅馆 Metropolitan Motor Inn

昆士兰运输局 Queensland Transport

救世军 Salv.Army

救世军城堡 Salv.Army

爱德华国王公园 King Edward Park

国王乔治广场 King George Sqr

逛尔购物中心 Myer

旧风车 牙科医院 Dental Hosp.

州议府 State Govt

圣安德鲁斯医院 St.Andrews Hosp.

圣灵医院 Holy Spirit hospital

旧风车天文台 Old Windmill Observatory

市政府 City Hall

埃菲广场 Efty Plaza

古德阿斯 Goodearth

卡尔顿顶 Carlton Crest

市政厅广场 King George Sqr

布里斯班女子文法学院 Brisbane Girls Grammar

维多利亚公园 Victoria Park

Wickham Tce.

爱玛街广场 Emma Plaza

法院 Law Courts

布里斯班男子文法学院 Brisbane Boys Grammar

乡村妇女联合会 CWA

活力中心 Activity Centre

假日饭店 Holiday Inn

萨维尔阿比饭店 Saville Abbey Hotel

伊比斯饭店 Ibis Mercure

昆士兰州立图书馆 State Library

罗马街公园绿地 Roma St Parklands

露天剧场 Amphitheatre

罗马街 Roma St.

布里斯班客运总站 Brisbane Transit Centre

警察总部 Police Hdqrs

威廉·乔利桥 William-Jolly Bridge

南布里斯班 South Brisbane

阿彻菲尔德公园 Archerfield Park

维多利亚军营 Victoria Barracks

维多利亚军营 Upper Roma St. Barracks

科罗内申街 Coronation Dr

库瑞尔帕角 Kurilpa Point

米尔顿河段 Milton Reach

Countess St.

Petrie Tce.

222

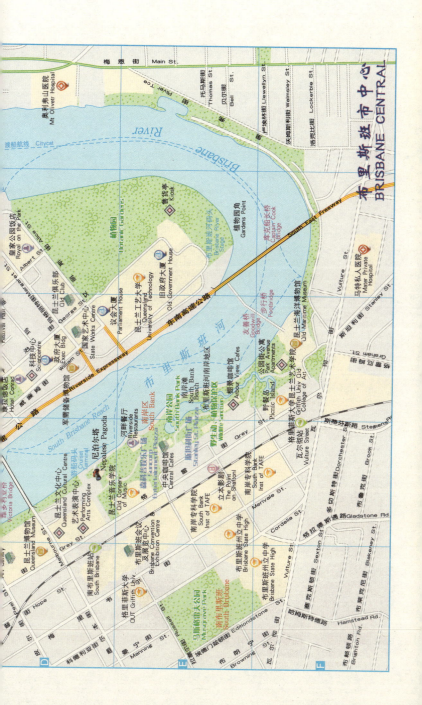

梅恩街 Main St.

奥利弗山医院 Mt Oliver Hospital

River Tce

托马斯街 Thomas St.
贝尔街 Bell St.
卢埃林街 Llewellyn St.
沃姆斯利街 Walmsley St.
洛克比街 Lockerbie St.

渡船航线 Citycat

布里斯班 Brisbane River

皇家公园饭店 Royal on the Park

阿尔伯特街 Albert St.

南希街 Nancy St.

节日大厅 Festival Hall

植物园 Botanic Gardens

售货亭 Kiosk

布里斯班码头 Brisbane Rive Stage

植物园角 Gardens Point

库克船长桥 Captain Cook Bridge

南海高速公路 South East Freeway

兀鹫街 Vulture St.

马特私人医院 Mater Private Hospital

乔治街 George St.

昆士兰俱乐部 Old Club

威廉街 William St.

科技中心 Sciencentre
波斯大厦 Forex Bldg
国家艺术中心 State Works Bldg

议会大厦 Parliament House

昆士兰工艺大学 Queensland University of Technology

旧政府大厦 Old Government House

东海高速公路 South East Expressway

步行桥 Footbridge

古德威尔桥 Goodwill Bridge

斯坦利街 Stanley St.

格雷厄姆街 Graham St.

斯坦利街 Stanley St.

霍特尔康拉德 Hotel Conrad

威廉街 William St.

河畔高速公路 Riverside Expressway

南布里斯班河湾 South Brisbane Reach

尼泊尔塔 Nepalese Pagoda

河畔餐厅 Riverside Restaurants

游船码头 Cruise Terminal

南岸区 South Bank

南岸公园 South Bank Park
南岸滩 South Bank Beach
布里斯班河南岸地区

野生动物馆 Wildlife Sanctuary

蝴蝶咖啡馆 Arbour View Cafes

公园街公寓 Park Avenue Apartments

驿站角 Picnic Island

昆士兰海洋博物馆 Old Maritime Museum

斯蒂芬路 Stephens Rd.

维多利亚桥 Victoria Bridge

昆士兰文化中心 Queensland Cultural Centre

格雷街 Grey St.

艺术表演中心 Performing Arts Complex

昆士兰音乐学院 Old Conservatory of Music

斯坦利广场 Stanley St. Plaza

格雷街 Grey St.

中央咖啡馆 Central Cafes

沙夫顿 The Point on Shafton

格里菲斯大学昆士兰艺术学院 Griffith Univ Qld College of Art

瓦尔彻街 Vulture Street

多切斯特路 Dorchester St.

布鲁克街 Brook St.

昆士兰博物馆 Queensland Museum

梅尔本街 Melbourne St.

南岸专科学院 South Bank Inst of TAFE

立本影剧 Inst of TAFE

梅里韦尔街 Merivale St.

格拉德斯通路 Gladstone Rd.

拉塞尔街 Russell St.

格雷街 Grey St.

南布里斯班站 South Brisbane

南布里斯班 South Brisbane

南岸培训会议及展览中心 Brisbane Convention & Exhibition Centre

科迪莉亚街 Cordelia St.

布里斯班州立中学 Brisbane State High

塞克斯顿街 Sexton St.

布赖顿路 Brighton Rd.

希望街 Hope St.

格里菲斯大学 QUT Griffith Univ.

马格雷夫大公园 Musgrave Park

南布里斯班 South Brisbane

瓦尔彻街 Vulture St.

勃朗宁街 Browning St.

哈姆斯特德路 Hamstead Rd.

布赖顿路 Brighton Rd.

曼宁街 Manning St.

科迪莉亚街 Cordelia St.

布里斯班州立中学 Brisbane State High

D E F

223

南澳大利亚州

⧗ 最佳旅游时间

夏季（12月—次年2月）是南澳大利亚的理想旅游季节，可欣赏风景优美的乡村，茂密高贵的红桉树林，广阔无垠的葡萄园，古色古香的石筑农舍。但12月中到翌年的1月底适逢学校放暑假，游人较多。最佳观鲸季节在7月—9月。游墨累河的最佳季节是10月—4月。

❂ 气候

南澳大利亚属地中海型气候。夏季（12月—次年2月），温暖干旱，甚至炎热，白天适于穿轻便衣物，夜晚转凉爽，应随身携带外衣；冬季（6月—8月），温暖多雨，应穿毛衣、夹克、外套，甚至保暖衣服，是旅游淡季。

昆士兰州主要景点

- 库伯佩迪
- 弗林德斯岭
- 巴罗萨山谷
- 坎加鲁岛（袋鼠岛）
- 哺乳动物化石遗址

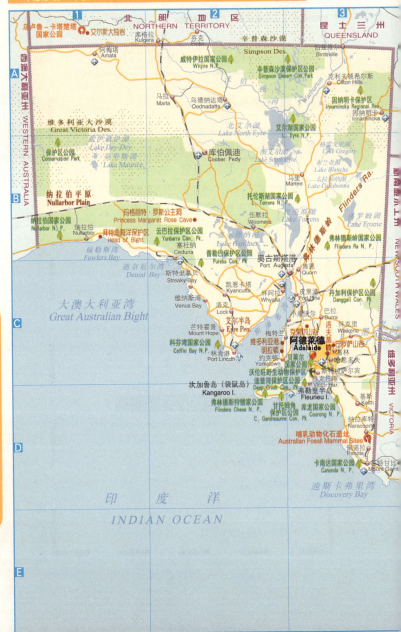

北 部 地 区
NORTHERN TERRITORY

昆士兰州
QUEENSLAND

乌卢鲁－卡塔楚塔
国家公园
艾尔斯大独石
库格拉
Kulgera

芬克
Finke

辛普森沙漠
Simpson Des.

伯兹维尔
Birdsville

阿梅塔
Amata

威特伊拉国家公园
Witjira N.P.

辛普森沙漠保护区公园
Simpson Desert Con. Park

克里夫顿希尔斯
Clifton Hills

A

马拉
Marla

乌德纳达塔
Oodnadatta

维多利亚大沙漠
Great Victoria Des.

戴伊戴伊湖
Lake Day-Dey
茉里斯湖
Lake Maurice

库伯佩迪
Coober Pedy

北艾尔湖
Lake North Eyre

南艾尔湖
Lake South Eyre

艾尔湖国家公园
L. Eyre N.P.

因纳明卡保护区
Innamincka Regional Res.
因纳明卡
Innamincka

格雷戈里湖
Lake Gregory

布兰奇湖
Lake Blanche

卡里奇湖
Lake Callabonna

保护区公园
Conservation Park

B

马里
Martee

弗林德斯岭
Flinders Ra.

罗姆湖
Lake Frome

纳拉伯平原
Nullarbor Plain

玛格丽特·罗斯公主洞
Princess Margaret Rose Cave

托伦斯湖国家公园
L. Torrens N.P.

伍默拉
Woomera

弗林德斯岭国家公园
Flinders Ra N.P.

纳拉伯国家公园
Nullarbor N.P.
纳拉伯
Nullarbor

拜特角海洋保护区公园
Head of Bight

云巴拉保护区公园
Yunbarra Con. Pk.

普勒巴保护区公园
Pureba Con. Park

奥古斯塔港
Port Augusta

库恩
Quorn

福勒斯湾
Fowlers Bay

塞杜纳
Ceduna

根纳德湖
Lake Gairdner

丹加保护区公园
Danggali Con. Pk.

C

大澳大利亚湾
Great Australian Bight

迪奈尔湾
Denial Bay

斯特里基贝
Streaky Bay

维纳斯湾
Venus Bay

凯恩卡塔
Kyancutta

洛克
Lock

怀阿拉
Whyalla

皮里港
Port Pirie

巴里
Burra

怀克里
Waikerie

芒特霍普
Mount Hope

艾尔半岛
Eyre Pen.

梅特兰
Maitland

小派内尔
克莱尔山谷
Clare

洛克斯顿
罗萨萨山谷
Barossa Valley

科芬湾国家公园
Coffin Bay N.P.
林肯港
Port Lincln

维多利亚港
明拉顿

约克敦
Yorketown

阿德莱德
Adelaide

巴克山谷

哈恩多夫

坎加鲁岛（袋鼠岛）
Kangaroo I.

沃伦旺野生动物保护区公园
Deep Creek Con. Park

斯特拉尔宾

弗勒里半岛
Fleurieu I.

基斯
Keith

弗林德斯狩猎家公园
Flinders Cheese N.P.

托姆角
保护区公园
C. Gantheaume Con. Pk.

库龙国家公园
Coorong N.P.

D

哺乳动物化石遗址
Australian Fossil Mammal Sites

纳拉库特
Naracoorte

佩诺拉
Penola

卡南达国家公园
Canunda N.P.

芒特甘比
Mount Gambi

迪斯卡弗里湾
Discovery Bay

印 度 洋
INDIAN OCEAN

E

南澳大利亚州景点介绍

1. 威特伊拉国家公园（P226 A2）

☎（08）8670 7822

◐ 每天开放（全天都需要公园保护区的通行证）

　　威特伊拉国家公园里有沙丘、盐沼、温泉、漂石平原和森林等自然景观，其中最著名的是达尔豪西温泉，它有60多个泉眼，自发冒出的温水供养着当地土著人和野生动物。

2. 辛普森沙漠保护区公园（P226 A3）

☎（08）8670 7822

◐ 每天开放（全天都需要公园保护区的通行证）

　　辛普森沙漠保护区公园，有湖泊、沙丘、森林和草地等自然景观。这里有180多种鸟类、92种爬行动物和44种哺乳动物。由于这里的气候干燥，有许多动物喜欢夜间活动。

3. 艾尔湖国家公园（P226 A3）

☎（08）8672 5298

公园办公室☎1800 816 078（24小时）

◐ 周一—周五

● 公共假日

　　艾尔湖国家公园涵盖了整个艾尔湖，是澳大利亚最大的盐水湖。艾尔湖是很有趣的湖泊。它像幽灵一样，时而出现，时而消失，踪迹难觅。随着当地暴雨来

临，这片干旱的土地成为了许多野生动物，如白海鸥、红颈鹬、鹈鹕等的栖息地。这些动物从遥远的北方簇拥而至，觅食湖里的小鱼，在此繁殖。在缺水的季节，覆盖盐层的坚硬湖底则用作数种路上竞技活动的场地。

4. 纳拉伯平原（P226 B1）

☎（08）8625 2780

◐ 周一—周五9:00—17:30，周六、周日10:00—16:00

● 耶稣受难日、12月25日

　　纳拉伯平原位于澳大利亚的西南部，濒临澳大利亚湾，东西横跨西澳大利亚、南澳大利亚两州，绵延560千米，平均高度100米。该平原的特点是：气候干燥，植物贫乏，人口稀少。纳拉伯平原的地下是世界上最长的岩洞体系，在平原的边界有很多岩洞，为了人身安全没有经验的人是不能随便进入岩洞的。

5. 塞杜纳（P226 B2）

☎（08）8625 2780

　　塞杜纳位于艾尔半岛的西部，是最具有澳大利亚西部风情的城镇，也是西部的商业中心。小镇上有老校舍国家托管博物馆，馆内有祖先们使用过的耕具、土著民族制作的手工艺术品。

　　塞杜纳海岸线附近的圣彼得

岛，早在19世纪50年代有个捕鲸站，现在已成为观看鲸的基地。

弗林德斯岭

6. 库伯佩迪（P226 B2）

☎（08）8672 5298

　　位于阿德莱德西北边的库伯佩迪小镇是南澳沙漠中的繁华小镇，库伯佩迪这个名字来源于土著语，意思是"洞穴里的白人"。多么贴切的名字啊，因为库伯佩迪城里的矿山、房屋、旅馆和教堂都是在地下建成的，这样就可以避开白天的高温和夜晚的低温。地下艺术长廊陈列着土著艺术品和蛋白石开采有关的展品。库伯佩迪还是澳宝之乡，南澳出产的是白澳宝，也叫牛奶澳宝。世界上半数以上的白澳宝产于库伯佩迪。

库伯佩迪

7. 弗林德斯岭（P226 B3）

游客接待中心☎（08）8648 0048
公园办公室☎ 8648 0049

🔲 每天

　　弗林德斯岭位于阿德莱德以北约600公里处，这里有令人赞叹的美景和受保护的野生动物。这里有许多著名的景点，如弗林德斯岭国家公园、甘蒙国家公园

和马克布尔山国家公园。其中马克布尔山国家公园内茂密的野花和舒适的步行道，穿梭其间，景色十分优美。弗林德斯岭北部有一个美丽的基隆小镇，小镇里坐落着引人入胜的沃伦、亚拉哈谷和巴卡灵峡谷。

8. 约克敦（P226 C2）

☎（08）8821 2333

　　约克敦早期是约克半岛的商业中心，是澳大利亚主要产盐区。周围约有300个盐湖，受气候影响有些盐湖在一年当中任何时期都会神奇的变成粉红色。约克敦主要景点是爱恩斯国家公园，园内有悬崖绝壁、灌木丛、桉树、盐湖、沙滩、袋鼠、鸸鹋，还生活着难得一见的桉树鸡。公园里有许多好玩的地方，如布朗海滩、佩德洛湾、唐人溪和鲑鱼洞，还有冲浪和钓鱼。

9. 明拉顿（P226 C2）

☎（08）8853 2600

　　明拉顿是一座地处农场区中心的城市。第一封越过大洋、穿过南半球的航空信件的目的地就

旅游资讯　地图导览

228

是明拉顿，由此而名声在外。这里的巴特勒·哈利纪念馆里存放着世界上仅存的一架"红魔号"飞机，巴特勒·哈利是第一次世界大战时期的飞行先驱。

10. 维多利亚港（P226 C2）

☎（08）8821 2333

维多利亚港坐落在约克半岛的西岸，是一个宁静的度假胜地，是钓鱼、游泳和潜水的好地方。游客可以在这里参观海事博物馆，馆内收藏了航海和船运方面的历史文物和图片文字记载。这里还有一座小岛，名为瓦当，此岛由土著居民管理。瓦当小岛的海底有失事船只的残骸。

11. 怀阿拉（P226 C2）

怀阿拉是南澳大利亚州最大的地方城市，虽然是一个工业中心，但它有许多美丽的海滩和钓鱼场所。目前已经向游人开放，并建起许多船坞、花园、餐厅和咖啡厅，是休闲娱乐的好地方。

12. 林肯港（P226 C2）

☎（08）8683 3544

林肯港坐落在艾尔半岛，是世界上最大的天然港之一，它是捕鱼和海产品加工中心。林肯港的标志性建筑有：建于1842年的米卡拉站，是最古老的牧羊站；科皮史密斯农业博物馆。林肯港以南是林肯国家公园，这里的风景独特，陡峭的石头山、峭壁、隐蔽的海湾和沙滩，还有鸸鹋、

鹦鹉和海鹰等，风景这边独美。

13. 科芬湾国家公园（P226 C2）

☎（08）8688 3111

🕐 每天

⬤ 12月25日

🚗 任何车辆凭票入场、限制轮椅进入

科芬湾国家公园位于艾尔半岛的西南，这个公园的特点是未被开采仍保留着原始的形貌。公园内有盛开的野花，种类繁多的鸟和稀奇古怪的鱼。公园中还有最好的冲浪海滩——阿尔蒙塔海滩。

14. 墨累河（P226 C2—3）

☎（08）8586 6704

墨累河是澳大利亚最大的河流，由数十条大小支流组成，如达令河、拉克伦河、马兰比吉河、米塔米塔河、奥文斯河、古尔本河和洛登河等；其中最大的是达令河。河水碧绿洁净、浩浩荡荡，沿岸景色壮丽非凡，人们可以乘坐设备齐全的豪华游艇尽情观赏迷人的河景和饱览墨累河沿岸风光。在墨累河游览，还有多种多样的休闲活动，如：划艇、水上滑雪、垂钓、游泳和野餐。在墨累河灌溉区中心地带的伦马克城的小镇码头上，有一个漂浮的博物馆，追忆着过去的历史。墨累河流经的怀克里，举办过世界滑翔竞标赛，是绝佳的滑翔中心。

15. 阿德莱德（P226 C3）

游客接待处 📞（08）8303 2033

节日：阿德莱德艺术节和音乐节

（每年的2月，交替举行）

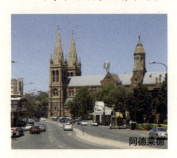
阿德莱德

阿德莱德是一个丰富多彩的城市。城市中心有议会大厦、市政厅、博物馆、艺术画廊、图书馆和大学等一系列的公共建筑物。城市西部有一多功能节日艺术中心，包括一户外圆形剧场，是阿德莱德著名的两年一次的艺术节举办地。这里还有独特河岸风光，位于城市东部的托伦斯河河岸边有植物园和动物园。此外，游客可以租用短桨船来游览托伦斯河，饱览阿德莱德的城市风光。

16. 巴罗萨山谷（P226 C3）

南澳巴罗萨山谷是最著名的红酒产地，享有国际盛名。连绵

巴罗萨山谷

起伏的山上到处都是葡萄，是观光者和葡萄酒爱好者的理想去处。巴罗萨山谷建有许多葡萄酒酿酒厂，如奥兰多、格兰特伯奇、诗宝特、彼得·利蒙、罗克福德、奔富酒园、合富酒园、萨尔特拉姆和亨舍庄园。巴罗萨山谷有19世纪的建筑、教堂、音乐和德国式的传统节日。每年4月举办巴罗萨节，8月举行音乐盛会。

17. 梅特兰（P226 C3）

📞（08）8821 2333

梅特兰是个美丽的小镇，它保留了许多殖民时期的精美建筑，如旅馆和天主教堂。梅特兰还有一座博物馆，馆内陈列着与农业和民间收藏有关的物品。记录了这个地区的历史和发展过程。

18. 小康沃尔（P226 C3）

📞（08）8821 2333

"小康沃尔"并不是一个简单的自然村名，而是蒙塔、卡迪纳和沃拉鲁三个城镇之和的总称，这三个城镇均位于约克半岛，也被称之为"铜海岸"。因为澳大利亚的第一个铜矿冶炼厂建立在沃拉鲁，最早发现的铜矿在卡迪纳，历史上曾经最丰富的矿藏发现在蒙塔。由于铜矿的发现开采给这里带来了财富也给这些城镇留下了精美的建筑，直到现在每隔一年都要举行"康沃尔节"。

19. 克莱尔山谷（P226 C3）

📞（08）8842 2131

旅游资讯 地图导览

克莱尔山谷风景如画是澳大利亚盛产葡萄酒的地区。山谷的边缘有美丽的克莱尔镇，镇上的建筑历史年代久远，国家信用博物馆也建立在此。山谷以南是七山酒窖，该酒窖是全区的第一个酒窖，闻名遐迩，酒窖的东边是明他鲁（Mintaro）遗留的小镇，镇上有很多建筑已经超过了150年的历史。山谷东北处的巴拉镇是一个风景迷人的小镇，值得看。

山谷里美丽的葡萄园

20. 皮里港（P226 C3）

📞（08）8633 8700

皮里港是个工业中心，是南半球最大的铅矿冶炼地。每年10月这里都要举办澳大利亚音乐节。

21. 奥古斯塔港（P226 C3）

📞（08）8641 0793

奥古斯塔港是澳大利亚的重要港口和交通要道。作为港口其

奥古斯塔港

发电量约占全国的40%，此处的北方火力发电站是这里的重要风景线，该港口作为交通要道是铁路、公路的交叉点。奥古斯塔港可以免费参观。

22. 贝莱尔国家公园（P226 C3）

📞（08）8278 5477

🕐 每天8:00—16:30

⚫ 12月25日

🏠 限制轮椅进入

🎫 凭票入场

建造于1891年的贝莱尔国家公园是世界上最古老的国家公园之一，这里的网球场和帐篷可以租用。游客可在高高的桉树林及凉爽峡谷里漫步、野餐，还能观赏到野生动物，尤其是可以近距离观看袋鼠。

23. 沃伦旺野生动物保护区（P226 C3）

📞（08）8370 9197

🕐 每天9:00—21:00

⚫ 12月25日

🏠 设有餐厅、轮椅通道

🎫 凭票入场

沃伦旺野生动物保护区景色美丽，这里的工作人员一直做着拯救濒临灭亡野生动物的工作，如长鼻袋鼠等。该保护区还是澳大利亚唯一成功繁育鸭嘴兽的地方，保护区内提供了多种娱乐项目，包括日落时分带领游客前往景区观赏夜间活动的动物。

24. 哈恩多夫（P226 C3）

📞（08）8388 1185

哈恩多夫是一个德国式的小镇。在这里可以观赏到许多德国式的古老建筑，游人在绿树成荫的道上漫步，享受充满历史文化的小镇风景。这里有南澳大利亚著名山水画家的故居，后来成为汉斯·海森的故居，对游人开放。还有一座1842年修建的石头磨房。

25. 斯特拉萨尔宾（P226 C3）

（08）8536 3212

斯特拉萨尔宾是一个古老的小镇，坐落在安格斯河流的岸边，镇上保留了很多古老的建筑，如1858年修建的警察局、1865年修建的法院、著名的双层伦敦之屋等，都为小镇增添了古老而又神秘的色彩。另外在小镇的东南方向有著名的兰汉溪葡萄酒产区。

26. 洛夫蒂岭（P226 C3）

（08）8370 1054

设有咖啡店、商店、餐馆

洛夫蒂岭是人们休闲的好去处，山上有凉亭、绿树和野花，人们可以在此纳凉，可以站在山顶俯瞰阿德莱德城市，还可以在植物花园里看到北美的杜鹃和木兰；山下是克莱兰德野生动物保护公园，游人能够与考拉合影留念，也能够近距离的观赏鸟类。

27. 鸟林（P226 C3）

（08）8568 5401

鸟林并不是鸟的栖息地，而是阿德莱德山脉中一个安静的小镇。小镇汽车博物馆里所收藏的汽车、老爷车、敞篷车和摩托车的数量和品种世界闻名。

28. 坎加鲁岛（袋鼠岛）（P226 D2）

（08）8553 1185

设有轮椅通道、提供导游服务

坎加鲁岛（袋鼠岛）岛长155公里，宽55公里，面积4500平方公里，是澳大利亚的第三大岛，是观看以袋鼠为代表的本土动物的最佳地方，是南澳最著名的旅游区之一。由于地理位置偏僻，所以生态环境绝佳，是鸟类生存的天堂。岛上超过一半面积的植被是原生林，该岛四分之一的面积被定为国家公园和自然保护区。主要景点均分布在岛上的国家公园和自然保护区内，如：战舰拱门、神奇岩石、海豹湾、凯利山的岩洞等。南部海岸多暗礁，有许多轮船在此沉没，所以沉船遗骸和灯塔也是岛上的知名景观。

坎加鲁岛

29. 芒特甘比尔（P226 D3）

（08）8724 9750

飞机、长途汽车、公交汽车

芒特甘比尔位于阿德莱德东南方向，因为该城市是建立在死火山口的斜坡上，所以它的名字是以火山来命名的。火山口是人们必看的景点，该城市的蓝湖也是不容错过的景点之一，蓝湖湖水的颜色会随着时间和季节的变化而改变颜色，给游人带来神秘的感觉。

30. 佩诺拉（P226 D3）

☎（08）8737 2855

佩诺拉是历史悠久的古老小城镇，盛产葡萄酒。建于1893年的酒厂就坐落在该小镇，目前还有20多家酿造厂。在佩诺拉郊区的北部坐落着布尔礁湖，布尔礁湖已被联合国教科文组织定为国际级沼泽保护区。在布尔礁湖，游客可以观赏到各种各样的野生动物和150多种鸟类。

31. 维克托港（P226 D3）

弗勒里半岛南端的维克托港是1837年建的捕鲸站。如今那血腥的历史已经过去，1864年停止捕鲸，濒临灭绝的露脊鲸受到保护，它们于6月至10月间成群结队进入海港，经此地迁徙，因此从港口悬崖上观看鲸鱼的活动是一种难得的享受。

32. 哺乳动物化石遗址（P226 D3）

哺乳动物化石遗址位于南澳大利亚州南部的纳拉库特，这个哺乳动物化石遗址是世界十大哺乳动物化石景点之一，被评为世界遗产。

纳拉库特岩洞的钟乳悬挂物

纳拉库特几万年滴成的波纹状钟乳石

维克托港

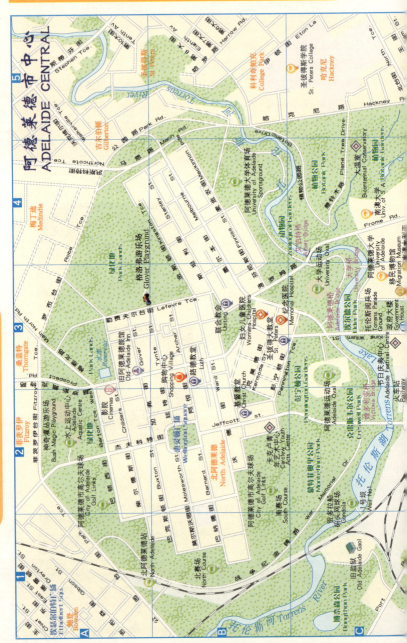

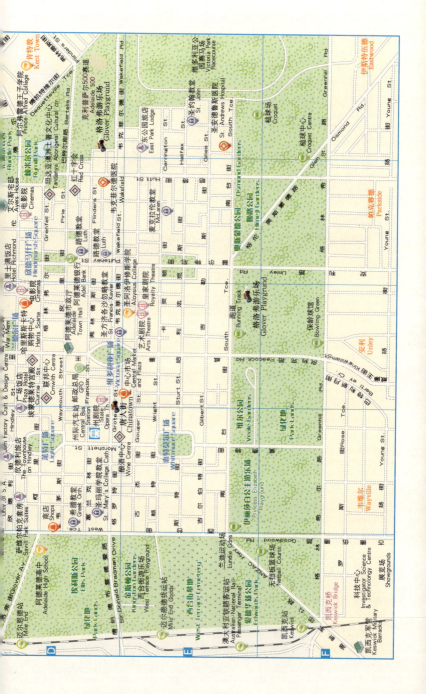

肯特教
Kent Town

阿尔弗雷德王子学院
Prince Alfred College

伊斯特伍德
Eastwood

克利首尔500赛场
Adelaide 500

格洛弗游乐场
Glover Playground

圣约翰教堂
St. John

维多利亚公园
赛马场
Victoria Park
Racecourse

槌球场
Croquet

东公园旅店
East Park Lodge

圣安德鲁斯医院
St. Andrews Hospital

槌球中心
Croquet Centre

纳米公园
Rymill Park

坦达亚澳大利土著文化中心
Tandanya Aboriginal Cultural Ctr.

红十字会
Red Cross

艾尔斯宅邸
Ayers House

电影院
Cinemas

韦克菲尔德医院
Wakefield

伊丽莎白公园
Rundle Gardens

帕克赛德
Parkside

里土满饭店
Hotel Richmond

欣德马什广场
Hindmarsh Square

依纳马卡特
Plaza Hotel

电影院
Cinemas

路德教堂
Luth

麦克拉伦教堂
McLaren

骑路公园
Pine Gardens

阿德莱德市政厅
Adelaide Town Hall

联邦银行
Adel Bank

路德教堂
Luth

韦克菲尔德街
Wakefield St.

圣阿洛伊修斯学院
Aloysius College

哈里斯斯卡特
Harris Scate

格林费尔街
Grenfell St.

皮里街
Pirie St.

弗林德斯街
Flinders St.

韦克菲尔德街
Wakefield

皇家剧院
Royalty Theatre

跑道
Running Track

格洛弗游乐场
Glover Playground

埃塞尔莱特中心
购物中心
Adelaide
Plaza Hotel
Shopping Centre

州际汽车站
中央巴士
Central Bus
Station

邮政总局
GPO

联邦中心
Cmwith Centre

艺术剧院
Arts Theatre

圣弗朗西斯沙勿略教堂
St. Francis Xavier

圣阿洛伊修斯学院
Aloysius College

保龄球场
Bowling Green

安利
Unley

光明广场
Light Square

州剧院
State
Opera Th.

富兰克林街
Franklin St.

格罗特街
Grote

维多利亚广场
Victoria Square

中心市场
Central Market
and Plaza

唐人街
Chinatown

韦玛斯街
Weymouth St.

怀特街
Wright St.

吉尔伯特街
Gilbert St.

斯特尔特街
Sturt St.

维尔公园
Veale Gardens

绿化地
Park Lands

威特莫尔广场
Whitmore Square

酿酒中心
Wine Centre

莫非特街
Morphett St.

圣玛丽亚学院教堂
St. Mary's College Cath.

希腊东正教教堂
Greek Orth.

商店
Shops

圣马丽斯学院教堂
St. Mary's College

伊丽莎白公主游乐场
Princess Elizabeth
Playground

韦维尔
Wayville

阿德莱德高中
Adelaide High School

埃利斯公园
Ellis Park

阿德莱德游乐场
West Terrace Playground

班迪运动场
Bundle Gdns

无挡板篮球场
Netball Courts

古迪运动场
Goodwood

沙维尔公园套房
Savill Park Suites

绿化地
Park Lands

金斯顿公园
Kingston Gardens

西台弗快运站
West Terrace

西台铁琴地
Kitwerth Park

澳大利亚铁路客运站
Australian National Rail
Passenger Terminal

迈尔斯终点货站
Mile End Goods

凯西克站
Keswick

凯西克军营
Keswick Military
Barrack

凯西克桥
Keswick Bridge

科技中心
Investigator Science
& Technology Centre

展览场
Showgrounds

235

阿德莱德市中心景点介绍

阿德莱德市区街景

1. 托伦斯河（P234 B1—B5）

蜿蜒于阿德莱德市的托伦斯河给这个城市带来了灵气和活力，使这个城市显得更加端庄和秀美，游人们可以在河中一边划船一边欣赏河边的美景，悠然自得。

2. 圣彼得大教堂（P234 B3）

圣彼得大教堂建于1869—1876年，有两个尖顶，其彩色玻璃窗上绘有栩栩如生的圣经故事，是澳大利亚最好的哥特式建筑之一。

3. 节日庆典中心（P234 C3）

节日中心位于市中心，1977年竣工，以托伦斯湖为背景，自然美丽，是人们野餐散步的好场所。

4. 议会大厦（P234 C3）

议会大厦于1939年竣工，其建筑外观由十根圆形大理石柱为基本轮廓，建筑既有特色又不失庄重严肃的感觉。

5. 移民博物馆（P234 C3）

📞（08）8207 7580

⊙ 每天

● 耶稣受难日、12月25日

♿ 设有轮椅通道

移民博物馆曾经是阿德莱德的难民庇护所，还是海洋和汽车博物馆的原址。人们在这里可以了解从世界各地来澳大利亚寻找新生活人们的故事，可以看见重修的早期居民房。

6. 南澳博物馆（P234 C3）

📞（08）8207 7500

⊙ 每天10:00—17:00

● 耶稣受难日、12月25日

♿ 设有轮椅通道

南澳大利亚博物馆是全球重要的博物馆之一。这里主要收藏土著工艺品，展出37000件文物和

旅游资讯 地图导览

236

50 000多张照片，以及录像记录等，使参观者能够完整地了解土著居民的生活和他们对生活的无限创意以及与适应环境的天性。

7. 植物园（P234 C4）

植物园位于市中心的东北方向，面积大约20公顷，1855年对外开放，植物园最吸引人们的是美丽的人工湖和具有200多年历史的温室，温室是按照热带雨林环境建造而成。

8. 兰德尔广场（P235 D3）

📞（08）8223 5522

🕐 每天

🌑 公共假日

兰德尔广场是阿德莱德市的主要商业街和购物地点。这里有许多规模大小不一的百货公司，出售各种饰品的小商店，人们可在此随意选购。

9. 埃蒙德莱特宫殿（P235 D3）

♿ 设有轮椅通道

埃蒙德莱特宫殿位于威廉国王街，建于1878年，原来是银行，现在是移民资料中心，对公众限制性开放。

10. 坦达亚澳洲土著文化中心（P235 D4）

📞（08）8224 3200

🕐 每天10:00—17:00

🌑 耶稣受难日、12月25日、1月1日

♿ 凭票入场、设有轮椅通道、商店、咖啡厅

坦丹亚位于格林费尔街Grenfell Street，是一所优秀的文化学院，成立于1989年。他是澳大利亚第一个由土著人拥有并运作的艺术中心，学院主要作用是本土艺术画廊、教育专题学术讨论会和表演场地。这里还可以买到土著居民的艺术品和手工艺品。

11. 艾尔斯宅邸（P235 D4）

📞（08）8223 1234

🕐 周二—周五10:00—16:00，周六、周日和公共假日13:00—16:00

🌑 周一，耶稣受难日、12月25日

♿ 设有商店、轮椅通道（限一层）、提供导游服务

🔊 凭票入场

艾尔斯宅邸是澳大利亚殖民时期的建筑，是南澳大利亚一位颇有影响力前总理亨利·艾尔斯的故居。目前故居对外开放，人们在这里可以观赏到比较古老的维多利亚式的家具、摆设、纪念品和艺术品。

12. 中心市场（P235 E3）

📞（08）8203 7494

🕐 周二、周四—周六

🌑 公共假日

♿ 设有轮椅通道

中心市场位于古戈尔街和戈洛特街之间，该市场已有125年的历史。这里的食物种类丰富，既有老欧洲式的熟食店，又有亚洲商店。市场周围有许多餐馆和咖啡厅，游人可以在此品尝到各个国家的美味。

西澳大利亚州

⏳ 最佳旅游时间

西澳大利亚北部的最佳旅游时间是旱季（4月—9月），西澳大利亚的南部则全年适合旅游。许多公路在雨季是关闭的。

☀ 气候

西澳大利亚州北部的热带地区，旱季（4月—9月）白天较长，温和且阳光普照，雨季（10月—次年3月）炎热、潮湿，并伴有热带风暴；南部温带地区拥有温和、晴朗、四季分明的气候。

西澳大利亚州的主要景点

- 赫德岛和麦克唐纳群岛（远离澳洲，无法标出具体位置）
- 勒韦克角
- 普尔努卢卢国家公园（世界遗产）
- 金伯利
- 邦格尔邦格尔山脉（在图上没有具体点位）
- 埃尔奎斯特
- 沙克湾（世界遗产）
- 宁加卢海岸
- 大西南边缘
- 奥尔巴尼

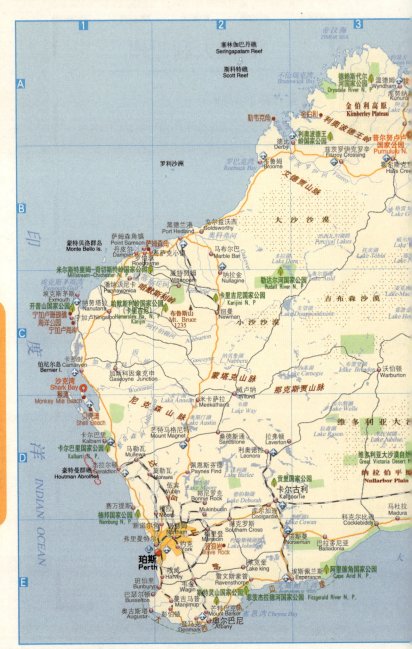

西澳大利亚州景点介绍

1. 赫德岛和麦克唐纳群岛

赫德岛和麦克唐纳群岛位于澳洲南部海域，印度洋南部，距南极洲约1700公里，离西澳首府珀斯市4100公里，是唯一靠近南极火山活跃的岛屿，被形容为"在地球深处开了一扇窗户"，用以观察不断发展的地貌变化过程和冰河动态，拥有地球上比较稀少的处于原始状态的岛屿生态系统。（详见P131介绍）

2. 勒韦克角（P240 A2）

（西澳大利亚州）勒韦克角（Cape Leveque）位于西澳大利亚金伯利地区，隐藏在丹比尔半岛的最北端，是一处偏远的与世隔绝的天堂。

旅行方法：只能从布鲁姆（Broome）坐飞机或驾驶四驱车抵达此处。

3. 埃尔奎斯特（P240 A3）

埃尔奎斯特荒野公园（El Questro Wilderness Park）位于西澳大利亚州偏远的东金伯利地区，占地100万英亩，面积是塔斯马尼亚（Tasmania）岛的5倍，约等于一个欧洲小国的面积。埃尔奎斯特荒野公园与众不同的丰富地貌为这片古老大地带来了生机。崎岖的砂岩山脉和饱经风霜的峡谷位于大片雨林和风景如画的瀑布下面。

4. 阿盖尔钻石矿（P240 A3）

阿盖尔钻石矿是世界上最大的露天钻石矿。

5. 邦格尔邦格尔山脉（P240 A3）

邦格尔邦格尔山脉（Bungle Bungle Range）坐落在西澳大利亚州普尔努卢卢国家公园内，这里是澳大利亚保存最好的神秘景观之一。历经3.5亿多年，大自然的力量在这片史前土地上塑造出这些神奇的地质景观。20世纪80年代以前，除当地原住民以外，几乎没有人知道这些景观的存在。巨大的带橙黑条纹的圆丘拔地而起，形成令人眼花缭乱且独一无二的地质景观。

旅行方法：欣赏这一自然奇迹的最好方法之一就是乘坐观光飞机。

6. 金伯利（P240 A3）

金伯利位于澳大利亚西北角，它会让人肃然起敬。那里惊人的地貌可以追溯到恐龙时代。游览金伯利的4大理由：

1．令人肃然起敬的探险地貌2．丰富多彩的原住民体验3．大量的野生动物4．钻石、珍珠和生态住宿

最佳旅游时间：5月—8月的旱季，需要3—4天的时间。

7. 金伯利高原（P240 A3）

金伯利高原是一片辽阔、干旱的红色土地，每年4—9月是这里的最佳旅游季节，此时你可以看到高原最美的景色。

8. 德比（P240 A3）

📞（08）9191 1426

德比小镇是通往峡谷地带的门户，主要景点有20世纪20年代的码头管理小屋，还有生长了1000多年的猴面包树。

9. 普尔努卢卢国家公园（P240 A3）

普尔努卢卢国家公园占地3000平方公里，2003年被列入世界遗产名录，公园里最著名的景点是班古鲁班山脉。

10. 温德姆（P240 A3）

📞（08）9161 1281

温德姆小镇位于西澳大利亚的北部，最初是为淘金者服务而建立起来的小镇，现在已是当地畜牧业的中心。在温德姆港口周围的水域中有大量的鳄鱼，游人前往时要注意安全。

11. 罗伯恩（P240 B1）

📞（08）9182 1060

🏠 提供导游服务

罗伯恩建于1866年，是最古老的小镇。这里保存有老监狱和圣三一教堂，它们是19世纪末期的石头建筑。这里有条全长52千米的景观之路，沿途风景秀丽。周边景点有米尔斯特里姆—奇切斯特国家公园。

12. 哥萨克小镇（P240 B1）

📞（08）9182 1060

🏠 提供导游服务

历史悠久的哥萨克小镇原来是生产珍珠的地方，曾吸引过世界各地的许多游客来到此地，后来衰败。直到20世纪70年代末期小镇重建，现在小镇成了为了新兴的城市，又引来了大批的游客。

13. 萨姆森角镇（P240 B1）

📞（08）9182 1060

萨姆森角镇是个港口小镇。这里有最好的沙滩蜜月湾和萨姆森暗礁，游人可在此游泳和潜水，还可以在潮落时捡拾生蚝，

别有一番乐趣。

14. 布鲁姆（P240 B2）

📞 (08) 9192 2222

布鲁姆是一个古老的采珠港，20世纪初采珠业达到巅峰，因而西澳有"世界珍珠之都"的美称。

布鲁姆

15. 霍尔斯克里克（P240 B3）

1885年这里是西澳大利亚第一次兴起淘金热的地方，如今已成为金矿开采中心。

16. 卡那封（P240 C1）

📞 (08) 9941 1146

🏠 提供导游服务

卡那封是西澳大利亚的大门，这里的热带水果既可供游客食用，也可出售。这里有巴比吉岛，是钓鱼圣地。

17. 宁加卢珊瑚礁海洋公园（P240 C1）

📞 (08) 9949 2808

⬜ 每天

⬛ 耶稣受难日、12月25日

宁加卢珊瑚礁海洋公园绵延260千公里，它是东部海域大堡礁的主要组成部分，也是当地最大的暗礁。这里有绿松石湾的白色沙滩和清澈的水域，是潜水的好地方。游人可以在这里欣赏到各种各样的珊瑚、色彩鲜艳的七彩鱼和世界上最大的鲸鱼。

珊瑚礁海洋公园

18. 埃克斯茅斯（P240 C1）

📞 (08) 9949 1176

1967年，为了给海军通信基地提供服务被建立了埃克斯茅斯，如今埃克斯茅斯已经成为了旅游胜地。这里的弗拉明角躺着一艘沉没的运牛船，从岸边依然可以看到它的轮廓。在悬崖绝壁上耸立着弗拉明灯塔，站在塔上可以饱览半岛全景。

19. 宁加卢海岸（P240 C1）

宁加卢海岸在澳大利亚西海岸，包括陆地、海洋，占地面积70万公顷，拥有世界上最长的岩礁，这个暗礁群是世界上最大的活珊瑚礁群之一。

20. 沙克湾（P240 C1）

沙克湾的叠层石群在澳大利亚西海岸尽头，位于珀斯以北724公里处，占地4800平方公里，被海岛和陆地所环绕，拥有世界最大、最丰富的海洋植物标本和世界上数量最多的海牛，1991年被评为世界遗产。

21. 卡里吉尼国家公园（P240 C2）

📞（08）9188 1112

🟢 每天（天气允许）

卡里吉尼国家公园是澳大利亚第二大国家公园。园内有起伏的丘陵、干旱低矮的灌木丛和十分壮观的峡谷。冬天气候温和，是旅游的最佳季节。

22. 楠邦国家公园（P240 D1）

📞（08）9652 7043

🟢 周一——周五

楠邦国家公园景色宜人。公园一角的平纳克尔斯沙漠石阵是一处奇景，也是游客"楠邦之行"的主要目的地。形态各异的古代森林化石遍布茫茫的黄沙之中，景色壮观，也使人感觉神秘而怪异。这一景象被称为"荒野的墓标"。这里的动物大多会在凉爽的黄昏和黎明出没。

23. 杰拉尔顿（P240 D1）

📞（08）9921 3999

杰拉尔顿位于珀斯以北，杰拉尔顿因日照时间长而被称为"日光城"。这里气候宜人，阳光充足，适合游泳和冲浪。独特的穆罕默德海滩是帆船的最佳胜地。城市里有两座著名的大教堂，它是现代的十字教堂和圣弗郎西斯泽维尔教堂，其中摩尔灯塔是这里最著名的景观。

24. 豪特曼群礁（P240 D1）

📞（08）9921 3999

豪特曼群礁被称为地球上最南端的珊瑚岛，它是由122个珊瑚岛组成。游客不能在岛上停留，只能乘飞机俯瞰岛屿美丽的景色，也可以在岛屿之间钓鱼和潜水。

25. 卡尔巴里国家公园（P240 D1）

📞（08）9937 1104

🏠 提供导游服务

公园里的峡谷、峭壁、悬崖、蜿蜒的河流和白色的海滩，成为观赏的焦点。峡谷长达80千米，深邃而又绵延不绝；高高耸立在海岸的红色悬崖成为人们攀爬的目标；蜿蜒曲折的默奇森河是西澳大利亚第二大河流；白色的海滩仿佛人间天堂。在冬季，园内依然野花遍布，野花的芬芳弥漫了整个公园，最知名的莫过于红黄色的卡尔巴里猫爪花。公园中的动物和鸟类繁多，动物有西部灰袋鼠、澳洲棘蜥、鸸鹋等，鸟类可达170多种。在公园中还可以欣赏到蘑菇石、天然石桥、岩岛、彩虹路等天然景观。

26. 塞万提斯（P240 D1）

塞万提斯小镇位于珀斯的西北方向，小镇仅几百人，但却名声远播，因为这里有奇异的尖峰石阵，这些石阵是由成千上万奇形怪状的石灰石柱组成，石柱高低错落，有的竟高达5米，散布在金色的沙漠里。黎明和黄昏时，阳光照在石柱上，发出紫色和橙色的光芒，令人产生梦幻之感。

27. 卡尔古利（P240 D2）

☎（08）9021 1966

交通：飞机、火车、长途汽车、公交汽车

　　卡尔古利是靠近澳洲中部的矿区，赤红的土地，到处是丛林。拥有世界上最大的露天金矿，年产黄金约22676公斤。这里至今仍然是个含有丰富的矿藏的地方，黄金开采量居世界第一。它每年吸引了超过15万名游客前来参观。博物馆中陈列着一系列的天然金块和珠宝，在这里，游客还可以欣赏到熔金和淘金的全过程。卡尔古利市政厅是代表淘金时代的华美建筑之一。游客可以乘电梯到36米深的地下，参观矿井的运作过程，还可以体验与大量黄金零距离接触的感受。

28. 纳拉伯平原（P240 D3）

☎（08）9030 1071

　　纳拉伯平原是一片荒芜的平原，只有艾尔高速一条公路通过。沿途经过的科克尔比迪有世界上最深的洞穴，尤克拉有一个电报站和国家公园，公园内有陡峭的海岸悬崖。

29. 班伯里（P240 E1）

　　班伯里是以观看海豚而闻名的小镇。从20世纪60年代起，海豚每天成群来到这里，游客可以给它们喂食，与它们在水中嬉戏。

30. 巴瑟尔顿（P240 E1）

　　巴瑟尔顿是个沿海小镇，这个小镇拥有30千米长的沙滩，可以进行各种海上运动，巴瑟尔顿码头曾经是澳大利亚最长的码头。镇上还保留了很多古老的建筑。

巴瑟尔顿

31. 大西南边缘（P240 E1—3）

　　大西南边缘是从巴瑟尔顿（Busselton）绵延至阿里德角国家公园（Cape Arid National Park）。

　　大西南边缘的5大特色：

　　1. 原生态海岸线　2. 高大的树木、野生动物和野花　3. 徒步和骑行的精彩路线　4. 古老地貌、古代文化　5. 玛格丽特河美食和美酒

32. 奥尔巴尼（P240 E2）

　　奥尔巴尼是一个现有2万人口的美丽小镇，依山傍水，是西澳最受青睐的度假地之一。

　　奥尔巴尼的历史比西澳首府珀斯还要早31年，曾是个繁忙的捕鲸港，每季约有850头鲸鱼惨遭捕杀。1978年澳洲全面禁止捕鲸后，鲸又回到了奥尔巴尼水域。（详见P119介绍）

奥尔巴尼

33. 弗里曼特尔（P240 E2）

弗里曼特尔是澳大利亚西部历史最悠久的城市。19世纪的建筑保存完好，游人可参观淘金时代留下的美丽建筑。它是一个举世闻名的赛艇小城，也是一个古意盎然的港口和造船业中心。

34. 曼吉马普（P240 E2）

曼吉马普是通往西南部大红桉树林的必经之地，这里有一个木材博物馆和一个蒸汽机博物馆，将成为葡萄酒业中心和块菌基地。

35. 彭伯顿（P240 E2）

彭伯顿是一个古老的木材村庄，这里建设的有轨列车可以搭载游客穿越森林，乐趣无穷。

36. 登马克（P240 E2）

登马克是个沿海小镇，有环境优美的冲浪场，还有很多极具特色的艺术家和工艺家，因而游客可以在这里购买到别具一格的工艺品。

37. 约克（P240 E2）

约克这个历史小镇里保留了很多19世纪中期的建筑，约克汽车博物馆收藏了澳大利亚老式的汽车和其他交通工具，以及稀有的汽车模型。

38. 诺瑟姆（P240 E2）

诺瑟姆是一个充满了历史风情的小镇，早期殖民者风格的建筑在小镇随处可见，城镇中心建

旅游资讯 地图导览

弗里曼特尔

波浪岩

于1836年的摩比村舍是早期殖民者建筑风格的典范。

39. 波浪岩（P240 E2）

☎（08）9880 5200

◯ 每天9:00—17:00

🏛 设有轮椅通道，提供导游服务

🔊 凭票入场

波浪岩是西澳大利亚州最壮观的岩石造型之一。它是经过数千年的化学侵蚀仿佛波浪一样的花岗岩，在雨水的冲刷作用下呈现出红色和灰色纹路，其造型就像奔涌而来的海浪。在海登东北部的岩洞里有几幅古代土著居民遗留下来的珍贵岩石壁画。

40. 诺斯曼（P240 E2）

☎（08）9039 1071

🏛 提供服务指南

诺斯曼是以马的名字命名的，据说当时有一匹马用蹄乱刨地，这一刨就刨出了埋藏在地底下的金矿。为了纪念这匹马的功绩，在街上立起了它的雕像。在诺斯曼历史地理博物馆里，可以了解一些金矿开采的历史。在诺斯曼有座比肯山，站在山上可以观赏诺斯曼城镇和周围乡村全景。

41. 埃斯佩兰斯（P240 E2）

☎（08）9071 2330

🏛 提供服务指南

埃斯佩兰斯是海岸线东西延伸的小镇。这里有最美丽的沙滩和包含100多个小岛的勒谢什群岛，还有野生动物的乐园——伍迪岛。

42. 新诺尔舍（P240 E2）

☎（08）9654 8056

新诺尔　是最重要的历史小镇，也是澳洲唯一的僧侣城镇，这里有一座教堂和两所著名大学——圣格特鲁德女子学校和圣艾尔德冯苏男子学校，这里还有一座博物馆和一座艺术馆。

1　**2**　**3**

托特德尔公园
Totterdell Park 市西站
City west
Railway St.
City West
市西购物中心
Citywest

科技探索中心
Scitech Discovery Cntr
Delhi St.
德里街

拉塞尔广场
Russell Square

City West Lotteries House
市西彩票所

市场
City Markets
James St.
Roe St.

希腊社区中心
Hellenic Cmnty Cntr

A

哈罗德·博斯公园
Harold Boers Gardens
Colin St.
科林街

港城购物中心
Harbour Town

天堂影院
Cinema Paradise

Wellington St.
惠灵顿街

诺斯布里奇购物中心
The Northbridge

米里灵加邸宅
Meerilinga House
Havelock
哈夫洛克街
默里街
George St.
Mitchell Ewy
米切尔东高速公路

珀斯娱乐中心停车场
Entertainment Centre Car Park

诺斯布
Northb

珀斯娱乐中心
Entertainment Center

B

Murray St.
默里街

议会法院
Parliament Court
海伊街 Hay St.
Eider
埃尔街
默里街

影院
Cinema

惠灵顿公共汽
Wellington Bus

惠灵顿交易所
Wellington Exchange

Millgan St.
密尔根街
Murray St.
默里街

议会街 Parliament Pl.
黑尔邸宅
Hale House
议会大厦
Forrest Pl.
Parliament House
议会大厦

雷
Rai

旧天文台
Old Observatory
国家信托总部
National Trust HQ
杜马邸宅
Dumas House
西珀斯
West Perth
Malcolm St.
马尔科姆街
哈维科姆街

巴莱克拱桥
Blackwall Bridge

修修院广场
Cloisters Square

文特沃思广场大厦
Wentworth plaza Ho

坎塔斯航空公司
Qantas Airlines

隐修院
Cloisters

C

Mount St.
King St.
国王公路
Kings Park Rd.

天桥
Footbridge

福里斯特接待中心
Forest Centre

St. Georges Tce.

中央公园
Central Park
银行
Bank We

南非纪念碑
South African Memorial

Cliff St.
克里夫街
Bellevue Tce.

菲律宾领事会
Phillipines Consulate

主教邸宅
Bishops House

Mounts Bay Rd.

阿伦代
Allenda

D

第10轻骑
军团纪念碑
10th Light
Horse Memorial
Fraser Av.
四方纪念碑

会议中心
Convention Centre

穿城公共汽车站
Transperth City Busport
温室
Conservatory

国王公园
Kings Park
巴厘岛爆炸案死难者纪念碑
The Bali Monument

南十字喷泉
Southern Cross Fountain

米里灵加玩具及教育
Meerilinga Toy & Educational

维多利亚女王纪念碑
Queen Victoria
芒特医院
Mount Hospital

阿尔夫·柯
Alf Curlewis G

伊莱扎山水库
Mt Eliza Reservoir
土著画廊
Aboriginal Gallery
约翰·奥尔德姆公园
John Oldham Park

珀河林
The Esplana

E

花钟
Floral Clock
许愿井
Wishing Well

戴维·卡尔公园
David Carr Park

珀斯湾
巴拉克街
Barack St.

利克纪念碑
Leake Memorial

犹太人阵亡
纪念碑
Jewish War
Memorial
战争纪念碑
War Memorial
Cenotaph
纪念日晷
11th Battalion
Memorial Sundial
天桥Fry

刘易斯角
Pt. Lewis

斯旺河

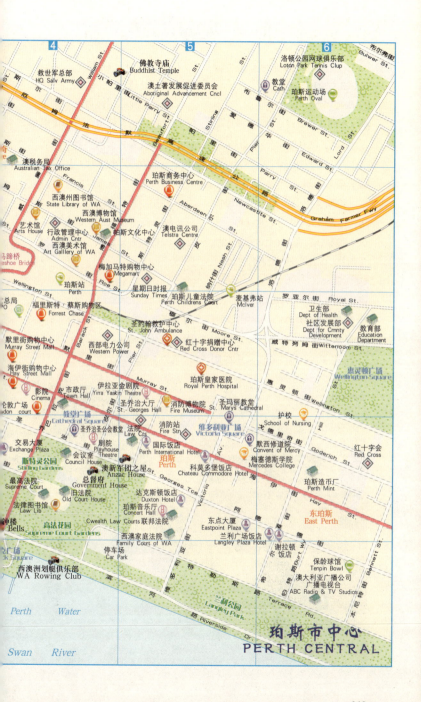

4 **5** **6**

布尔弗街 Bulwer St.

救世军总部
HQ Salv Army

小珀里街 Little Parry St.

佛教寺庙
Buddhist Temple

澳土著发展促进委员会
Aboriginal Advancement Cncl

洛顿公园网球俱乐部
Loton Park Tennis Club

教堂
Cath

珀斯运动场
Perth Oval

William St.

Beaufort St.

Stirling St.

Brewer St.

Lord St.

Edward St.

澳税务局
Australian Tax Office

Francis St.

珀斯商务中心
Perth Business Centre

Aberdeen St.

Newcastle St.

Pier St.

Parry St.

Graham Farmer Fwy

西澳州图书馆
State Library of WA

西澳博物馆
Western Aust Museum

艺术馆
Arts House

行政管理中心
Admin Cntr

西澳美术馆
Art Galllery of WA

珀斯文化中心

澳电讯公司
Telstra Centre

James St.

Nash St.

马蹄桥
shoe Bridge

梅加特购物中心
Megamart

Rice St.

珀斯站
Perth

Wellington St.

星期日时报
Sunday Times

珀斯儿童法院
Perth Childrens Court

麦基弗站
McIver

罗亚尔街 Royal St.

总局

福里斯特·蔡斯购物区
Forrest Chase

Barrack St.

Moore St.

圣约翰救护车
St. John Ambulance

西部电力公司
Western Power

红十字捐赠中心
Red Cross Donor Cntr

卫生部
Dept of Health

社区发展部
Dept for Crmnty
Development

教育部
Education
Department

威特努姆街 Witteroom St.

默里街购物中心
Murray Street Mall

海伊街购物中心
Hay Street Mall

Murray St.

Pier St.

伊拉亚金剧院
Yirra Yaakin Theatre

珀斯皇家医院
Royal Perth Hospital

消防博物馆
Fire Museum

圣玛丽教堂
St Marys Cathedral

惠灵顿广场
Wellington Square

Wellington St.

影院
Cinema

市政厅
Town Hall

圣乔治大厅
St. Georges Hall

护校
School of Nursing

伦敦广场
don court

教堂广场
Cathedral Square

圣乔治圣公会教堂

法院
Law Cts

消防站
Fire Stn

维多利亚广场
Victoria Square

Goderich St.

红十字会
Red Cross

交易大厦
Exchange Plaza

斯特灵公园
Stirling Gardens

剧院
Playhouse
Theatre

会议室
Council House

澳新军团之屋
Anzac House

国际饭店
Perth International Hotel

科莫多堡饭店
Chateau Commodore Hotel

默西修道院
Convent of Mercy

梅塞德斯学院
Mercedes College

珀斯造币厂
Perth Mint

最高法院
Supreme Court

总督府
Government House

旧法院
Old Court House

达克斯顿饭店
Duxton Hotel

Victoria Av.

Hay St.

东珀斯
East Perth

珀斯
Perth

St Georges Tce.

法律图书馆
Law Lib

钟楼
Bells

高法花园
Supreme Court Gardens

珀斯音乐厅
Concert Hall

英联邦法院
Cwealth Law Courts

东点大厦
Eastpoint Plaza

兰利广场饭店
Langley Plaza Hotel

谢拉站
饭店

保龄球场
Tenpin Bowl

西澳家庭法院
Family Court of WA

停车场
Car Park

澳大利亚广播公司
广播电视台
ABC Radio & TV Studios

K Square

西澳洲划艇俱乐部
WA Rowing Club

兰利公园
Langley Park

Riverside Dr.

Terrace Rd.

Bennett St.

Perth   Water

Swan   River

珀斯市中心
PERTH CENTRAL

249

珀斯市中心景点介绍

1. 珀斯文化中心（P249 B4）

☎ （08）9224 7300

◗ 每天10:00—17:00

● 4月25日13:00—17:00、耶稣受难日、12月25日、12月26日 13:00—17:00

♿ 设有轮椅通道。

珀斯文化中心是一座花园楼房，也是澳大利西部艺术画廊。这里陈列着一系列现代土著和澳大利亚艺术，以及欧洲和亚洲作品。

2. 西澳博物馆（P249 B4）

☎ （08）9427 2700 9212 3700

❀ 每天9:30—17:00

● 耶稣受难日、12月25日、12月26日 13:00—17:00、4月25日

13:00—17:00、1月1日

♿ 设有轮椅通道

西澳大利亚州博物馆与文化中心同在一栋大楼里。博物馆里讲述了西澳大利亚州土著居民的历史、生活方式和文化，以及考古学家们一系列惊人的发现。

3. 巴莱克拱桥（P248 C2）

巴莱克拱桥大约1863年时建造，现已成为见证澳大利亚历史的遗迹。

4. 国王公园（P248 D1）

☎ （08）9480 3600

❀ 每天

♿ 设有轮椅通道

🎫 凭票参观

珀斯街景

建于19世纪末期，面积400公顷，园内温带草木繁茂，小路曲径通幽，建有纪念碑，缅怀死于两次战争的西澳大利亚人。

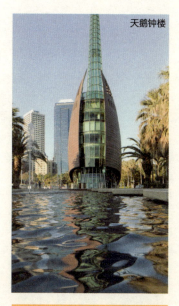
天鹅钟楼

5. 圣乔治圣公会教堂（P249 D4）

📞（08）9325 5766

🕐 每天

♿ 设有轮椅通道

圣乔治圣公会教堂是座哥特式的复兴建筑。1875年，由于旧教堂已经满足不了人们的需求，所以拆除了旧教堂，重新修建了圣乔治教堂，不过旧教堂一些人工制品，如靠背椅和雕刻着雄鹰的诵经台得以保留。雪花石膏屏风和十字军团铸造的现代派大奖章是教堂建筑的一大特色。

6. 天鹅钟楼（P249 D4）

📞（08）9218 8183

🕐 每天10:00—16:00（夏季17:00）（鸣钟时间周一、二、四、六、日13:00）

⬛ 耶稣受难日、12月25日

♿ 凭票入场、设有轮椅通道

🔊 凭票入场

天鹅钟楼是珀斯主要的景点之一，塔上有12个大钟，它是从英国圣马丁运来的。钟塔里有各种各样的展览品，并有个观景台。除周三和周五外，这里的钟声都会在城市上空回荡，每当这里举行特别的敲钟仪式时，人们都会驻足观望。

7. 珀斯造币厂（P249 D6）

📞（08）9421 72779421 7223

🕐 周一—周五9:00—16:00，周六—周日9:00—13:00

⬛ 1月1日、、4月25日、耶稣受难日、12月25日

♿ 设有轮椅通道

🔊 凭票入场

珀斯造币厂是澳大利亚最古老的造币厂，建于1899年。坚实的建筑富有维多利亚特色，这里已经不在铸造流通货币，但依然铸造纪念币和珍稀金属货币。造币厂内展示了各种硬币、珍贵金属和黄金采掘精炼流程。这里还有一个世纪熔炉，每小时就会出现一次"黄金流"，这里的游人可以触摸重达12.54公斤的金条，铸造自己的硬币，非常有趣。

北部地区

⧖ 最佳旅游时间

四季皆宜，但要考虑到内陆地区夏季的酷热和顶端地带最北部雨季的高温、湿度和降雨量。

✿ 气候

旱季（五月—十月）阳光明媚，雨季（十一月—次年四月）炎热潮湿，并伴有热带风暴。

远离海岸的区域四季分明。冬季（六月—八月）白天温暖，夜晚凉爽，夏季（十二月—次年二月）则非常炎热，温度将近40度。

北部地区主要景点

- 红色中部（无法标出具体点位）
- 卡卡杜国家公园
- 艾尔斯大独岩
- 卡塔楚塔
- 乌卢鲁—卡塔楚塔国家公园

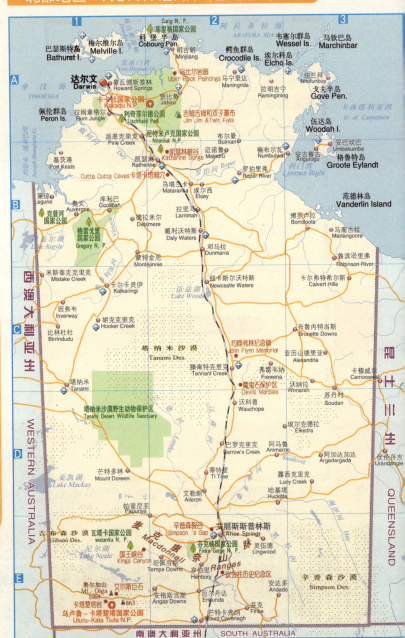

北部地区景点介绍

1. 红色中部

红色中部是指北部地区的中部和南部。主要景点包括艾尔斯大独岩、卡塔楚塔、乌卢鲁—卡塔楚塔国家公园等。

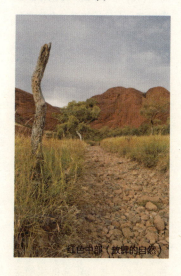

红色中部（故骋的自然）

2. 达尔文 (P254 A1)

国内机场：达尔文机场位于市区东南方向

游客接待处地址：38Mitchell St.

📞(08) 8936 2499

节日：8月　达尔文节

达尔文是个节奏缓慢的现代城市。50多个民族生活在这里，其中有亚裔澳大利亚人、欧洲人、当地土著人和许多中国人。城市中心建有旧政府大厅、布郎商业中心、旧警察局和法院、里昂村舍、史密斯路大厦、二百周年纪念公园、议会大厦、总督府、旧海军大厦和司炉码头等景点。达尔文许多风景名胜在周边的一些地区，如阿卡辛海洋公园、明迪尔海滩夜市、达尔文植物园、东方军事博物馆和范尼 (Fannie Bay) 海湾、澳大利亚航空遗产中心、地区野生生物馆和霍化德泉自然公园。还有北部地区博物馆和艺术长廊。

3. 梅尔维尔岛 (P254 A1)

📞(08) 8923 6523

梅尔维尔岛是澳大利亚第二大岛，这里文化浓厚、历史悠久，有蔚蓝色的海水、白色的沙滩和茂密的森林。5月—10月是该岛的旅游旺季。在这里可以粗略了解融合了印度尼西亚和提维的原始传统文化特色，还可以参观原始艺术中心。

4. 巴瑟斯特岛 (P254 A1)

📞(08) 8923 6523

巴瑟斯特岛位于梅尔维尔岛的西边，自然环境与梅尔维尔岛基本相同，是人们休闲养生的好去处。

5. 利奇菲尔德国家公园 (P254 A1)

📞(08) 8976 0282

利奇菲尔德国家公园是澳洲北部最有特色的国家公园之一。

这里有着原始热带雨林、红砂岩地质地貌、白蚁山丘和林中小溪。公园内拥有多处天然瀑布，富洛伦斯瀑布是澳洲最壮观的瀑布之一，是这里最有名的观光景点，瀑布顺崖而下，泉水清澈见底形成了天然的溪水湖，游客可以在湖内游泳戏水，也可以在湖边的岩洞旁宿营过夜，感受大自然的风情；托尔默瀑布山崖上栖息着非常多的菊头蝙蝠；汪吉瀑布溪水长流，环境优雅，也是公园内知名的景点之一。

6. 科堡半岛（P254 A1—2）

☎（08）8927 5500

科堡半岛是个偏远荒野的地区，只有在夏季才可以在这里旅行并且需要有许可证才可进入。半岛上有库里格国家公园。如想在这里住宿可到七灵湾的山林小屋。

7. 卡卡杜国家公园（P254 A2）

☎（08）8938 1120

🏠设有轮椅通道、商店、咖啡厅、提供导游服务

卡卡杜国家公园位于达尔文西南153公里处，面积19804平方

卡卡杜国家公园

公里，是澳大利亚最大的国家公园，它所释放出的负氧离子足以使达尔文每天都沐浴在清新的环境中，真可称得上是达尔文的肺叶，已被列为世界遗产名录。

8. 库里格国家公园（P254 A2）

库里格国家公园位于科堡半岛上，公园里有天然海港——艾森顿港，大片的沙滩和平静的海水，在这里可以参观早期殖民地的遗址。

9. 格雷戈里国家公园（P254 B1）

☎（08）8975 0833

🕐周一—周五 7：00—16：00

格雷戈里国家公园位于凯瑟林小镇的西南方向，公园分为东西两个游览区，东部主要是以维多利亚河流峡谷为中心的游览区，东部的其他地区基本上是无人区；西部游览区的北部有很多水潭，水潭里生活着很多鳄鱼，游人可以坐船近距离的接触鳄鱼，西部游览区的南部是峭壁的山崖，让人感觉神秘。

10. 克普河国家公园（P254 B1）

☎（08）9167 8827

🕐4月—9月每天，10月—次年3月周一—周五（不可使用时关闭）

克普河国家公园里有令人惊叹的克普河峡谷和澳大利亚最古老的岩石艺术遗迹，还有许多徒步者喜爱的园中小径。

11. 凯瑟林（P254 B2）

☎（08）8972 2650

旅游资讯 地图导览

探访历史悠久的拓荒小镇凯瑟琳，它的粗犷古老地貌从卡平特里湾延伸到西澳大利亚边界，小镇上的史宾威农庄是达尔文地区最古老的农庄，已向游人开放。

12. 尼特米卢国家公园（P254 B2）

📞（08）8972 2650

著名的尼特米卢国家公园位于凯瑟琳小镇的西北方向，也称为凯瑟琳大峡谷，园内有13条彼此分离的大峡谷，蔚然壮观。13条峡谷中有9条适宜划船游览，每一条峡谷都别有一番风情，园中幽静的小路也是游客们的最爱。可以泡一泡戴利河的温泉，在卡平特里湾的偏僻水道上钓鱼，真是无尽的享受。

14. 魔鬼石保护区（P254 C2）

📞（08）8951 82118962 4599
📍 Tennant Creek
🚌 from Tennant Creek Tourist Information
🏠 设有轮椅通道、提供导游服务

魔鬼石保护区位于北领地的南部，在滕南特克里克以南105公里处，当地土著人相信这些岩石是彩虹蛇的蛋。其实是数百万

魔鬼石保护区

年前熔化的火山腐蚀后的遗留物。日落时，巨石散发出华丽的光辉。

15. 艾尔斯大独岩（P254 E1）

艾尔斯大独岩在北方领地艾丽斯泉城西南320公里处，有一块具有6亿年高寿的大砂岩，这就是世界闻名的艾尔斯大独岩。土著人则称之为乌卢鲁，意为"大地之母"，是他们的圣地。

16. 卡塔楚塔（P254 E1）

是由沉积砂岩组成的巨石群，像一个个巨大的圆屋顶，位于艾尔斯大独岩以西32公里处。（详见**页介绍）。

卡塔楚塔

17. 乌卢鲁—卡塔楚塔国家公园（P254 E1）

📞（08）8956 1128
🚶 位于风景区北部约5千米的地方
🕐 每天
🏠 凭票入场，在文化中心不允许拍照，设有轮椅通道、商店、咖啡厅、提供导游服务

乌卢鲁—卡塔楚塔国家公园建于1958年，1987年和1994年被分别列入世界自然和文化遗产名录，公园占地约1325平方千米。公园的主要景点有：卡塔楚

塔（奥尔加斯石阵）、奥尔加斯峡谷、乌卢鲁岩石（艾尔斯大独岩）、马如库画廊、玛拉小路，除此还可以看到可爱的兔袋鼠和其他动物。

18. 国王峡谷（P254 E1）

☎（08）8951 8211

国王峡谷位于瓦塔卡国家公园内，其最大的看点是壮观的砂岩峡谷，悬崖是经过百万年侵蚀形成的。沿着峡谷中的小路可以欣赏到峡谷边缘和谷底的壮丽景观。这里还是动植物的天堂，有超过600多种树木、100多种鸟类和60多种爬虫类。

19. 麦克唐奈山脉（P254 E1—2）

☎（08）8952 5800

🔲 每天

🏠 设有轮椅通道

🎫 凭票入场

麦克唐奈山脉是一座雄伟的山脉，山脉可以分成东西两部分，共同的景色特点是：峡谷、水潭、小径；山脉的文化内涵是有许多阿郎达人顶礼膜拜的地方；西部山脉景点引人入胜，如：辛普森（Simpsons）山峡、斯坦德利（Standley）山涧、爱越湾大洞、奥美斯顿山涧、芬克峡谷国家公园等；东部山脉的艾米莉壤沟是澳大利亚最长的阿郎达人遗址之一、奇形怪状的地表岩石、特里菲娜峡谷是东部山脉最壮观的景点，在这里可以看到陡峭的悬崖和红色的土地。

20. 议会柱历史纪念区（P254 E2）

☎（08）8951 8250

在议会柱历史纪念区人们可以观赏到历史文化意义非常远大的建筑物议会柱。它是一根50米高的尖形砂岩碑柱，是用35亿年前的红色和黄色的砂岩混合修建而成的，是探索者用来纪念早期殖民开拓史的一个重要航行里程碑。

9. 艾丽斯斯普林斯（P254 E2）

☎（08）8952 5800

艾丽斯斯普林斯市的节日：7月中骆驼杯（即骆驼比赛）、10月陆上行舟比赛

"艾利斯斯普林斯"多么好听的名字，北领地的浪漫小镇，这里曾是一个电报站，阿德莱德电报局长发现了这个沙漠中的海市蜃楼，以其爱妻艾丽斯的名字命名，该城镇始建于19世纪80年代，发展一直比较缓慢，直到20世纪70年代由于旅游业的兴盛才带动了这个城市的发展。现在这个小镇已经发展成为了一个生机勃勃的城市，它已经成为游客前往周边著名景点游览的基地。很多景点都在城镇的周围，这却给小镇中心增添了几分安静，城镇的东边是陶德河（Todd River），每年在这个干河床里都要举行陆上行舟比赛，场面很是壮观。

旅游资讯　地图导览

艾丽斯斯普林斯市中心

艾丽斯斯普林斯市中心景点介绍

1. 艾丽斯斯普林斯电报站（P259 A2）

艾丽斯斯普林斯电报站距离市区约5公里，是一个旧电报局，是艾丽斯斯普林斯城市名字起源之地，艾丽斯斯普林斯(Alice Springs)并不是指泉水，而是在电报局后面的山上有一个水洞，因此而得名，其实现在的水洞也早已干枯了。

2. 安扎克山（P259 A3）

安扎克山位于艾丽斯斯普林斯市的北端，登到山顶可以俯瞰全市的风貌，上山的路还设有轮椅通道。

设有轮椅通道

3. 澳大利亚中部博物馆（P259 B1）

（08）8951 1121

每天

耶稣受难日、圣诞节后两周

设有轮椅通道

凭票入场

澳大利亚中部博物馆位于该

259

市的文化区，主要展示动植物化石、陨石碎片、矿物标本、原始手工艺品等。

4. 斯图尔特城市监狱（P259 B3）

- ☎ （08）8952 4516
- ○ 4月—11月
- ● 12月中旬—次年2月1日、公共假日
- ♿ 设有轮椅通道
- 🔊 凭票入场

斯图亚特城市监狱是艾丽斯斯普林斯市中心最古老的建筑，现已不作为监狱，对游人开放。

5. 女性名人堂（P259 C2）

- ☎ （08）8952 9006
- ○ 每天10:00—17:00
- ● 12月中旬—2月1日
- ♿ 设有轮椅通道
- 🔊 凭票入场

顾名思义，女性名人堂就是专门为纪念那些为澳大利亚遗产保护做出卓越贡献的女性们而修建的，里面展示了这些女性们的生平和事迹。

6. 阿德莱德之屋（P259 B3）

- ☎ （08）8952 1856
- ○ 3月—11月周一—周六
- ● 耶稣受难日
- ♿ 设有轮椅通道
- 🔊 凭票入场

阿德莱德之屋是由皇家飞行医疗服务队于1926年设计创造的一家医院，如今成为记录设计者生平的博物馆。

7. 旧法院（P259 B3）

- ☎ （08）8952 9006
- ○ 每天10:00—17:00
- ● 12月中旬—次年2月1日
- ♿ 设有轮椅通道
- 🔊 凭票入场

旧法院于1928年建成，专门收藏澳大利亚女先驱者们的生平和成就展品。

8. 长官官邸（P259 B3）

- ☎ （08）8953 6073
- ○ 周一—周五 10:0—17:00
- ● 12月—3月、耶稣受难日
- ♿ 接受捐赠
- 🔊 凭票入场

长官官邸建于1927年，是当地行政长官办公的地方，新的官邸建成之后这里就成了一个供人们参观的公开场所，主要展示一些本地的历史展品。

9. 皇家飞行医疗服务游客中心（P259 C2）

- ☎ （08）8952 1129
- ○ 每天9:00—17:00
- ● 12月25日、1月1日
- ♿ 义务导游、设有商店、咖啡店、轮椅通道，提供义务导游
- 🔊 凭票入场

在皇家飞行医疗服务游客中心可以了解到为皇家飞行工作人员的工作经历和流程，这里还建立了一家小型博物馆，在这里可以看到老的飞机模型、脚踏式收音机等。

达尔文景点介绍

1. 旧市政大厅（P263 B5）

🏠 设有轮椅通道

旧市政大厅始建于1883年，二次世界大战成为了海军基地，1974年被龙卷风摧毁，人们在现残留的墙壁上雕刻了当时龙卷风席卷整个城市的悲惨情景。

2. 布朗商业中心（P263 B5）

📞（08）8981 5522

🏠 设有轮椅通道

布朗商业中心建于1885年，位于史密斯大街12号，就在旧市政大厅的对面，设有轮椅通道。该商业中心曾经是矿业交易中心，如今已经变成了优雅的剧院。

3. 旧警察局和法院（P263 B5）

📞（08）8999 7103

🏠 设有轮椅通道

旧警察局和法院位于史密斯大街和滨海艺术中心（The Esplanade）的交叉路口，旧警察局和法院建于1884年，如今是达尔文市的行政办公地点。

4. 史密斯购物中心（P263 B5）

🏠 设有轮椅通道

史密斯路大厦是达尔文的购物中心，大厦的正面门口是一个露天广场，广场上有很多街头艺人，热闹非凡，建于1890年的维多利亚旅馆是广场上最显眼的建筑，招来游客们在这里驻足拍照留念。

5. 二百周年纪念公园（P263 B5）

🏠 设有轮椅通道

二百周年纪念公园位于The Esplanade大街，公园内设有轮椅通道。公园内树木茂密，有赏心悦目的鲜花，有令人心情愉悦的林荫大道，有提醒人们不要忘记的战争纪念碑。

6. 议会大厦（P263 B5）

📞（08）8946 1434

🏠 设有轮椅通道

议会大厦位于State Square大街，每天对游人开放，设有轮椅通道。

议会大厦建于1994年，其建筑风格具有中东和俄罗斯特色，大厦内部的墙上用原始艺术品装饰。大厦里边居住着国会议员，议员所居住的房间可供游客参观。大厦内还设有一个图书馆，这是达尔文市中心最大的图书馆，该图书馆里珍藏了大量当地历史文化。

7. 旧海军大厦（P263 B5）

旧海军大厦建造于20世纪30年代，位于Knuckey大街和The Esplanade大街的交叉路口，是达尔文现存最古老的建筑之一，大厦建筑的特色是屋檐上的天窗向外伸展，通风效果极好。

达尔文 DARWIN

旅游资讯 地图导览

凡尼湾赛马场
Fannie Bay Racecourse

迪克沃德路 Dick Ward Dr

奥林匹克游泳池
Olympic Pool

罗斯史密斯大道 Ross Smith

East Point Rd

滨水运动区
Skiing and Yachting Area

凡尼湾区
Fannie Bay

帕拉普市场
Parap Market

楷雷戈里街 Gregory St.

帕拉普
Parap

帕拉维斯塔汽车旅馆
Paravista Motel

保龄球俱乐部
Darwin Bowling Club

科学艺术博物馆
Museum of Arts and Sciences

布洛基角
Bullocky Point

达尔文中学
Darwin High School

吉尔斯大道 Gilruth Av.

埃肯斯路 Atkins Dr.

Stuart

伊利大街 Uilly St

Armidale St.

小学
Primary School

圣心学院
Sacred Heart College

圣约翰斯学院
St. Johns College

加登斯
The Gardens

植物园
Botanical Gardens

查尔斯街 Charle

韦斯特拉利亚街
Westralia

斯图尔特
Stuart

亨利街 Henry St.

明迪尔滩
Mindil Beach

明迪尔滩市场
Mindil Beach Markets

钻石滩饭店赌场
Diamond Beach Hotel Casino

迈伊利角
Myilly Point

明迪尔滩保护区
Mindil Beach Reserve

加登斯运动场
Gardens Oval

竞技场
Amphitheatre

旧墓地
Old Cemetery

网球场
Tennis Courts

迪纳希角
Dinah C

杜克街 Duke

迪纳希滩路 Dinah Beach Rd.

迈伊利路 Myilly Tce

加登斯公园
Gardens Park

高尔夫球场
Golf Course

埃默里角
Emery Point

北部地区大学
Northern Territory University

拉拉凯亚
Larrakeyah

军事区
Military Area

史蒂文斯路 StevensTce

帕卡德街 Packard St.

史密斯街 Smith St.

米切尔街 Mitchell St.

艾伦路 Allen Av

戴利桥
Daly Bridge

达尔文
Darwin

达利街 Daly St.

伍兹街 Woods St.

麦克明街 McMinn St.

卡文纳街 Cavenaagh St.

贝内特街 Bennett St

达尔文汽车旅店
Darwin Motor Inn

中国寺庙
Chinese Temple

埃利奥特角
Elliott Point

海洋公园
Aquascene

博福特国际饭店
Beaufort International Hotel

巡逻艇港
Patrol Boat Harbour

多克特斯湾
Doctors Gully

二百年纪念公园
Bicentennial Park

表演艺术中心
Performing Arts Centre

邮政总局
General Post Office

维多利亚饭店
Victoria Hotel

知识树
Tree of Knowledge

达尔文港
Port Darwin

总督府大厦
Government House

城堡山
Fort Hill

铁矿码头
Iron Ore Wharf

城堡山码头
Fort Hill W

达尔文
DARWIN

凡 尼 湾
Fannie Bay

4

伍兹街 Woods St.
麦克明街 McMinn St.

卡大乌

邮政总局
General Post Office

中国寺庙
Chinese
Temple

街 Cavenagh St.

弗朗西斯街

滨海休闲地街
Esplanade

安塞特航空公司
Ansett NT/WA Terminal

5

贝尼特街 Bennett St.

澳大利亚航空公司
Australian Airlines Terminal

里昂村舍

维多利亚饭店
Victoria Hotel

旧海军大厦

二百年纪念公园
Bicentennial Park

史密斯街购物中心
Smith St. Mall

储备银行
Reserve Bank

市政中心
Civic Centre

知识树
Tree of
Knowledge

6

1

发电站
Power Station

达尔文饭店
Hotel Darwin

旧市政大厅

布朗商业中心

基督教堂
Christchurch

印太海洋中心
和采珠博物馆
Indo-Pacific Marine
& Pearling Museum

议会大厦

旧警察局和法院
Old Police
Station and Courthouse

总督府大厦
Government House

城堡山
Fort Hill

达尔文港 Darwin Harbour

达 尔 文 港
Port Darwin

斯托克斯山码头
Stokes Hill Wharf

铁矿码头
Iron Ore Wharf

城堡山码头
Fort Hill Wharf

1

8. 斯托克斯山码头（P263 C6）

⌂ 设有轮椅通道

　　斯托克斯山码头位于
McMinn 大街，曾经是达尔文市
的主要港口，现在已经成为了当
地居民休闲娱乐和商业中心，在
码头的入口处有一座建筑精美的
博物馆，印度洋——大西洋海洋
展览馆，展现了形态万千的珊瑚
礁、色彩斑斓的热带鱼，还设有
一个澳大利亚珍珠展示大厅供游
人观赏。

9. 总督府大厦（P262 E3）

📞（08）8999 7103

⌂ 设有轮椅通道

　　总督府大厦位于风景秀丽的
达尔文港上，在The Esplanade
大街的西南，建于1879年。总
督府是达尔文现存最古老的大
厦，让人生敬的是经历了三次
龙卷风和数次战争的洗礼，它
依然屹立在市区的中心，现在
大厦是达尔文北部地区的行政
管理机构所在地。

塔斯马尼亚州

 **最佳旅游时间**

　　塔斯马尼亚的最佳旅游时间是10月一次年4月，此时天气最佳。

气候

　　塔斯马尼亚州为海洋性气候，四季分明。夏季（12月—3月）温暖；秋季（3月—5月）阳光明媚，色彩缤纷；冬季（6月—8月）寒冷；春季（9月—11月）清新凉爽，但往往气候多变。全岛降雨量因地而异，差别很大。霍巴特是澳大利亚第二干燥的首府城市，而西部海岸却有大量降雨。

塔斯马尼亚州主要景点

- 塔斯马尼亚荒原（特别提示：图上无法标出具体位置）
- 东海岸（泛指东部沿海的景点）
- 海中升起的麦夸里
- 阿瑟港

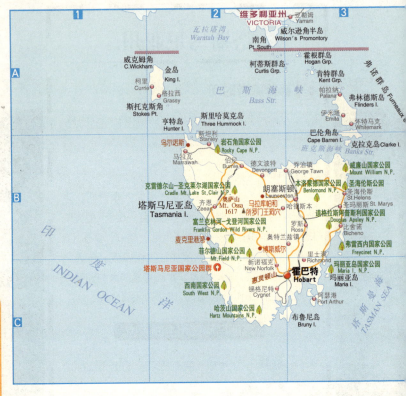

瓦拉塔湾
Waratah Bay

维多利亚州
VICTORIA
亚勒姆
Yarram

南角
Pt. South

威尔逊角半岛
Wilson's Promontory

弗诺群岛 Furneaux

威克姆角
C.Wickham

金岛
King I.

柯里
Currie

格拉西
Grassy

霍根群岛
Hogan Grp.

柯蒂斯群岛
Curtis Grp.

肯特群岛
Kent Grp.

巴　斯　海　峡
Bass Str.

帕拉纳
Palana

弗林德斯岛
Flinders I.

斯托克斯角
Stokes Pt.

亨特岛
Hunter I.

斯里哈莫克岛
Three Hummock I.

伊米塔
Emita

怀特马克
Whitemark

斯坦利
Stanley

岩石角国家公园
Rocky Cape N.P.

巴伦角岛
Cape Barren I.

克拉克岛 Clarke I.

乌尔诺斯

马拉瓦
Marrawah

伯尼
Burnie

德文波特
Devonport

乔治镇
George Tawn

班克斯海峡
Banks Str.

印　度

INDIAN OCEAN

洋

克雷德尔山—圣克莱尔湖国家公园
Cradle Mt. Lake St. Clair N.P.

塔斯马尼亚岛
Tasmania I.

齐恩
Zeean

奥萨山
Mt. Ossa
1617

朗塞斯顿
Launceston

马拉库帕和
所罗门王洞穴

哈德斯本

本洛蒙德国家公园
Benlomond N.P.

威廉山国家公园
Mount William N.P.

圣海伦斯国家公园

圣海伦斯 St. Helens

圣玛丽斯 St. Marys

富兰克林河—戈登河国家公园
Franklin Gordon Wild Rivers N.P.

罗斯镇
Ross

奥特兰兹镇

道格拉斯阿普斯利国家公园
Douglas Apsley N.P.

比舍诺
Bicheno

麦克里港湾

菲尔德山国家公园
Mt. Field N.P.

博斯威尔

新福克
New Norfolk

里士满
Richmond

弗雷西内国家公园
Freycinet N.P.

塔斯马尼亚国家公园群

惠灵顿山

霍巴特
Hobart

玛丽亚岛国家公园
Maria I. N.P.

玛丽亚岛
Maria I.

西南国家公园
South West N.P.

锡格尼特
Cygnet

阿瑟港
Port Arthur

塔斯曼海
TASMAN SEA

哈茨山国家公园
Hartz Mountains N.P.

布鲁尼岛
Bruny I.

麦夸里岛

塔斯马尼亚州景点介绍

④

塔斯马尼亚岛
Tasmania I.

新西兰
NEW ZEALAND

太平洋
PACIFIC OCEAN

...里岛位置图

麦夸里岛
Macquarie I.

PACIFIC OCEAN

太平洋

麦夸里岛上行走的企鹅

1. 塔斯马尼亚荒原

塔斯马尼亚荒原 坐落在塔斯马尼亚岛的西南角，1982年被评为世界遗产。从发现的石灰洞可证明，早在2万年前，这里就是冰川世界。这里占地1百万公顷，地貌独特，有冰川、峡谷、湖泊，地势特别险峻。（详见P123介绍）

塔斯马尼亚荒原

2. 东海岸

塔斯马尼亚的东海岸景点不断，在玛丽亚岛（Maria Island）划海上皮艇和探寻历史；在弗雷西内国家公园（Freycinet National Park）领略轮廓完美的酒杯湾（Wineglass Bay）；在比切诺（Bicheno）乘坐机动三轮车沿海岸线游览，或在黄昏时分观看可爱的企鹅蹒跚而归；在道格拉斯阿普斯利国家公园（Douglas-Apsley National Park）的雨林中健行；在风景如画的圣海伦斯公园（St Helens Park）垂钓或潜水。

3. 海中升起的麦夸里岛（P267 C4）

麦夸里岛位于澳大利亚南部海区，1997年被评为世界遗产。（详见P130介绍）。

4. 金岛（P266 A2）

☎（03）6230 8233

金岛位于巴斯海峡的塔斯马尼亚西北部，是个美丽迷人的岛屿。这里最大的观赏点是海鸟、海豹和粗壮的海象，雄性海象体重可以达到3吨。岛上餐厅里有好吃的奶酪、牛肉，以及各种各样的鲜美的海味。

5. 弗林德斯岛（P266 A3）

☎（03）6336 3133

弗林德斯岛位于塔斯马尼亚州东北部的末端。早年是塔斯马尼亚的土著人居住和生活的地方。这里多数地区被认定为自然保护区，岛的南边是巴伦角岛，是蜡嘴雁的保护区

6. 新诺福克（P266 B2）

☎（03）6261 3700

新诺福克是座有着悠久历史的城市。这里遗留许多古老建筑，值得一去的是1815年建造的布什旅馆，据说这里有澳大利亚最古老的酒类专卖许可证。

7. 博斯威尔（P266 B2）

☎（03）6259 4033

博斯威尔保留了许多19世纪20年代的建筑遗迹，包括城堡旅馆、共济会堂和旧校舍等。另外，这里还是中心高原保护区的入口，是值得一去的美丽地方。

8. 哈德斯本（P266 B2）

☎（03）6336 3133

哈德斯本这座小镇保存有很多乔治时代艺术风格的村舍和古老的房屋。古老而又美丽的恩特里山庄坐落在此，这座建筑有自己的礼拜堂、马厩、四轮马车和19世纪的豪华家具。

9. 德文波特（P266 B2）

☎（03）6424 4466

德文波特是塔斯马尼亚州北部的海港城市。出口农产品、水泥、石灰等。沿着德文波特北部岸线可以欣赏到巴斯海峡的美丽海洋风光。

10. 伯尼（P266 B2）

☎（03）6434 6111

伯尼是塔斯马尼亚的第一大城市。主要街道两旁都是19世纪的古建筑。该州最大的造纸厂就坐落在伯尼。在伯尼的费恩格雷的花园里，早晚的时候可以看见鸭嘴兽。在伯尼鸬鹚湾上，有迷人的森林保护区、化石峭壁、瀑布和峡谷。

11. 乌尔诺斯（P266 B2）

☎（03）6452 1493

🏠 提供导游服务

乌尔诺斯自然环境保存得非常完好，最后的四只野生塔斯马尼亚羊是1908年在灌木丛中捕捉到的。格里姆角是这里的游览景点，据说是世界上空气最清新的地方。游客如想来这里旅游，需要与当地旅行社联系提前预订。

12. 克雷德尔山—圣克莱尔湖国家公园（P266 B2）

📞（03）6492 1110

♿ 设有轮椅通道

🔊 凭票入场

克雷德尔山是塔斯马尼亚的第二高山，这里的山峰崎岖不平，它坐落在圣克莱尔湖国家公园内。圣克莱尔湖是澳大利亚最深的淡水湖。值得一提的景点是森林中瓦尔德海姆小屋，它是奥地利自然热爱者古斯塔夫·维多夫曾经居住过的小屋，他发现了这个地方，并在他的提议下才成为了国家公园。公园内有罗尼小溪，小溪是通往著名的步行道的登记点。在公园里还有高山、泽地、峡谷、雨林、瀑布和竹木草平原。另外，这个地方还可以看到塔斯马尼亚特有落叶性植物假山毛榉。

克雷德尔山—圣克莱尔湖国家公园

13. 麦克里港湾（P266 B2）

📞（03）6471 7622

麦克里港湾位于塔斯马尼亚州的西海岸，景观非常原始。这里的环境十分恶劣，以"咆哮的西风带"而得名。港湾的入口被称作为"地狱之门"，反映了这里的恶劣条件。

14. 富兰克林河—戈登河国家公园（P266 B2）

游客指南 📞（03）6471 7622

富兰克林河是澳大利亚最原始的河流，以它湍急的河水而闻名，在激流中泛舟是一种十分刺激的挑战。富兰克林河—戈登河国家公园是由高山和深谷组成的。它已经被列入"塔斯马尼亚的野生世界古迹地区"之一。

15. 菲尔德山国家公园（P266 B2）

📞（03）6288 1149

🔊 凭票入场

菲尔德山国家公园以其壮观的山地风景、高山湿地、湖泊、雨林、瀑布及大量的野生动植物而闻名于世。公园里最适合徒步旅游，在徒步行走中可以观赏到塔斯马尼亚众多的动植物，饱览公园里美丽景色。

16. 斯坦利（P266 B2）

📞（03）6458 1330

斯坦利是座小渔村。这里的圆形角是座火山岬，乘坐火山岬的缆车，可以看见小渔村全景。斯坦利主要的大街是沿

霍巴特街景

码头修建的，有许多19世纪40年代蓝砂石的建筑，以及一些咖啡馆、渔夫的小屋和家庭客栈等。这里还有对外开放的海费尔德山庄。

17. 普伦蒂 (P266 B2)

普伦蒂小镇在霍巴特市西北48公里处，1864年，一个名叫尤尔的人用"冰箱"将一批鳟鱼卵带出英国，经过91天海上颠簸和马驮，成功地将鳟鱼卵放进普伦蒂附近的池塘里。鳟鱼在营养丰富的水域里，在清澈的凉水和硬沙砾河床里茁壮成长。它们不像别的外来动物破坏本地生态，损害自己生存的河流湖泊，而是给塔斯马尼亚带来了巨大的经济效益，塔斯马尼亚许多湖泊成了饲养和垂钓鳟鱼最佳的场所。成千上万的钓鱼爱好者从世界各地涌到这里。塔斯马尼亚举办过世界钓鱼比赛。

18. 奥特兰兹镇 (P266 B3)

☎ (03) 6254 1212

奥特兰兹镇是国民托管组织的托管的城镇。1811年，当地囚徒在这里修内陆高速公路，北连朗塞斯顿，南接霍巴特，当地政府官员拉克伦·麦格理让这条路穿过这个城镇。如今这条路被称为"遗迹高速公路"。奥特兰兹镇现在拥有全澳大利亚最多的早期殖民地时代的建筑，这里最具特色建筑是奥特兰兹镇大磨房。

19. 弗雷西内国家公园 (P266 B3)

☎ (03) 6256 7000

⏰ 每天8:00—17:00

🚫 12月25日

弗雷西内国家公园位于塔斯马尼亚州的东海岸，这里最著名的景点是酒杯湾，洁白的沙滩、蔚蓝的海洋和天空形成了令人惊叹的美景。

20. 比舍诺 (P266 B3)

☎ (03) 6375 1500

比舍诺是塔斯马尼亚东海岸的夏日度假中心。这里有道格拉斯阿普斯利国家公园，园内有这个州最大的干硬叶森林、雨林、河谷、瀑布和海岸边上的景观，在这里可以徒步游览。此外，这里还有一条长几千米的企鹅喂养区。

21. 罗斯 (P266 B3)

☎ (03) 6381 5466

罗斯是一个历史悠久的小镇，这里最主要的景点是罗斯桥，它是由当时的囚犯建造的，桥梁以186个雕刻品而著名。这个小镇中心有个历史悠久的岔路口，通往罗斯的四个角落分别取名为"诱惑（通往罗斯旅馆）、诅咒（通往旧监狱）、赎救（天主教堂）、娱乐（市政厅）"，值得一看。

22. 本洛蒙德国家公园 (P266 B3)

☎ (03) 6336 5312

🎫 凭票入场

本洛蒙德国家公园包括整个

旅游资讯 地图导览

本洛蒙德山脉，是著名的滑雪胜地。公园内每年春季和夏季，漫山遍野都是怒放的野花。公园的植被有高山雏菊和毛毡苔类植物，野生动物有沙袋鼠、袋熊和负鼠。

23. 朗塞斯顿（P266 B3）

☎（03）6336 3133

朗赛斯顿是澳大利亚第三座古老的城市，这里景色迷人，有旧式建筑、公园、花园、工艺美术馆、河边的小径和街道；在古城的帕特森大街边有一个历史建筑群——彭尼皇家世界；位于古城的卡塔赖特峡谷保护区建有世界上跨度最大的空中缆车，游客可以乘坐缆车饱览景区美好景色。

24. 霍巴特（P266 C2）

☎（03）6230 8233

霍巴特——塔斯马尼亚州的首府，澳大利亚历史上第二个古老的城市，一个如诗如画的海港城市，是澳洲的南部重镇，繁忙的码头成为这个城市一天的开始，海上活动成为这个城市的重要组成部分。古老的建筑、宁静的街道、悠闲的市民，使霍巴特成为澳大利亚最宜人居住的地方。

25. 布鲁尼岛（P266 C2—3）

☎（03）6267 4494

布鲁尼岛在殖民时期曾是捕鲸的基地，现在这里的海湾、沙滩则是划船、游泳的好地方，更是野生动物，特别是鸟类栖息生活的好地方。

26. 里士满（P266 C3）

☎（03）6260 2502

里士满是座典雅的小镇。这里是第一个准许英国定居者发展农业的地方，现在依然保留着最古老的殖民时代的建筑，这些建筑多数是囚犯建造的，包括砂石桥、监狱和罗马天主教堂。里士满现在已成为了艺术家和能工巧匠聚集的中心，他们大都居住在具有历史意义的居民楼和别墅区。

27. 阿瑟港（P266 C3）

☎ 1800 659 101

⏱ 每天8:30

🏠 设有轮椅通道、商店、餐厅、咖啡厅，提供导游服务

🔊 凭票入场

阿瑟港位于塔斯马尼亚州首府霍巴特西南112公里处，这个荒凉的半岛曾是著名的囚犯流放地，被称为"鬼蜮"。

19世纪初，塔斯马尼亚成了英国流放犯人的殖民地，建起了很多监狱，其中最有名的是阿瑟港监狱。

现在，昔日人间地狱的阿瑟港已开发成旅游景点。这个山清水秀的花园般的地方已成为塔斯马尼亚最大的旅游胜地，每年接待20万游客。游客可以随意参观刑罚场所，看各种令人毛骨悚然的刑具；出入这里所有的建筑，如教堂、少年犯监狱、精神病院等，听导游讲过去那残酷的历史。

霍巴特 HOBART

王后街 Queen St.
希欧克角 Sheoak Point
巴特里岬角 Battery Pt.
希艾利亚港 City View Motel
游艇俱乐部 Yacht Club
皇后码头 维多利亚海滨路 Victoria Esplanade
金街 King St.

戈登斯山州立娱乐区 Gordons Hill State Recreation Area
城市景观汽车旅馆 City View Motel
塔斯曼公路 Tasman Highway
东德文特公路 East De Twent Highway
肯纳利路 Kennelly
罗斯纳公园 Rosny Park
高尔夫球场 Golf Course
购物中心 Shopping Centre

罗斯湾 Rose Bay
罗斯纳山州立娱乐区 Rosny Hill State Recreation Area
蒙塔古湾路 Fulwerie Bay Rd.
蒙塔古湾 Montagu Bay
罗斯纳山瞭望台 Rosny Hill Lookout
罗斯纳 Rosny

林迪斯法恩湾 Lindisfarne Bay
肖尔街角 Shore Street Point
罗斯湾 Rose Bay
蒙塔古湾 Montagu Bay
罗斯纳 Rosny
罗斯纳角 Rosny Point

5

林迪斯凡角 Lindisfarne Point
蒙塔古角 Montagu Point

4

袋鼠湾 Kangaroo Bay

德文特河 River Derwent

塔斯曼桥 Tasman Bridge

麦奎里角 Macquarie Point
海军仓库 Naval Depot
澳大利亚广播公司ABC Radio & Administration
纪念碑 Cenotaph
塔斯曼尼亚酿酒厂及博物馆 Tasmania Distillery & Museum

3

科尼利恩湾 Cornelian Bay
德文特河

亭子角 Pavilion Point
罗斯湾 Ross Bay

政府大厦 Government House
皇家塔斯马尼亚植物园 Royal Tasmanian Botanical Gardens
自治领公路 Domain Highway
低地自治领路 Lower Domain Rd.
塔斯曼公路 Tasman Hwy.

2

科尼利恩湾 Cornelian Bay
滨畔运动场 Bay Ground
塔斯马尼亚曲棍球中心 Tasmanian Hockey Centre
皇后自治领区 Queens Domain
冒险乐园 Adventure Playground
又王码头
野餐区 Picnic Area
自治领田径中心 Domain Athletics Centre
自治领网球中心 Domain Tennis Centre
上自治领路 Upper Domain Road
自治领路 Domain Road
水上运动中心 Aquatic Centre
希来伯 Glebe
玫瑰园 Rose Gardens
市政厅 City Hall

1

科尼利恩湾运动场 Cornelian Sports
斯旺斯顿街 Swanston St.
国王街 King St.
北霍巴特塔旅馆 North Hobart Tower Motel
北霍巴特运动场 North Hobart Oval
布鲁克大道 Brooker Av.
莱特勒特迎街 Lettie St.
阿盖尔街 Argyle St.
布鲁克公路 Brooker
伊丽莎白街 Elizabeth St.
坎贝尔街 Campbell St.
布鲁克大道 Brooker Av.
塔斯马尼亚技术学院 Hobart Technical College
圣安德鲁斯公园 St.Andrews Park
北霍巴特 North Hobart
圣乔治斯公园 St.Georges Park
皇家霍巴特医院 Royal Hobart Hospital
皇家ACT总部 Royal ACT Headquarters
犯人礼拜堂和刑事法庭
新城路 New Town Rd.
埃尔芬斯通路 Elphinstone Rd.

A   B   C

霍巴特
HOBART

Kangaroo Bluff

伊丽莎白街码头 Elizabeth St Pier
沙利文湾 Sullivans Cove

圣戴维斯教堂 St. David's Cathedral
哈得莱大饭店 Hadleys Hotel
圣戴维斯公园 St David's Park
议会大厦 Parliament House
议会广场 Parliament Square
萨拉曼卡大厦 Salamanca Place
克拉斯河滨 Clastey Esplan
巴特里角 Battery Point
塞彻伦角 Secheron Point
政府大楼 Hampton
莫里拉古董博物馆 Moorilla Museum of Antiquities
国家信息咨询大厦 National Trust Information Office
王子公园 Princes Park
巴特里角区 Battery Point
王子角 Princes Point
游艇俱乐部 Yacht Club
桑迪湾 Sandy Bay
桑迪湾区 Sandy Bay
安格尔西军营 Anglesea Barracks
伍尔默斯旅馆 Woolmers Inn
菲茨罗伊运动场 Fitzroy Bdns
戴尼恩 Dynnyrne
南霍巴特 South Hobart
圣弗吉尼亚学院 St. Virgil's College
联邦政府中心 Commonwealth Government Centre
雷斯特角饭店及赌场 West Point Hotel & Casino
Southern Outlet
文特沃斯街 Wentworth St.
Sandy Bay Rd.
Macquarie St.
Davey St.
Liverpool St.
King St.
Regent St.
Lord St.
York St.
View St.
Princes St.
Forest Rd.

South Hobart

D
E

霍巴特景点介绍

1. 皇家剧院（P272 C2）

📞（03）6233 2299
🕐 周一—周六
⬛ 公共假日
♿ 设有轮椅通道
🔊 凭票入场

皇家剧院建于1837年，是澳大利亚最古老的剧院。曾被烧毁，经过修复，如今依然是世界上最具魅力的剧院，上演音乐剧、芭蕾舞、戏剧、歌剧等。

霍巴特街景

2. 犯人礼拜堂和刑事法院（P272 C2）

📞（03）6223 5200
🕐 每天10:00—14:00
⬛ 耶稣受难日、12月15日
♿ 提供导游服务
🔊 凭票入场

犯人礼拜堂和刑事法院建于殖民时代，向游人开放的是当年的拘禁室和审判台。

3. 议会大厦（P273 D2）

📞（03）6233 2200
🕐 周一—周五
⬛ 公共假日

♿ 设有轮椅通道、提供导游服务

曾是霍巴特最古老的建筑之一，是由服刑囚犯们1835年至1841年间建造的。如今，建筑中的一部分对外开放。

4. 塔斯马尼亚博物馆与美术馆（P273 D2）

📞（03）6211 4177
🕐 每天10:00—17:00
⬛ 耶稣受难日、4月25日、12月15日
♿ 设有轮椅通道、咖啡店、提供导游服务

建于1863年，这里展有塔斯马尼亚收藏品、土著人艺术品及各种植物标本。

5. 塔斯马尼亚海事博物馆（P273 D2）

导游📞（03）6234 1427
🕐 每天9:00—17:00
⬛ 耶稣受难日、12月15日
♿ 设有轮椅通道
🔊 凭票入场

塔斯马尼亚海事博物馆主要收藏了该州的航海历史珍贵资料以及古遗迹收藏品、手稿、航海日志。博物馆楼上是美术馆，免费开放。

6. 萨拉曼卡广场（P273 D2—D3）

萨拉曼卡广场位于塔斯马尼亚霍巴特市古老的码头边，如今每个星期六的萨拉曼卡集市是霍巴特人气最旺的露天集市。有数以百计的小商品货摊，

在这里可以买到当地出产的有机水果、蔬菜、鲜花、美酒、精致的本地艺术品和手工艺品，以及各式各样的小玩意，是游客光顾的地方之一。

霍巴特海滨

7. 宪法船坞（P273 D3）

宪法船坞是渔船和游艇停泊的主要码头，它连接着霍巴特的新区和旧区，宪法船坞每年举办悉尼—霍巴特游艇比赛，吸引了全世界游艇爱好者来此参赛。

8. 莫里拉古董博物馆（P273 D2）

📞（03）6223 2791

🕐 周二—周五10:30-17:00、周六—周日14:00-17:00

🌑 4月25日、7月、12月15日、耶稣受难日

莫里拉古董博物馆是全澳大利亚最古老的民间博物馆，坐落在乔治王式大厦内，陈列着从私人收藏者手里收集到的大量古代文物，有罗马帝国时期的镶嵌画、非洲的雕塑作品、部落绘画、中美洲的黄金珠宝、人物画像、埃及公元前600年的木乃伊棺。

9. 卡斯特雷滨河路（P273 D3）

卡斯特雷大道在20世纪初曾是一条河边小路，现已成为霍巴特市中心著名的景观步行街。

10. 巴特里角区（P273 D3）

📞 导游（03）6230 8233

巴特里角区至今仍保留着许多历史建筑和文化，街道两旁依然在使用着气灯照明，低矮的渔民住所，置身其中，仿佛把你带回那久远的年代，这里设有霍巴特历史遗迹游览线路，如有需要请提前打电话咨询。

霍巴特的历史建筑

图书在版编目（CIP）数据

澳大利亚/《中国公民出游宝典》编委会编著. —
北京：测绘出版社，2014.1
（中国公民出游宝典）
ISBN 978-7-5030-3198-4

Ⅰ.①澳… Ⅱ.①中… Ⅲ.①旅游指南–澳大利亚
Ⅳ.①K961.19

中国版本图书馆CIP数据核字（2013）第207258号

人文地理作者：吴克明

总 策 划：	赵　强		
责任编辑：	赵　强		
执行编辑：	刘淑英		
地图编辑：	刘淑英		
责任印制：	陈　超		
装帧设计：	锋尚设计		

出版发行	测绘出版社	电　话	010-83543956（发行部）
地　址	北京市西城区三里河路50号		010-68531609（门市部）
邮政编码	100045		010-68531363（编辑部）
电子信箱	smp@sinomaps.com	网　址	www.chinasmp.com
印　刷	北京新华印刷有限公司	经　销	新华书店
成品规格	125mm×210mm	印　张	9.125
字　数	200千字	版　次	2014年1月第1版
印　次	2014年1月第1次印刷	定　价	46.00元
书　号	ISBN 978-7-5030-3198-4/K·381		
审 图 号：	GS（2013）1883号		

本书如有印装质量问题,请与我社门市部联系调换。